农业资源再生利用
与生态循环农业绿色发展

李吉进　张一帆　孙钦平　主编

化学工业出版社

·北京·

在促进农业生产和资源环境协调发展的背景下，将循环经济和生态环境保护的理念运用于现代农业生产已成为我国农业绿色发展的必然趋势。农业资源再生利用与生态循环农业绿色发展是在实践循环经济理念的同时，注重生态环境保护和农业资源再生利用的农业发展方式。本书结合目前我国农业资源利用、生态农业、循环农业等环境友好型农业模式建设取得的经验和成果，系统介绍了农业资源再生利用与生态循环农业绿色发展，同时介绍了一些具体实例，探讨环境友好型农业生产技术和有机农业、生态农业、循环农业的发展模式，促进我国农业的全面可持续绿色发展。

本书适合从事农业资源再生利用和生态循环农业的管理、经营、生产、教育和科研等工作的人员使用，也可供相关专业院校师生参考。

图书在版编目（CIP）数据

农业资源再生利用与生态循环农业绿色发展/李吉进，张一帆，孙钦平主编. —北京：化学工业出版社，2019.3（2022.5 重印）
ISBN 978-7-122-33696-5

Ⅰ.①农… Ⅱ.①李… ②张… ③孙… Ⅲ.①农业资源-资源利用-研究-中国②生态农业-绿色农业-农业发展-研究-中国 Ⅳ.①F323.2

中国版本图书馆 CIP 数据核字（2019）第 008339 号

责任编辑：刘　军　冉海滢　　　　　　装帧设计：关　飞
责任校对：边　涛

出版发行：化学工业出版社（北京市东城区青年湖南街 13 号　邮政编码 100011）
印　　装：涿州市般润文化传播有限公司
710mm×1000mm　1/16　印张 15½　字数 301 千字　2022 年 5 月北京第 1 版第 5 次印刷

购书咨询：010-64518888　　　售后服务：010-64518899
网　　址：http://www.cip.com.cn

定　　价：80.00 元

本书编写人员名单

主　　编：李吉进　张一帆　孙钦平

副 主 编：邹国元　李婷婷　许俊香　李钰飞　刘本生

编写人员：（按姓名汉语拼音排序）

陈延华	崔克生	戴丽娜	杜连凤	付友钢
高云军	谷佳林	关　瑞	郭佳佳	郭　宁
侯迎军	康凌云	李大虎	李　红	李吉进
李　鹏	李恕艳	李顺江	李婷婷	李学文
李钰飞	梁丽娜	梁小江	刘宝存	刘本生
刘东生	刘继培	刘建斌	刘　静	刘善江
刘旭明	罗一鸣	苗青山	潘文智	曲明山
宋大平	孙钦平	孙少志	王甲辰	王　悦
肖长坤	许俊香	许　森	许秀春	薛文涛
衣文平	张彩月	张东兴	张　帆	张　方
张红刚	张会臣	张希庆	张一帆	张宜霞
张　莹	张云生	赵春伶	赵丽霞	赵同科
赵玉忠	邹国元	左　强		

如何经济有效地开发利用涉农资源，在物尽其用的同时获得资源的增值效应？就实践来说，从原始农业起人们就由浅入深、由表及里地摸索着。原始的"刀耕火种"就是开篇之例。刀耕火种先要放火烧荒——一方面是清除荒秽，便于刀耕种植和庄稼的生长；另一方面利用烧荒残余物（灰烬、残渣等）回田培养地力以育稼，获得好收成。原始耕作的另一种方式就是撂荒轮作，休闲养地，同时另辟新天地再行刀耕火种。古人称这种耕作制度为"田，一岁曰菑，二岁曰新田，三岁曰畬"，都寓含着焚草（柴）施肥、养地的本意，使用过而乏力的农田经休闲重新恢复为"新田""畬田"。

随着社会的进步，人类智慧的提升，人们对用地、养地的认识不断由"自然王国"转向"自由王国"。我国早在商代甲骨文中就出现过用""（即"尿"字）上田的记载；史料中亦有记载古代的伊尹、后稷已将兽粪一类的有机肥用于农田。到春秋时期，《荀子·富国篇》中已讲道："多粪肥田，是农夫众庶之事也。"孟子曰："人知粪其田，莫知粪其心。粪田莫过利苗得谷，粪心易行而得其所欲。"

粪类是最早的涉农废弃物，它包括人类及畜禽粪便——几乎都是农业产品转化后的废弃物，在古代，当人类认识到它可当肥料肥田后就一直将其用作肥料（经发酵后），使其成为农作物再生产的原料（养分）——再生资源。其循环环节虽少，但投入很少（只花一点人工而已），产出却相当明显。现代研究表明，农田亩产千斤粮，其土壤中有机质的含量需达到 2% 以上，一般土地为什么粮食亩产量较低，一个基本原因就是土壤中有机质含量低，使土壤团粒结构状况差，不仅土壤中养分不足，通透性（包括通气、透水性）也差。

古时施用粪肥主要靠养猪、羊积肥，《沈氏农书·运田法》中讲道："栅（猪圈）中猪多"才会"囤中米多"。"养了三年无利猪，富了人家不得知。"现代人说："猪多、肥多、粮多。"这"三多"中蕴涵着：一是转化农业废弃物多；二是再生的农产品多（猪产品）；三是粪便多。这"三多"就客观上形成了"动物（猪）、植物、微生物（分解粪便）"生态平衡型循环农业。

进入近现代，在农业生产经营实践中逐渐展现出对资源的减量化（reducing）、再利用（reusing）、资源化（resources），达到农业资源永续利用，使农产品能够不断满足当代人和后代人的需求与可持续发展，形成生态文明、经济发展、环境友好融为一体的现代农业生产体系。我国历史上曾以轮作复种、间作套种、用地养地相结合的精耕细作，创造了"无与伦比"的耕作方法，受到西方国家的重视和推崇。就北京地区来说，对涉农资源的循环利用绝不仅限于本地的农业废弃物的再利用，从西汉时期就开始利用简易的保护地（温洞子）栽培方式来提高和稳定冬季蔬菜栽培需要的温度，并充分利用本地区充足的阳光生产出露天冬季因低温难以生产的蒜黄、黄瓜、韭黄等蔬菜，使阳光、土地利用率提高了一个生长季。进入现代，人类开始利用日光温室、大型连栋自控温室以至植物工厂进行周年生产，周年上市，充分利用本地的光能资源，几倍地提高了土地利用率和产出率及劳动生产率、资源利用率，对市场的供给实现了稳定、均衡，如今北京的循环农业已由简单的低层次循环走向多层次、多产品、高效率、高效益、无害化的运营体系。它既具有生态农业的基本功能与特征，又有产业延伸、产品多样、增值空间大的特点。如房山区窦店村，种麦子的村民不卖麦子，而开磨坊磨面卖面粉、卖面食，如馒头、面条等，麦麸留着当饲料，牲畜粪便及农业废弃物制作成沼气供村民作燃料，沼气下脚料用作肥料培养地力、生产绿色农产品，节省化肥开支。延庆区德青源生态农场种玉米、养鸡、养奶牛，利用鸡粪、牛粪制沼气，沼气供村民作燃料，多余的用于发电上网销售，沼液、沼渣供农田作肥料，使所在村农业无残留、无污染。据媒体报道，一只鸡除自身肉体和产蛋价值外，其粪一年还可供 3 度（1 度＝1 千瓦·时）电。现代循环农业在相关高新科技的支撑下，可以使一个村庄或一个综合经营体内农林牧副渔五业及产加销各业间既分门别类地进行循环作业，亦可经周密统筹设计、有机融合形成多支链联合运行的循环链，使各分支资源得以多层次地资源化与再利用。如小麦籽粒进入面粉加工链后生产出来的面粉一是进行包装后进入市场；二是进入面食加工链；三是麸皮进入资源化链后再利用或用作饲料，或作其他用。仅此，即可证明现代循环农业是现代高技术、高投入支撑起来的可获得优质、高效、高产出的农业新业态。

当前，人类仅有的一个地球已呈现人口增加、资源短缺和人们需求不断攀升三个尖锐而不可逆转的问题。2004 年底，世界自然基金会出版的《2004 年地球生态报告》告诫人们，人类的"生态足迹"已从 1961 年以来增长了 2.5 倍。当今人类每年的消耗量已经超出地球产出量的 20%，平均每个人使用了 2.2 公顷的土地所能提供的自然资源，实际上地球所能提供的资源限度是每个人 1.8 公顷。我国由于人口太多，国土所能提供的人均资源限度仅为 0.8 公顷，人均生态赤字 0.7 公顷，远高于全球的平均赤字（0.4 公顷）水平。面对这沉重的警示，在科学日益发达的今天，人们还是会科学应对的，不会重蹈蒙昧时代的覆辙。就北京地区来说，从原始农业时代起人们对涉农资源循环利用问题就从"自然王国"渐进由简变繁、由浅入深地向现代循环农业挺进。直到 2005 年，北京市农村工作委员会在出台的《关于加快发展都市型现代农业的指导意见》中，循环农业和都市型现代农业同时浮出水面，成为支撑都市型现代农业可持续发展的新农业四大支柱业态之一（另三业态为籽种农业、观光休闲农业和科技农业），从此，循环农业便成为都市型现代农业发展中资源循环利用、提质、维护生态安全、营造环境宜居的重要保障。

本书着力于涉农资源挖掘、着力于发展循环农业的动力源的发掘、着力于理清循环农业发展中的"五个三角"因素的关系；着眼于沟通循环农业的历史渊源；放眼于循环农业的历史重任，理出现行有效模式，让读者学有知识，行有模式，得有思想。由于编者水平和学识有限，书中难免有不妥之处，希望广大读者和专家们批评指正，不吝赐教。

编者
2018 年 10 月

目 录

第一章

农业资源类型多、利用潜力大

在现实中，人们谈起循环农业，随之论及的就是农业的废弃物资源有多少需循环利用起来。其实，涉农资源很多，潜力或潜能很大。

第一节　原生资源

原生资源主要指自然界和人类社会自然形成的涉农资源，包括农业生产力"三要素"中的劳动力资源、生产资料中的种质资源和肥料资源、劳动对象——土地资源等，有纯天然的光能资源、水资源等，还有科技资源、教育资源等，它们都是农业发展中不可或缺的资源。

一、劳动力资源

劳动力资源的本质是人力资源，劳动力的主体是人，劳动力是人的智力、技能、体力的总和。在劳务市场上劳动力也因其智力（或学历）、技能高低和体力强弱分为三六九等，被录用后的待遇亦分三六九等。劳动力间的这种差异是十分明显地存在的。研究资料显示，在享有同样投入的情况下，小学文化、中学文化、大学文化三者所获得的效益是1∶10∶100，当然他们所创造的财富亦为1∶10∶100，彰显着"知识就是力量"的真理。当今世界上20%的能人创造出80%的财富。这些能人就是手脑并用的劳动力，也就是人们常说的"知识分子劳动化"的劳动力，他们手脑并用，以创新带动创业，使创业的路径越走越宽广，财富也就越积越多。

而自古以来，广大农民因人口众多、生活紧迫和城乡差别，受教育的机会少，多数农民主要依靠实践经验务农，直到 20 世纪 70 年代，京郊农民中还流行着"盘古开天辟地几千年，不懂科学也种田"。当时正逢推广"两杂"——杂交玉米和杂交高粱及磷肥。有的生产队领到"两杂"良种种子后，按照"母大儿肥"的经验认定"瘦小"的杂交种子长不出好庄稼来，而把杂交种子喂了鸡或喂了猪，把拉回来的磷肥堆在场上不用，误认为是石头面子，类似这种情况在一些贫困乡村可能多有存在。贫困由诸多客观因素所致，但人的思维不开放更是一个重要原因，因此科技扶贫一到位面貌就大变了。可见科学文化素质低是一些农户长期贫困的重要因素。据报道，美国农民的教育指数每提高 1%，农业劳动生产率可提高 0.77%。因此扶贫致富最根本的是对贫者进行实用技术培训，提高他们科学种田、科学务农的科学文化素养，逐步实现"劳动人民知识化"，使劳动力转化为劳动资本。

二、光温资源

光温是农业生产的必要条件。光（或日照）是农作物光合作用积累有机物的能源。就北京地区来说，大部分地区全年日照时数在 2562～2744 小时之间，东北部的密云区古北口、怀柔的汤河口及延庆地区多达 2800 小时以上。北京大部分地区，年日照百分率在 58%～63% 之间，年总辐射量为 5000～6000 兆焦耳/米^2，属于太阳能资源较丰富带。但由于气温积温的限制，在自然状态下，北京地区的冬季长达 161 天左右，制约着光能的利用。

平原地区的年平均气温为 11～12℃，年极端最低气温在 −20～−14℃ 之间，个别年份可低至 −27℃ 以下。平原地区的无霜冻期为 190～200 天，山区或半山区比平原地区少 40～50 天。

早在 1964 年，著名气象学家竺可桢先生从光能利用率上得出北京地区的粮食单产在 1000 千克以上（潜力）；同期，中国科学院化工冶金研究所所长叶渚沛从土壤肥力上评估出北京地区单季最高亩产量可达 1247 千克。

丰富的光能如何转化为可利用的资源，其"瓶颈"在温度。如何提升温度从而延长农业的生育期，这是中国北方地区共同面对的转机。就北京地区来说，早在西汉时，就利用"暖洞子"在冬季生产王瓜、蒜黄、韭黄等。从此以后，北京地区相继发展起各种形式的保护地来生产蔬菜。进入现代，人们大面积采用日光温室、大型连栋温室甚至植物工厂来充分利用本地区的光能资源，结果不仅实现了蔬菜周年生产，均衡上市，还取得了南果北种的成功，在"橘生淮北则为枳"的地区周年都可观赏北种南果，并能就地采摘南果而尝鲜。

设施农业的推广应用，已使北京郊区三十几万亩（1 亩＝667 米^2）菜田全年生机盎然，果树、花卉在设施栽培下于冬季也有地产果品、花卉上市，大大丰富了京郊农业冬季生产与供给的产品，拓宽了农民致富之路。

三、土地资源

土地特别是农田对于北京来说十分金贵，应设法让有限农田的生产潜力充分发挥出来，让露地和保护地栽培的蔬菜、果品单产再登新台阶，如让设施栽培的果菜类产品达到荷兰、以色列等国家每平方米 50～60 公斤的产量，粮田两花复种亩产达到 1000 公斤以上，这样北京市新划定的 151.3 万亩农田产出品量就相当于以往 300 万亩农田的产量。

俗话说"万物土中生"，人类生存的"四要素"——吃、穿、住、行都不能离开土地。可世界上 70 多亿人口共有一个地球，当今人类每一年的消耗量已超出地球产出量的 20% 之多，相当于地球上人均 0.4 公顷的地球赤字，而中国人均地球赤字达 0.7 公顷，远高于全球人均地球赤字。至于这"地球赤字"中是否包括那些人类难以利用的草籽不出的沙漠和终年冰封的南北极圈，尚未见报道。不过就中国来说，据《京郊日报》（2017 年 9 月 12 日～14 日）报道：截至 2014 年，全国沙化土地 172.12 万平方千米，占国土面积的近 1/5，有沙化土地分布的县占全国总县数的近 1/3，超过 4 亿人口受到影响。这些荒漠不仅失去了经济功能，还会随风肆虐。2000 年春天，北京地区遭受 12 次沙尘暴袭击，黄沙蔽日，殃及天津、南京、上海等地。据联合国环境规划署发表的《全球荒漠展望》报告，目前荒漠化问题日益严重，地球上 40% 以上的土地为干旱地，世界上 1/3 的人类居住在干旱地区。荒漠化已经成为一个不容忽视的全球性环境问题和社会难题。

遥看中国的北方，从西向东，即从新疆向东一直延伸到内蒙古东部，有八大沙漠（塔克拉玛干沙漠、古尔班通古特沙漠、库木塔格沙漠、柴达木盆地沙漠、巴丹吉林沙漠、腾格里沙漠、乌兰布和沙漠、库布齐沙漠）和四大沙地（毛乌素沙地、浑善达克沙地、科尔沁沙地、呼伦贝尔沙地）。它们从西面、北面、东北面三个方向逼近北京。

荒漠本来多为安稳守纪的绿地，在漫长的历史长河中有的因人为过度砍伐使其失去绿色保护而变得沧桑。有资料显示，内蒙古自治区巴彦淖尔市的磴口县，在司马迁时代，这里还是远离沙漠的水草丰盛之地。从南北朝开始，连年混乱，乱世中求生的老百姓来到这里，大量砍伐树木、垦荒，原始植被遭到破坏。原本的防沙林，被砍下了几十个豁口，日久天长未能恢复植被就成了荒漠。

从实践中，人们认识到土地是不可再生资源。但它可以被荒废挪用，而不会消失，也可以被改良而"资源化"再利用。

1950 年，内蒙古自治区磴口县成立的磴口林场，经一代又一代人造林治沙，如今已使乌兰布和沙漠远离黄河 10 千米，治沙面积达到 280 多万亩，森林覆盖率从当初的 0.04% 提高到 20.2%。

内蒙古自治区的库布齐沙漠总面积达 1.86 万平方千米，是中国的第七大沙漠，也是距北京最近的沙漠，是曾经的"京津冀三大风沙源"之一，近 30 年来，内蒙古自治区把它纳入生态建设最大的基础建设中加以推进，充分调动企业、群众等各方面力量参与荒漠化治理。亿利集团先后投资 380 亿元，创造出"生态修复、生态牧业、生态健康、生态旅游、生态光伏、生态工业"的"六位一体"、一二三产融合发展的沙生态产业体系，成功实践了沙漠生态经济学，库布齐沙漠成了当今世界上唯一被整体治理的沙漠。目前，库布齐沙漠的森林覆盖率由 2002 年的 0.8% 增加到 2016 年的 15.7%，植被覆盖率由 16.2% 增加到 53%，累计带动沙区 10.2 万名群众彻底脱贫。库布齐沙漠已从一片"死亡之海"成为一座富饶文明的"经济绿洲"。

2017 年 9 月，《联合国防治荒漠化公约》第十三次缔约方大会在内蒙古自治区鄂尔多斯市召开，190 多个国家及地区代表共同达成了《鄂尔多斯宣言》，"库布齐模式"写入联合国宣言。根据评估，库布齐沙漠共计修复、绿化沙漠 969 万亩，固碳 1540 万吨，涵养水源 243.76 亿立方米，释放氧气 1830 万吨，生物多样性保护产生价值 3.49 亿元，创造生态财富 5000 多亿元。

河北省张家口市崇礼区坚持 50 年用水杯浇水造林，为荒山披绿，有林面积达到 192.49 万亩，森林覆盖率达 54.89%，负氧离子浓度达每立方米 1 万个左右，$PM_{2.5}$ 平均值优于国家一级标准。2016 年，接待旅游人员 351.6 万人次，实现旅游综合收入 24.9 亿元。

北京首都农业集团有限公司与三元乳业有限公司与甘肃省张掖市甘州区合作，计划开发万亩荒漠使其变为有机牧场，从 2016 年起已在该区新建占地面积约 150 亩，日处理 5000 吨生鲜乳加工生产线。按照规划，牧场前期将引进 4000 头优质高产奶牛，最终扩繁到万头以上。结合治理荒漠 8627 亩，年产牧草 2.62 万吨。

塞罕坝历经半个多世纪，三代人耕耘，使沙地变林海，荒原成绿洲。112 万亩荒漠经 55 年的治理，森林覆盖率由 11.4% 提高到 80%，栽种树木按一米株距排开，可绕地球赤道 12 圈（《北京日报》2017 年 8 月 31 日）。目前，这片人造林每年向北京和天津供应 1.37 亿立方米清洁水，同时释放约 54.5 万吨氧气（《北京日报》2017 年 12 月 7 日），2017 年 12 月 5 日获得联合国"地球卫士奖"。

土地是人类社会、经济、交通、文化、体育、教育等各种活动所必须占用的基础性物资，其中吃、穿、住、行用地是必须保障的，而吃是人类生息繁衍、生生不息不可或缺的。自古以来人类就懂得"民以食为天"，而食自土中来。因此，珍惜、保养、利用好每一寸土地是每一个农民乃至公民的责任。

四、水资源

常言道："水是生命的源泉"，"水是农业的命脉"。人对水的作用有两重性：一是爱惜水，注意涵养水源，保护水的清洁，防治水的泛滥；二是滥用水、污染水甚至浪费水等不良处置水的方式。水是可再生的，但水是大气中的成员，地面的水蒸发回大气后再下落至何处是由大气的变幻而决定的。某地头年受涝后年受旱，其水汽到哪儿去了？俗话说："风水轮流转"，"山不转水转"，其意在于水是流动的。甲地的水汽可随风转移到乙地再生成水落在乙地，乙地的或某地的水汽随风转移到甲地，在空中再生的水就落在甲地。这就是大气中的水循环，当然，也有甲地水汽再生水仍落甲地的情况。北京地区 1972 年前到处是水，河、湖、塘、沟都有水，但从 1972 年大旱以来，年降水量一直远低于 650 毫米，北京的水资源匮缺已成为农业发展的"瓶颈"，给市民生活带来不便。

随着科学技术的进步，水资源再生利用的路径已越走越宽广。就目前来看已有三条路径：一是污水净化处理，北京市的污水处理率已达 80%～90%，并达到中水可用的水平；二是海水淡化正在起步；三是培育耐盐作物品种，著名水稻专家袁隆平院士已培育出耐盐水稻品系，2017 年经海水栽培试验和取样验收亩产 600 多千克。

大气降水对人类来说有两重性：是生命的源泉，农业的命脉；而暴雨成灾就是祸，农业绝收的事时有发生。但总的来说人类对洪涝有着越来越强的抗灾办法，而干旱对人类生活、生产所造成的灾害远比洪涝灾害大。人们可修水库集水、修沟渠放水、造林涵养水、排涝抢种……对干旱地区可进行灌溉，但遇到连续多年干旱灌溉水从哪来？北京人对付洪涝远比对付干旱有办法：大修水库，已有大、中、小型水库 87 座，蓄水量达 94 亿立方米；修拦河坝数处；挖蓄水池 2300 多处，蓄水量可达 3000 多万立方米。对付干旱的办法有：打机井 6 万多眼，调用地下水；节水灌溉面积达农田面积的 90% 左右，平原农田实现干渠、斗龙渠及田间毛渠配套和林网化；山区植树造林，森林覆盖率达 72% 以上，高的地方达 95%，既挡风防沙，又涵养水源。可是从 1972 年大旱以来，北京地区不得不陆续砍掉百万亩水稻生产，一些低洼农田被迫改成旱田，从 2012 年起又将百万亩农田改为林地，到 2017 年农田又压缩到 151.3 万亩，农业用清水被限制在 4 亿～5 亿立方米。如今，北京人均水资源占有量只有 100 米^3，不得不斥巨资进行南水北调的浩大工程……

世界上不少国家或地区淡水资源短缺（人均水资源低于 1000 米^3），节水和污水净化处理与资源化再利用，至少是人类在一定时期内需要坚持和深入探索的重大课题。

五、生物资源

生物资源是农业生产（包括加工业）中的主体，其他一切资源都是围绕着农业生物产品的增值丰收而配备的。

中国的农业生物资源是相当丰富的。著名生物学家达尔文说过："养蚕、种杏、植桃、栽茶等都始于中国，中国最早栽培谷物、果蔬和培育牡丹、桃、李等植物，并把这些植物引入欧洲和全世界。"苏联著名植物学家、科学院院士 H. N. 瓦维洛夫 1935 年在《育种的理论基础》一书中论述了中国为栽培植物的最大起源中心。

他首先论述了"第一个最大的独立的世界农业发源地和栽培植物起源地"。他在书中写道：中国这一起源地的特点是栽培植物的数量极大，既包括温带和亚热带的作物，又有南部一部分热带作物的代表。

艾力农等在《中国农业之最》一书中点出：小麦起源于我国，我国的大麦和燕麦品种最多；最早种植的水稻、谷子起源于我国；我国是大豆的故乡，是油菜、大白菜的故乡；萝卜原产于我国；我国最早栽培芥菜，最先栽培芹菜；姜原产于我国；我国的水生蔬菜起源早、种类多；我国是香瓜的起源地；我国最早养马，最早驯养鸡，最早养蚕种桑；我国是特有的山楂、梨果之乡；龙眼起源于我国；枇杷果原产于我国；我国是柿子的故乡；我国特有香椿树，特产佐料花椒，还是茶的故乡；我国特有"活化石"——水杉等。江西省科协等编辑的《中国古代农业科学技术成就展览》（1980年）中与欧洲相比较，列出中国最早栽培或养殖的植（作）物与动物有粟、稻、大豆、白菜、芥菜、大麻、萝卜、柑橘、枇杷、杏、李、梅、桃、枣、山楂、茶、油菜、杨梅、荔枝、龙眼、银杏、猪、鸡、鸭、马、蚕、骡（杂交培育）等。

北京地区地域不大，其市域面积只占全国国土面积的0.17%，而仅维管束植物总种数就占全国的6.7%；保存的农业资源达43万份，居世界第二位；有果树品种资源3000多种，花卉品种5000多个；中国医学科学院在京拥有中药材资源1641种；有家养动物169种；人工饲养的天敌昆虫有39种41个品系。

特色农产品生产性植（作）物中有古代生产"贡品"的植物资源60多种，京郊10个区曾被称为每区"三宝"的农业品种（包括少数农产品加工品）共30个，包括大兴西瓜、西红门心里美萝卜、平谷苏子峪蜜枣、密云黄土坎鸭梨、房山张坊磨盘柿、门头沟灵水核桃、妙峰山玫瑰花、延庆帮水峪八棱海棠、怀柔板栗、顺义北石槽铁吧哒杏等。

21世纪以来，京郊特产中有22个被国家有关部门认定为地理标志保护产品。它们是：延庆国光苹果，延怀河谷葡萄，昌平富士苹果、草莓，大兴西瓜、金把黄鸭梨、安定桑葚，通州大樱桃，张家湾葡萄，密云燕山板栗，怀柔板栗，海淀玉巴达杏，平谷北寨红杏、大桃、佛见喜梨以及泗家水红头香椿等。这些生产"贡品"、"三宝"产品的植物品种都是已传承了百年以上的优良品种资源，产品深受消费者欢迎。

21世纪以来，通过举办世界园林博览会、世界园艺博览会以及各种专业性国际交流会，引进了一批又一批各类优良种质资源，引进葡萄优良品种1014个，草莓新品种135个，月季品种2030个，兰花品种上千个，樱桃品种100多个等。

实践表明，随着科学技术的进步、农业生产的发展和人类对农产品种类与质量的要求不断提高，农业生产对作物品种质量的要求也越来越高。农业生产要适应人类不断增长的需求，其重点工夫就得下在品种更新换代上。本来京郊具有较好的基础，但实践中存在着各种问题，不能充分发挥良种增产增效的潜力。动植物良种也和其他事物一样有其衰退期，大约 10 年。

微生物是发展循环农业中消解、转化农业废弃物从而使其减量化、再利用、资源化的动力源，是发展循环农业不可或缺的资源。北京地区从事微生物保藏管理及研究与应用的单位有中国工业微生物菌科保藏管理中心、中国农业微生物菌种保藏管理中心、中国药用微生物菌种保藏管理中心、中国农业科学院及北京市农林科学院等。中国科学院系统还有专业从事微生物研究的研究所等，其微生物资源比较丰富。北京市农林科学院植物营养与资源研究所保存有国家有关部门委办的菌根资源库。菌根是直接与培养地力相关的菌种资源。

在供给侧改革中，北京农业的供给侧正在向休闲旅游产业的方向转变。在这个转变中，京郊有限的农业天地正在成为游客"好玩的农业乐园"，即便是 70 万亩菜田也将变成既出产品又"好玩"的场所——观赏、采摘、尝鲜、见习农艺、辨认物种等。有限资源的循环再生利用将有利于生态环境和休闲游乐！

六、价值流

价值流是物质增值的潜在空间资源，就农业来说，它一般表现为从初级产品开始精深加工，随着加工层次的延伸，其增值率总是较上一层高出许多。例如，人们常见的小麦、原粮 1 元多钱一斤（1 斤＝500 克），而小麦面粉 3 元多钱一斤，面条（含水）3 元一斤，面条＋菜码＋炸酱 20 多元一碗；一斤绿豆能生六斤豆芽菜，而一斤豆芽就值 2 元多钱。循环农业的"三原则"就讲到资源"减量化、再利用、资源化"的问题。在上述小麦加工的流程中，下一层次的产品就是上一层次产品再利用的资源化成果。因此，在发展循环农业中不能忘记"价值流"所蕴藏的增值规律。

第二节　废弃资源

我国涉农废弃资源的浪费是普遍存在的问题，其结果是污染社会生态环境，严重地影响着甚至伤害到人们的社会生活和清新环境。我国是世界上农业资源严重匮乏的国家之一，资源约束与农村经济发展的矛盾日益突出。人均耕地只占世界平均水平的 40％，人均淡水资源量仅为世界平均水平的 25％，人均森林占有面积仅为20％。但是从总体上观察比较，我国农业资源的利用水平并不高：灌溉水利用率为43％，低于国际先进水平 30％；降水利用率约为 45％，仅相当于世界先进水平的25％；每年化肥使用量超过 860 亿斤（1 斤＝0.5 千克），是世界上肥料用量最多的国家，然而氮肥当季利用率仅为 30％。每年氮肥损失近 400 亿斤。全国农药年使用量超过 130 万吨，但有效利用率只有 30％。我国每年产生农作物秸秆超过 10 亿吨，大量被焚烧导致秋冬雾霾等污染。落后的农业生产方式和农村经济发展方式，不仅导致有限的农业资源严重浪费，还使本来就日益突出的农业生态环境问题更加恶化。

我国农村每天产生的生活垃圾量达100多万吨，大部分未经处理，成为蚊蝇滋生地和地下水与地表水的重要污染源。我国每年产生畜禽粪污38亿吨，其中猪、牛、羊、鸡四大类粪便年排放化学需氧量（COD）6900多万吨，是全国工业和生活污水COD的五倍以上，成为首要的污染源。化肥大量流失造成地表水富营养化和地下水硝酸盐污染，农药污染的农田面积达1.36亿亩，地膜覆盖正由"白色革命"演变为"白色污染"（以上资料引自《农民日报》2006年1月25日）。近10年来情况会有所变化——正效应有所提高，但距资源化、再利用、无污染恐怕还有相当大的距离。

因长期干旱和无度砍伐或放牧，三北地区荒漠化土地恐仍不在小数。有资料显示，中国北方现有沙漠化土地1700万公顷，另有潜在沙漠化土地1580万公顷。大城市郊区不会有自然荒漠，但在大城市中，那些低端产业、行当一度蜂拥而至，占有大量农田，用于低端经营，使大批原本肥沃的良田变成宅地或商业场所。北京地区从2015年以来在疏解非首都功能中，腾出了大批低端产业占地及商用土地，并改造成绿地，变成城乡公园。

在建设首都生态文明和宜居环境中，大片废弃的土地重新恢复成绿地，永定河的乱沙坑被改造成世博园，使永定河的水重新变清，沿岸变绿，成了市人休闲游乐圣地；昌平区十三陵泄洪区一度曾成为沙石坑，从2014年起，经平整和土壤改良，建成生态林，种了900多亩花卉，使沙石坑变成了可供休闲旅游的花海。随着非首都功能疏解的彻底进行，京郊被占变性的农地将再显生态生机。

过去京郊有许多美丽而闲置的山头，如今开发为旅游观光的景点，使千古沉沦的山头变成了金山银山；有许多古不见经传的青山映绿的景区如今则被嘉赏"晋级"，如怀柔区的白河湾被誉为北京的"小江南"，西水峪景区被称为京北"小西湖"，房山区蒲洼被称为北京的"小西藏"，平谷区的千佛崖被称为"北京的张家界"等。作为观光业的景点，只要加强维护和周到服务，它们就是棵棵"摇钱树"。

可以说，农业废弃物的重（再）生利用是新时代的幸运。这里有社会制度上的幸运——国家倡导物尽其用，政策上支持发展循环经济、循环农业；有技术上的幸运——现在有成套的循环经济、循环农业模式和支撑的科技体系，只要有为者想干，随时都可获得技术支撑服务及资金支助。

也可以说，当今只要决策到位和科学应用循环农业技术体系，农业废弃物全能变宝而无害。有朝一日，人们通过统筹谋划农业运行中原生资源和产后的废弃资源，按照"减量化、再利用、资源化"原则全盘规划循环农业运行链条，并按其运营农业，届时的农业中就不再有什么"废弃物"了。因为"物质不灭定律"告诉我们，物质不会消灭而可转化。如地面上的水因转化为水蒸气而无，水蒸气在适当条件下又转化为水而落到地面。再如秸秆在自然界也会从有形转化为无形的物质——或被别人捡去烧火转化为 CO_2 或灰烬，或被微生物发酵变成腐殖质留在地里，或被植物吸收再转化为植物产品。所谓"废弃物"只是人类不用而被抛弃的物质。它作为物质总是在人类操作中或在自然界转化，或许你会认为它已影迹无踪，其实它已经转化为另一种物质形态而存在。如秸秆当柴火燃烧：其热能可用于烧水做饭、取暖等；放出的 CO_2 散入空气中，作物吸收用于光合作用；灰烬施肥被作物吸收，进行新陈代谢的物质转化等。物质在人类操作下可循环转化，但是是有限的，而在自然中的转化则是无限的、不灭的。

第二章

农业资源循环利用的历史渊源

如若说循环农业这种业态及其实施的理论依据与技术体系是现代的概念，那没错。农业史、农业经济史以及名家通史都未见有这方面的称谓或表述。直到1990年，美国环境经济学家皮尔斯和特纳在其《自然资源和环境经济学》一书中首先提出"循环经济"的正式概念。他们基于经济活动是一个资源和承载力有限的全球自然系统进行的这一判断，根据物质平衡原理，利用工业代谢的分析工具，第一次提出了循环经济模型，他们的目的是为可持续发展确定"资源管理规则"。到1996年，美国经济学家肯尼斯·鲍尔丁在他的"宇宙巨船理论"中提出了"循环式经济"概念，并指出我们必须承认地球是在一个封闭系统中，能够接收外界能量输入，并对外界能量输出，而地球上的物质不能被创造，也不会消失，来自开采、生产和消费行为的残留物总是以某种形式与我们一起存在。鲍尔丁称传统经济是"资源—产品—排放"的增长方式，是单向的线性经济。为了改变这种传统的经济发展模式，他提出了"循环式经济"新概念。

我国于20世纪90年代末正式引入"循环经济"概念，到21世纪伊始衍生出"循环农业"的概念。北京市农村工作委员会于2005年出台的《关于加快发展都市型现代农业的指导意见》（以下简称《意见》）首次提出把"循环农业"列为《意见》中"四业态"之一。

循环农业概念出自现代，但其潜在的实践则由原始农业时代起，历经传统农业时代直至现代，期间虽不见其概念的叙述和记载，但其实践的足迹在现代循环农业中还可清晰地见到。

循环农业与生态文明是理论相依、实践相应的双胞胎。现代循环农业中的简易循环，如秸秆、粪便等堆沤直接还田当肥料，农产品加工后的麸皮、豆腐渣等喂牲口，牲口产生的粪便回田，利用间作套种挖掘光气热资源，种植和翻压绿肥来培养土壤肥力等在古代农业生产过程中都可见到。事物的发展总是从简到繁，由浅入深，从无名分到有名分并见诸经传的演化过程，这个过程就是历史。

第一节　撂荒制农业

从北京地区的考古研究（直至 21 世纪初）看，认定 1 万年前已出现原始农业，在门头沟斋堂镇东胡林村和怀柔区宝山镇转年村都发掘到新石器石刀、石锄、石斧、石磨盘、石磨棒、石臼、石容器等，还有"万年陶"。考古界认定早在 1 万年前我们的祖辈已从事刀耕火种的原始农业，在上列的两个遗址中都发现"拟似谷物化石"；在距今 7000～6500 年的平谷区上宅遗址中，从孢子粉的鉴定中认定这里存在有粟、菽、大麻等籽粒化石。其他存在农业遗迹的遗址最早的距今 8000 年（河北磁山遗址）。北京大学王东、王放经考证，认定东胡林遗址是"中国北方农业发源地之一"。这两位先生在共著的《北京魅力》一书中，经深入考证，提出世界上人类起源的第二个大峡谷是"京西大峡谷"，它包括河北省的泥河湾、桑干河与永定河相继穿越京西山谷直至房山区拒马河流域的周口店地区，泥河湾盆地发掘出新旧石器遗址 40 多处，构成距今 1 万年至 200 万年的连续系统的发展系列。到 2000 年，中国发掘到上百万年的古人类活动遗址共 25 处，其中 21 处都集中在泥河湾，成为世界人类文化起源的东方源头——京西大峡谷。

"北京人"的后裔"东胡林人"和"转年人"开创了中国北方农业源头的新篇章，拉开了北京农业的序幕。

1 万年前，"东胡林人"和"转年人"在中国北方地区首举原始农业的创业大旗，举起 46 万年前的火炬，3 万多年前"山顶洞人"开创了"切、钻、琢、磨"制作新石器的技术，经完善后与火结合，创造了"刀耕火种"的原始农业。其作业行为主要是放火烧荒后刀耕种植谷物和菽类等作物。其农业耕作制度与方法是依《诗经》记载："嗟嗟保介，维莫之春，亦又何求？如何新畬？"（《周颂·臣工》）；"薄言采芑，于彼新田，于此菑亩。"（《小雅·采芑》）据《毛传》："田，一岁曰菑，二岁曰新田，三岁曰畬。"有人把《毛传》所说和《周礼·大司徒》"不易之地，家百晦；一易之地，家二百晦；再易之地，家三百晦"的说法结合起来，认为"菑、新、畬"的制度即休闲制。而现代的中国农业科学院南京农业学院编著的《中国农学史》（上册）中写道："《毛传》解释得很清楚：'田，一岁曰菑'，是指刚刚垦耕出来的第一年的田；'二岁曰新田'是指垦后第二年的田；'三岁曰畬'是指垦后第三年的田……'菑、新、畬'既非休闲制亦非三田制。"客观来看，笔者以为是可接受的。

游修龄先生在殷代的农作物栽培中指出，农业耕作制一般的发展规律是：原始生荒耕作→熟荒耕作→休闲耕作→轮种。在原始农业起步初期的相当长的时期内，因生产力水平十分低下，当时人口也少，即便定居也多以"原始生荒耕作"为主，即上面讲的"菑、新、畬"。到了殷代，虽有铜器农具但不普及，当时的生产工具仍以石器为主。由于社会的进步、人口的增多，生产力也有所提高，加之原始公社时期的不断开发，原始生荒地大概所剩无几，故殷代开始"熟荒耕作"是实际的。

在原始公社时期，人们靠掠夺生荒资源进行生产活动创造原始财富，但同时也潜藏着资源化涵养的事实，即"一年菑、二年新、三年畬"之后撂荒，这在客观上就是让土地休养生息，以涵养地力。诚然没有休闲轮作的概念，但事实总是存在的，当然不会像后来人有计划地进行规范的土地轮作制，因为人的聪明才智是在实践中积累、在教育中成长的。就北京地区而言，起初，"东胡林人"和"转年人"开创原始农业时都选择在河岸高地，且依山傍水，这样，他们定居和种田都比较安全——能躲避山洪灾难。在原始农业开始时还是人少地多的时期。有资料指出，农业起源时（即8000～10000年前）全球人口的总数才500万～1000万，当时中国的人口也不多。在人们定居的附近有广阔的荒野可供"菑、新、畬"三年后就近移动，进行生荒种植。至于人口逐渐增多以后，原始公社的人们是否移居生荒种植不得而知（未见有史料）。但分析来看，在广大的人群中总会有少数强势者移居开荒种地。但多数人不会轻易移居开荒种植，为什么？人们不会轻易建造新居而抛弃旧居。如果不移居远处开荒种地，交通便是难事，特别是收获时产品如何运回远处的家？至今未见考古发掘到可供运输的原始车辆。从这两种分析中似可认为，当时总会有人们在撂荒若干年后因赴远开荒不便而重开熟荒种地。按现代人的概念这当属"撂荒轮作制"。撂荒的潜台词就是涵养或恢复地力；轮作就是撂荒地经涵养地力而资源化再利用，其本质符合现代简易循环农业的基本原则——减量化、资源化、再利用。

到原始公社后期，已出现对人力资源的开发，其突出表现为：一是尧命后稷为农师教民稼穑，至今陕西武功县城留有后稷当年的"教稼台"；二是嫘祖教民养蚕以纺织，由此开拓了野蚕家化和桑叶资源的利用，使我国成为世界上最早发明养蚕、缫丝、织绢的国家。

夏商进入奴隶社会，社会基本矛盾是奴隶主与奴隶之间的矛盾，出现剥削与被剥削的关系，由此又出现了贫富两极分化和不平等与奴役现象。夏商时代的经济仍是以农业为主，而生产工具仍以石器为主。在夏代的文化遗址中发现的生产工具是石器、蚌器、骨器、木器，并以农业生产工具为主。在河南安阳殷墟中，1958～1959年发掘出土了230件石质生产工具，形器有斧、锛、铲、刀、杵等，都是用于农业生产的工具。在河北藁城西台村遗址共出土石器482件，其中以农业生产中常见的刀、镰、铲的数量最多，占出土石器总数的91%以上。这一时期虽出现青铜器，但青铜农具很少。夏、商时期虽是农业社会，但生产力水平还相当低，仍是一种粗放的原始农业。这时的人口则相对较多，而作为奴隶的人们不愿为奴隶主卖力种好田，农作经营又极为粗放，导致农田地力衰竭，一块地种一两年后就没有收入了。为了整个部族的生存，必须举旗迁徙，另寻新的居住点和开辟新的生荒地，史称其为"游耕"。据阎万莫等在《中国农业发展史》中记载，夏商时期部族是农作后多次迁徙，而殷人不再迁徙，耕作较前趋于精细，农业比以前有较大进步。

西周时期，实行"井田制"。《孟子·滕文公上》记载："方里而井，井九百亩，其中为公田，八家皆私百亩，同养公田。公事毕，然后敢治私事，所以别野人也。"在"井田制"下，农奴固然受奴隶主剥削劳役，但也分得一自己耕种的份地，有自己的生产工具，份地上生产出的劳动成果基本上归自己所有，用于养家糊口，且份地上多产可以多得，于是生产积极性高了，而且可以饲养家畜，用其粪便上田培养地力。商周时期人们已开始除草肥田，"烧薙行水，利以杀草，如以热汤，可以粪田畴，可以美土疆"（《礼记·月令》）。《汉书·食货志》记述了西周时期的土地分配情况："民受田：上田夫百亩，中田夫二百亩，下田夫三百亩。岁耕种者为不易上田；休一岁者为一易中田；休二岁者为再易下田；三岁更耕之，暖其处。"从上文可以看出：在肥沃的土地上，已经开始连年种植，不必休闲，因此一夫只能分到百亩土地；中等田则不能连年种植，需种一年，休一年，这样，一夫可分到二百亩；至于土地瘠薄的下地，则需休闲两年，耕种一年，因此，一夫可分得三百亩。这段文字表明，西周时期，人们对维持与恢复地力已开始有所认识，有计划地休闲则是措施之一。同时，人们开始采用腐烂杂草以肥田。《诗经·周颂·良耜》曰："其镈斯赵，以薅荼蓼。荼蓼朽止，黍稷茂止。"由于西周时期注意用地、养地结合，使农业耕作制度由夏商时期的"游耕"转变为"易田休耕制"。这是从原始农业初期即呈现的土地肥力资源化再利用由潜在转为明示的信号——人类对农业资源（土地）的利用已由野蛮掠夺与潜意识涵养转变为用地养地相结合。

第二节　资源的再生利用

我国在传统农业阶段虽无循环农业之说，但有循环农业之迹，且富有成效。

一、人力资源的再生利用

西汉武帝末期，关中一带实行缦田法，耕作粗放，产量不高。为改变旧的耕作法，搜粟都尉赵过总结经验，创造了"代田法"。汉武帝命赵过推广"代田法"。赵过在推广代田法时首创我国历史上"人力资源素质提升培训班"，使"二千石遣令长，三老、力田及里父老善田者受田器"，并得到技术培训。结果使"代田法"及相关田器在关中逐步推广，"用力少而得谷多，民皆称便"（《汉书·食货志》）。

为了鼓励人们学习技术和推广技术，西汉官府还制定和实施了对有一技之长，并在生产中起着指导和表率作用者进行奖励的办法。之后各朝各代都有不同形式的技术培训活动，以提升农民的生产技能。

马克思和恩格斯发现，历史上科学技术的每一个重大发现和突破都会极大地提升以人力资源为核心的生产力水平，从而明确指出："劳动生产力是随着科学和技术的不断进步而不断发展的。"因此，对人力资源的科技培训是不断提高农业劳动者科学文化素质，使劳动力转化为人力资本的必要途径。

中华人民共和国成立后的20世纪50年代初期，北京地区普遍开展速成识字班，帮助农民学认字、学文化，扫除文盲，直至其能看报纸，在识字班上也传授当前需要的种田技术、推荐好种子等。

北京市农业部门派出农业技术人员下乡，按农时、农事需要向农民传授耕种技术、推荐农作物优良品种和传授防治农业病虫害等技术知识，帮助他们提高新法种田技能，还开办农业学校为农业培养专门的技术人才。

二、光能资源的再利用

光能是农业光合作用的动力（能量）源。在一个地区，光照时数、光照强度基本上是一定的。不同地区间光照利用率和效率受温度制约。北京地区常年有一半的时间为冬季，在自然条件下，除冬小麦和过冬根茬菠菜留在地里过冬，地和人几乎有一半时间在休闲，人称"猫冬"。太阳照出不误，但地无生机，光能白白浪费半年。于是人们就采取保护地栽培技术。《汉书·召信臣传》："太官园种冬生葱韭菜茹，覆以屋庑，昼夜然蕴火，待温气乃生……"而日本是在19世纪初才有温室，叫作纸屋。英国是19世纪末才有温室，叫作绿色屋子。北京从西汉起采用人工加温的办法逐渐发展起保护地栽培措施，如西汉时用"暖洞子"在冬季生产"王（黄）瓜、蒜黄、韭黄"等蔬菜。之后，随着社会需求增大，保护地形式不断提升，面积加大，冬季主要是生产蔬菜，这样就使阳光的利用率大大提高，农业产品增加。

三、土地资源的再利用

浙江省青田县地处瓯江中下游，山多地少，素有"九山半水半分田"之称。为提高有限土地资源的利用率和产出率，这里的农民采取稻田养鱼的措施已有1200多年的历史，并形成了独特的稻鱼共生文化。联合国粮食及农业组织（以下简称联合国粮农组织）于2005年6月将浙江省"青田稻鱼共生系统"列为全球首批重要农业文化遗产保护试点。

贵州省从江县从江侗乡稻田养鱼养鸭已有上千年历史。这种稻鱼鸭复合系统不仅为当地人们提供了所需的荤素食品，还维持着良好的生态服务功能。联合国粮农组织于2011年6月将贵州省从江侗乡稻鱼鸭复合系统列为全球重要农业文化遗产保护试点。

明代，太湖流域——杭嘉湖地区的农民利用独特的自然条件创造了"桑基鱼塘"生产模式来提高土地、生物资源的再利用效率。其流程是：田基种桑，水塘养鱼，桑叶饲蚕，蚕粪喂鱼，塘泥壅田，培桑，池塘余水用于灌禾，田产饲料喂猪，猪产肉并积肥壅田，循环交替，数利俱获。这种模式在传统农业时期被学者称为生态农业，现代学者则称其为循环农业。可见中国农民在循环农业的实践上历史是相当久远的。

到民国时期，广东等地区的农民又将桑基鱼塘扩展为蔗基鱼塘、果基鱼塘、菜基鱼塘等，即于池塘埂上种植甘蔗、果树、油菜等经济作物，以及牧草等，该基塘系统后来被联合国教科文组织誉为"世间少有美景，良性循环典范"。

四、水资源的涵养与利用

水是农业的命脉。东汉时期的渔阳太守张堪利用驻军在孤奴一带引用鲍丘水开辟稻田8000公顷，让当地农民种稻，获得好收成，深得当地农民爱戴，使往月白流的水得有所用，低产的农田出高产、出细粮。

曹魏时期，驻守幽州的北征将军刘靖为屯稻田，遣部下丁鸿率军近千人，在今石景山附近的永定河河道弯曲处修建戾陵堰和车箱渠，引永定河（时称漯水）水东入高梁河"灌田岁二千顷，凡所封地百余万亩"（《水经注》）。由此，北京地区的水稻种植出现崭新面貌。之后，魏元帝景元三年（262年），再遣樊晨赴幽州重修戾陵堰和车箱渠，"自蓟西北经昌平，东进渔阳潞县入白河"，"凡所润含四百里，所灌田万余顷"，使漯水有所用场。

到清代康熙年间，下了大工夫使"浑河"堤坝加高，水流变清，康熙帝遂赐名"永定河"，自此经30年没有发生缺口成灾。

据史料记载：秦汉时期，兴修大、中型水利40～50处；南北朝时期兴修水利60处；隋唐时期兴修水利1172处以上；宋元时期兴修小型水利非常发达；明清时期，明代兴修水利2250处以上，清代兴修水利3200处以上。可见对水资源的利用，各朝代还是重视的。

五、籽种改良

北魏时期即提倡选种和采用良种。当时流行的农书《齐民要术》就讲道："凡谷成熟有早晚，苗秆有高下，收实有多少，质性有强弱，米味有美恶，粒实有息耗……"这种千差万别的良莠会影响作物的产量和质量，从古时便始倡选种和采用良种，由此一直传承至近现代。近现代育种科学研究表明，一个优良品种的单位面积的增产效果也只稳定7～10年，最好与新品种相形见绌时就应及时采用新品种，保持农业持续稳定增产。

自古以来，我国农业用作物品种不断更新换代，良种不断增加，花色品种丰富多彩。

旧石器时代的人类"古者民茹草饮水，取树木之实"（《淮南子·修务训》），

"古者，丈夫不耕，草木之实足也"（《韩非子·五蠹》）。直到新石器时代的人类吸取过往的经验，从采食的植物、动物中选用黍、稷、麻、麦、豆（菽）、稻等植物进行种植，而在北方地区则主要是通常的"五谷"，即黍、稷、麦、菽、麻，人类驯化、饲养的动物为马、牛、羊、鸡、犬、豕，统称"六畜"。

在北京，从已出土的遗迹鉴定中可确认黍、稷、菽等是原始农业的主栽作物，马、牛、羊、犬、豕是有古迹可循的家养动物。不管是作物还是动物，它们随着人类进步、农业的发展，在优胜劣汰中不断更新，种类不断增加。从已出土的遗迹看，早在 6000～7000 年前，浙江省河姆渡地区已种植水稻；8000 年前，河北省磁山遗址中发现有菜类种子。江西省科协等编辑的《中国古代农业科学技术成就展览》（资料汇编）中写道：新石器时代，种植葫芦、瓜、白菜等蔬菜；商周时期，出现园圃业，种植蔬菜、瓜、果，果树有十来种；春秋战国，"荤菜百蔬"；秦汉时期，种植 20 种蔬菜；三国两晋南北朝时期，种植蔬菜 30 多种；隋唐时期，种菜40 多种；宋元时期，种菜业发达，创造培育豆芽菜、韭黄等黄化蔬菜；明清时期，引种番茄、马铃薯、四季豆、丝瓜等；新中国成立后，蔬菜种类达 100 来种。

北京地区的蔬菜生产品种数量是与时俱进的：新石器及商周时期以蓟、薇野菜为主；春秋时期达 24 种；魏晋南北朝时期达 50～60 种；辽金宋元时期达到 140种；明清时期约为 114 种；民国时期达 190 种。

畜禽生产：新石器时期主要有猪、狗、鸡等；商周时期增加了马、牛；春秋时期出现"六畜"及鱼；秦汉引进汗血马；隋唐时引进胡马培育杂交；辽金宋元增加了鸭；明清时期培育出北京鸭、北京油鸡新品种，引进国外黑白花奶牛、大白猪、长白猪等种牛、种猪优良品种和来航鸡等，改良本地奶牛、猪、鸡。

我国古代对育种工作很重视，使我国成为世界上农作物品种资源最丰富的国家。粮食作物种类变化不大，但品种变化较大，且向优质、高产、高效方向演进。单粟的品种在南北朝时有 97 个，到了清代则多达 251 个（《授时通考》）。水稻的品种更为丰富，南北朝时为 36 个，到了宋代，仅江浙皖闽四省就多达 301 个以上。但更宏观的是在种质结构上的演进。如北京地区新石器时代——春秋战国时期都以耐旱、耐瘠薄的粗粮谷、稷等为主；隋唐、辽金宋元时，小麦、水稻则上升到粟之后的二、三位；明清时，小麦、水稻升为第一、二位。

为了使作物高产以应对人口增多，从明代起引高产作物玉米、甘薯，到清代玉米占据第一位。

在动物育种方面，我国在春秋时期就已经"常以马覆驴，所生骡者，形容壮大，弥复胜马"。

在果树方面，我国首先创造发明了嫁接技术，在南北朝时期即用优良果树的接穗嫁接到低产、质差的果树砧木上，其成活率有的能够达到"百不失一"。嫁接技术用在花卉的栽培上，能使"花小者可大，瓣单者可重，色红者可紫，实小者可巨，酸苦者可甜，臭恶者可馥，是人力可以回天，惟在接换之得其传耳"（陈扶摇

《花镜》）。

总之，采用良种是传统农业中资源转换利用效益较高的一个重要因素。

六、农产品的精深加工

农产品加工从原始农业时期始，在北京 1 万年前的"东胡林人"及"转年人"遗址中出土的石器中就有用于谷物初加工的石磨盘、石磨棒、石臼、石容器等。进入传统农业阶段，随着时代的进步、科技的发展，农产品加工层次与精细程度日益提高。就小麦来说：

麦粒→麸面（＋麸皮）→馒头、面条、油条→烤馒头片、炒面条、烩油饼……

└─→喂牲畜→粪便（发酵）当肥料肥田

古往今来的实践表明，凡农产品都可精深加工。据国内外的资料显示，农业的初级产品如麦粒、稻米、大豆、白薯等经加工，产值一般可增加 50%～100%，有些可以增加 3 倍以上，多次加工产值甚至可以增加 10 倍以上，每次加工的下脚料还可资源化再利用。因此，大力发展农副产品精深加工综合利用，不仅能充分利用各种物质资源，增加市场商品供给、繁荣花色品种、提高品位、实现增产增值，还可提高农业劳动生产率和资源利用的产出率。

七、农业废弃物资源再利用

传统农业阶段，人们对农业废弃物资源的再利用是相当普遍的。在北魏时期，人们即用农业废弃物如作物秸秆、牲畜粪便、枯枝落叶、农田杂草等进行堆制或沤制肥料。

应该说，农业废弃物量大面广，大体可分为秸秆和残枝落叶、农产品初加工的下脚料及人畜禽粪便等三大类。它们中能直接增值的是下脚料喂猪、鸡——出售获利；秸秆喂牲口，过腹还田；粪便还田靠增收显效。在传统经济、追求温饱的状况下，农业资源要深化循环再利用是不现实的。

我国每年产生畜禽粪污 38 亿吨、农作物秸秆 9 亿吨，其无害化处理与资源化利用可替代 40%～50% 的化肥用量，前景非常广阔。

第三节　资源循环利用

进入现代农业时代，喜逢科学技术的蓬勃发展，高新技术层出不穷。随着世界人口的快速增长（已达 70 亿之多），人类仅有的一个地球出现"生态赤字"，即人类消费已超出地球资源所能产出的 20%。英国智库经济基金会 2007 年 10 月 6 日发布的报告称："如果全世界每个人都像美国人那样生活，人类需要 5.3 个地球才能保证资源的供应；如果像法国和英国人那样生活，人类需要 3.1 个地球。这一数字相对西班牙的水平是 3，相对德国是 2.5，日本是 2.4。"但是，人类只有一个地球。

据权威机构预测，21 世纪中期全球人口可达 80 亿~100 亿。人口的迅猛增长，激起人们逐步认识和要求农业不断满足当代人和后代人的生产与生活对物质、能量和信息的需求，为人类持续发展"创造"自然-社会-经济支持系统的外部适宜条件，使得人类生活在一种更合适、更健康、更愉悦的环境之中。"可持续发展"概念一经提出即引起国际社会的关注和认可。1980 年 3 月 5 日，联合国大会就向世界发出呼吁："必须研究自然的、社会的、生态的、经济的以及利用自然资源过程中的基本关系，确保全球的发展。"1987 年，以挪威首都布伦特兰夫人为主席的世界环境与发展委员会（WCED），公布了著名的《我们共同的未来》一书，在世界各国掀起了"可持续发展"的浪潮。该书把"发展"由经济学家定义的"经济增长"推向一个新的层次，即"满足人的需求和进一步的愿望，应当是发展的主要目标，它包含着经济和社会的有效的变革"。在这里，发展已从单一的经济领域扩大到在社会领域中那些具有进步意义的变革。如今，世界公认的"可持续发展"的定义为：满足当代人的发展需求，应以不损害、不掠夺后代的发展需求为前提。"可持续发展"的概念遵循物质不灭定律，是生态环境中既相依又相克的因素（如动物、植物、微生物及与它们相关的因素）和谐协调、共存相长，并沿着自然法则和人类发展需求实现资源再生与循环利用，形成可持续发展的增殖与增值的生态循环链。在"可持续发展"概念问世后，1990 年，美国环境经济学家皮尔斯和特纳在其《自然资源和环境经济学》一书中首先提出循环经济的正式概念。皮尔斯认为："环境经济大系统本身就应是一个循环的系统，人类就是要协调经济与环境之间的关系，从而保证整个环境经济大系统的良性循环。这个环境经济大系统包含'经济过程的两大环节'与'环境的三项功能'，经济过程的'两大环节'是生产和消费，环境的'三项功能'：一是提供自然资源，满足生产和消费的需求；二是自然环境的自我净化能力；三是为人类提供物质和精神享受。与传统经济相比，环境经济的实质是生态循环经济大系统，它的'两大环节'和'三项功能'通过循环经济方可实现物质平衡运转，提高污染物循环利用水平和采用清洁生产工艺，才是更为有效的办法。"

循环经济伴随着可持续发展理论的提出而兴起，可持续发展带来生产方式的变革，而这种变革促进了循环经济的发展。循环经济的提出，起始主要是解决工业化后大量产生的产业和生活废弃物，以推进废弃物资源化利用为重点，以减量化、再利用、资源化为基本路径，实现资源环境与经济社会的协调发展。

在我国农业发展历程中，虽然事实上存在着资源再利用的实践，但缺乏理论指导和科技支撑，其实践仅限于简便、易行的低层次、少环节的再利用，如秸秆、粪便等废弃物直接还田，或秸秆过腹还田或燃烧后的灰烬还田等，最复杂的也就是"桑基鱼塘"的循环利用。在循环经济概念提出之前，学者们称其为生态农业经济。"桑基鱼塘"的资源循环利用模式中的八个接点，每个接点涉及的资源利用也就1～2个层次。虽有"数利俱获"，在当时的农业经济状况下确实获利不菲，可与今天的循环农业模式相比，其获利水平相距甚远。现代循环农业对资源实行的是精深加工及资源化再利用，所出产品是由粗到高、到精。如用秸秆喂奶牛、肉牛，所出牛奶、牛肉的价值远高于鱼，况且它们还可深度延伸加工出数种高利润的精品。牛粪与其他农业废弃物混合沤制沼气，沼气发电上网销售，一度（1度＝1千瓦·时）电的效益远高于"塘泥壅桑"的效益。德青源生态农业园试验中，2000万只鸡粪制沼气，用沼气发电，平均每只鸡年贡献3度电。

2005年，北京市政府在《加快发展都市型现代农业的指导意见》中首次提出"开发生态功能，发展循环农业"。之后，北京市农林科学院植物营养与资源研究所成立了循环农业研究室，前期的工作是以大兴区留民营生态村循环农业中如何科学应用沼液滴灌于菜园浇水为重点，着力于沼液净化处理、沼液滴灌的机械装置及滴灌质量与效率、效益等方面的技术体系的研究。经过多年砥砺奋进，推出沼液净化、沼液滴灌及滴液质量标准等技术与装备，并已在留民营村、延庆区小丰营村等推广应用，大大提高了沼液灌溉效率与效益。

可以说从21世纪伊始，循环农业在京郊已由简到繁、由浅入深地兴起。其目标是修复生态环境，建设生态文明；依托科技支撑，深入挖掘农业原生资源和废弃资源循环利用，不断提升资源的利用潜力和增值效益，努力开拓，在有限资源内实现都市型现代农业可持续发展。其路径是纵向延伸增殖、增值链，横向拓宽支链融合，推进资源在循环中的综合应用，充分发挥"1＋1＞2"的增值效应。

第三章

循环农业

第一节　循环农业的概念与特征

一、循环农业的概念

循环是指事物周而复始地运动或变化。循环农业的思想源自对传统农业环境后果的反思以及循环经济思想的发展。传统农业，特别是石油农业对环境造成严重污染，人们在反思传统农业的环境后果后提出了一系列改善农业生产、减少其污染的农业模式。循环经济的思想与方法为农业的发展提供了一种新的思路。受到循环经济的启发，人类试图模拟和遵循自然生态系统物质循环和能量流动规律重构农业生产和生态系统，使得农业系统能和谐地融入到自然生态系统的物质和能量循环过程中，于是提出了一种新的农业模式——循环农业。根据对循环经济的理解以及对循环农业实践的报道，循环农业可以定义为循环经济理念在农业生产领域的延伸和运用，因此，循环农业就是在既定的农业资源存量、环境容量以及生态阈值综合约束下，从节约农业资源、保护生态环境和提高经济效益的角度出发，运用循环经济学的方法组织的农业生产活动以及农业生产体系，通过末端物质能量的回流形成物质能量循环利用的闭环农业生产系统。循环农业与传统农业的区别主要体现在以下几个方面。

1. 农业系统中物质和能量的流动方式不同

在传统农业系统中，物质和能量的流动是单向的，农业系统从系统外获得物质和能量，进入农业系统的物质和能量通过系统内的生物作用部分转换为人类需要的农产品，在农业生产结束时，农业系统向外排放废弃物。而循环农业则通过农业系统内部的合理组织，实现"废物"资源化，利用"减量化、再利用、资源化"的基本原则（"3R"原则）与循环经济的思想，通过"废弃物-资源"对接的方式将不同的农业生产环节组成一个物质能量回流环，以达到资源多次利用和减量化。循环农业把经济活动组织成为"自然资源-产品和用品-再生资源"的反馈式流程，所有的原料都能在这个经济循环中得到最合理的利用，能源得到多层次开发利用，从而使经济活动对自然环境的影响降低到尽可能小的程度。北京市丰台区长辛店镇李家峪村草莓生产基地在市土肥站的帮助下，采用"赤子爱胜蚯蚓"当"义工"，使基地上成堆的农业废弃物变成了无污染的有机肥，返回到土地中，不仅培养地力，还为基地多年来草莓废弃物的搬运节省了大量的劳动力。

2. 农业生产目标不同

传统农业的生产目标是借助外界的物质、能量投入获得尽可能多的农产品，进入农业系统而未转化为生物产品的部分即为废弃物，因此，传统农业生产的维持需要源源不断地投入物质和能量，而生产的扩大则需要物质、能量投入的增加。循环农业的目标除了获得农产品之外，还增加了一个目标——生态环境可持续。在循环农业中将获得产品和生态环境保护的目标有机协调。

3. 循环农业生态环境保护的手段有别于传统农业

传统农业面对生态保护和生产发展的矛盾时常常显得束手无策，这对传统农业而言是一个两难的选题。在传统农业的资源观下，保护环境的手段就是节能生产。而循环农业则跳出两难境地，同时实现农业生产发展和生态环境保护目标，实现这些目标的手段就是按照循环经济"3R"原则，通过把不同农业生产环节和项目在时空上重新安排，利用"资源（外部的物质和能量输入）—利用（农业生产过程）—资源（再利用，物质能量的输入）"的方式来达到系统外物质和能量输入最小化、系统排放最小化。

4. 生产的环境后果不同

在人类需求总量不断增长的情况下，传统农业的物质和能量单向流动的生产方式必然导致环境负荷越来越重，而循环农业由于形成了闭环系统，物质和能量通过闭环实现循环利用，从而最大限度地减少了向农业系统外的排放，能够有效地将排放控制在环境容量和生态阈值之内（图3-1）。

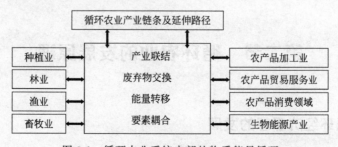

图 3-1　循环农业系统内部的物质能量循环

二、循环农业的特征

循环农业的特征主要可以归纳为以下几个方面。

1. 生产流程的"循环"化设计

循环农业最大的特点就是其目标在生产操作层面得到落实,农业生产是否"循环"的判断标准就是"3R"原则。在循环农业中,尽量做到外界物质和能量输入的减少,进入循环农业的系统外的物质和能量在经过一个生产环节之后进入另一个生产环节实现循环再利用。外界物质和能量通过"资源(外部的物质和能量输入)—利用(农业生产过程)—资源(再利用,物质能量的输入)"方式大大延长了使用次数和作用路径,经过多次利用和转化失去直接经济价值后,还可经发酵处理用作肥料培养地力,实现再利用,向外界排放的废弃物质、能量减少到最少。

2. 环境目标与经济目标相互依存,实现资源节约与高效利用

由于循环农业的生产流程设计不单纯考虑生态环境的需要,而且把维护生态环境的目标与实现农业生产经济的目标很好地协调起来,从而解决了环境与经济目标冲突的困境。农业目标的实现无非是从投入和产出两个方面入手。在传统农业中,着重考虑产出一端,过分强调高产带来经济收益的增加;而循环农业则相反,着重从投入角度来考虑经济目标的实现,认为通过提高资源利用效率、节约物质和能量投入同样能够实现农业生产的经济目标。正是因为循环农业把投入和资源利用作为实现农业生产目标的重要考虑因素,其逻辑必然包括资源的尽可能节约,延长资源使用的链条。

3. 低污染甚至零污染排放

因为循环农业要考虑延长进入农业生产和生态系统的物质和能量的使用流通过程,因此,循环农业必然会延缓和减少排放。进入农业系统的物质和能量在经过多个生产环节循环利用之后,大部分转化为生物产品;由于循环农业生产的空间和时间组织满足了"排放(上一环节的废弃)—投入(下一环节的资源)"对接要求,从而减少了向外界生态环境排放废弃物的次数和排放数量。

第二节　循环农业的发展原理

一、农业循环经济思想的发展

农业循环经济是秉承农业可持续发展理念的新农业发展模式。农业可持续发展

是人类在对农业现代化过程中产生的种种弊端进行深刻反思的基础上提出的一种新的战略构想。1985 年，美国加利福尼亚州议会通过《可持续农业研究教育法》，首次提出"可持续农业"的概念。1987 年，世界环境与发展委员会发表的题为《我们共同的未来》的研究报告，提出了"2000 年开始持续农业的全球政策"。1988 年，联合国粮农组织制定了《农业持续发展：对国际农业研究的要求》计划；1989 年 11 月，联合国粮农组织第 25 届大会通过了有关持续性农业发展活动的决议，强调在推进经济与社会发展的同时，要维护和提高农业生产能力；1991 年 4 月，联合国粮农组织在荷兰召开农业与环境国际会议，发表了著名的关于可持续农业和农村发展的《丹波宣言》和行动纲领，宣言首次把农业可持续发展与农村发展联系起来，并力图把各种农业的持续发展要素组合到一个系统中，使其更具操作性。

按照《丹波宣言》中的定义，农业的可持续发展是指"采取某种使用和维护自然资源基础的方式，以及实行技术变革和体制改革，以确保当代人及其后代对农产品的需要得到不断满足。这种可持续的发展（包括农业、林业和渔业）旨在保护土地、水和植物遗传资源，是一种优化环境、技术应用适当、经济上能维持下去以及社会能够接受的方式"。这一定义强调了三个基本目标：第一，农业的发展要以资源和环境得到保护为前提；第二，提高农业生产力，以满足社会对农产品的需求；第三，农业生产措施在技术和经济上是可行的。从总体来看，农业可持续发展的目标是追求公平、和谐和效益，实现持久永续的发展。因此，农业可持续发展是指以农业生产要素的合理利用、农业生态环境的有效保护为目标的高效、低耗、低污染的农业发展模式。

《丹波宣言》中提出了可持续农业的三大战略目标：①吃饱、喝足、穿暖的温饱目标。为达到这一目标，要积极主动地发展谷物生产，增加谷物产出，确保谷物的供应与消费，使谷物安全系数（谷物储备占谷物消费的比例）达到 17%～18% 以上。与此同时，在确保谷物生产发展的基础上，协调与综合安排其他农产品的生产。②促进农村综合发展的致富目标。从地域观念来看，农村是广阔的天地，必须促进其综合发展。为了达到这一目标，在农业生产发展的同时，必须设法发展农村其他产业，促进农业与农村各种产业综合发展，以便增加农民收入，扩大农村就业机会，使农民摆脱贫困和走向富裕（尤其是贫困地区能够脱贫致富）。③保护资源和环境的良性循环目标。为达到这一目标，要采取各种实际有效的措施，合理利用、保护和改善资源与环境条件，促使这些客观条件能够与人类社会协调发展，永续地处于良性循环之中。可持续农业的这一内涵包含着农业生态-农业农村经济-农村社会持续性三者的和谐统一，在同一时空内，农村生态保护、农业经济发展和农村社会进步为同步追求的发展目标。

《中国 21 世纪发展议程》将我国农业可持续发展进一步明确为：保持农业生产率稳定增长，提高食物生产和保障食物安全，发展农村经济，增加农民收入，改变农村贫困落后状况，保护和改善农业生态环境，合理、永续地利用自然资源，特别是生物资源和可再生资源，以满足逐年增长的国民经济发展和人民生活的需要。

农业循环经济作为农业可持续发展的新模式，就是合理利用一切农业生产要素（包括自然资本、物质资本和人力资本），协调农业生产要素之间的发展关系，使农业生产要素在时间和空间上优化配置，达到农业资源永续利用，使农产品能够不断满足当代人和后代人的需求。

农业循环经济是循环经济系统的一个子系统，在农业资源投入、生产、产品消费及其废弃的全过程中，把传统的依赖农业资源消耗的线性增长的经济体系，转变为依靠生态型农业资源循环来发展的经济体系。它本质上是一种生态经济，要求运用生态学规律而不是机械论规律来指导人类社会的农业经济活动。

与传统农业经济发展相比，农业循环经济的不同之处在于传统农业经济的流向形式是单向的，即"资源—农产品—废弃物排放"，其特征是高开采、低利用、高排放。在这种经济中，人们高强度地把地球上的农业资源提取出来，然后又把污染和废物大量地排放到水系、空气和土壤中，对农业资源的利用是粗放的和一次性的。而与此不同，农业循环经济倡导的是一种与环境和谐的经济发展模式，它要求把经济活动组成一个"农业资源—农产品—再生资源"的反馈式流程，其特征是低开采、高利用、低排放。所有的农业资源都能在这个不断进行的农业经济循环体系中得到合理和持久的利用，从而把农业经济活动对自然环境的影响降低到尽可能小的程度。因此，农业循环经济是对农业资源的低开采、高利用，实现农业清洁生产，将生态农业建设和提倡绿色消费融为一体，运用生态学规律来指导农业生产活动，是符合可持续发展理念的经济增长方式，是对传统农业经济的否定，是对农业经济传统增长方式的根本变革。它是按照系统论和循环经济学原理，运用科学技术成果和现代管理手段组织农业产业，实现农业资源、环境、经济有机融为一体，良性循环、可持续发展的全新的农业经济发展形势。其基本内涵是：以"以人为本"的科学发展观为指导，统筹处理农业资源利用、经济发展、环境保护中的各种相互关系问题，经农业大系统的经济活动过程有机组合成一个资源→产品→消费→废物→资源的经济循环链（图3-2），将上一个农业经济环节的污染物和废弃物经过适当处置，转化为下一个农业经济环节的新的资源，农业循环就能够朝着农业资源

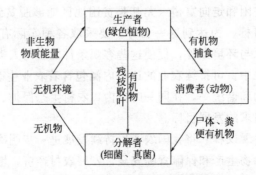

图3-2 尽可能封闭的物质养分循环

和农业能源消耗零增长、农业生产环境退化速率零增长这"两个零增长"的目标而努力，因此是一种农业资源高效永续利用、生态环境良性循环的农业发展模式。

二、循环农业的路径流程

按照循环经济发展理念：为了满足人类的多种多样的需要，还必须对各种农产品进行初加工和深加工；为了最大限度地利用各种废弃物资源，还必须利用生物相生相克的原理或通过废弃物资源化利用，最大限度地实现废弃物的价值，并减少对环境的危害。循环农业的物质流程与产业体现出"横向共生、纵向闭合和系统耦合"，各要素按照物质流动的方向形成一个个产业链条。物质和能量在这些产业链条上或产业链条间实现"物质循环、能量流动、信息传递、价值增值"。

1. 循环农业的物质循环路径

从农业生态系统的结构入手，分析种植业—养殖业—农副产品加工业—副产品利用业（生物质产业）—种植业的纵向闭合产业链条的结构及各产业之间的关系，可得到循环农业系统基本结构及各产业链条路径。

（1）从整体来看，一个完整的循环农业系统包括 4 个基本子系统，分别是种植业子系统、养殖业子系统、农产品加工业子系统和副产品综合利用业子系统。各个子系统（即农业系统产业链条中的各环节）通过产业链与物质交换联系在一起，形成一个完整的横向共生与纵向闭合的循环链条。其中，农产品加工业和副产品利用业是构建循环农业系统的必需要素和使链条正常运转的决定因子。产业链条中的生产环节越多，它能够提供的消费产品就越多，增值空间就越大。

（2）循环农业系统产业链中的各环节通过物质循环联系在一起。物质是有形的东西，人们通过物质生产来获取所需能量和价值收益。这里所谓的物质包括两层含义：一是人们普遍认为具有价值和使用价值的农产品；二是人们过去认为不具有利用价值的农业废弃物。无论是农产品还是农业废弃物都是在农业生产活动过程中产生的，它们相伴而生。过去人们单纯地考虑有用资源而忽视废弃物资源。如何使这两类物质在农业生产系统内得到最合理的循环利用以达到环境友好、价值增值的目的，是循环农业研究的主要问题。

（3）根据物质流动方向和资源产品链条构成的不同，循环农业产业链的循环通常包括两条不同方向的循环路径（图 3-3）：一是农业生产过程中农产品的顺时针外循环路径；二是可再生资源的逆时针内循环路径。表 3-1 概括了两种循环路径的基本特征。外循环完成农业经济系统由生产到消费的转化，实现了农业资源的节约利用；内循环完成了废弃物资源的再生产和再利用过程的转化，实现了农业"废弃物"的资源化利用。由此可见，循环农业的物流特征为物质闭路循环以及产业链条的延伸与反馈。

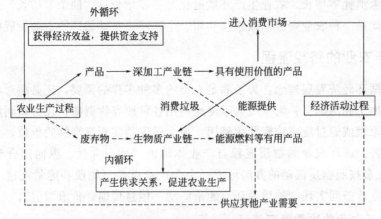

图 3-3　循环农业的闭路循环路径及产品链流程

表 3-1　循环农业系统闭路循环路径的基本特征[①]

循环路径	循环方向	模式类型		循环特点	关键节点
外循环	顺时针	农业产业链的延伸模式	农业资源的节约利用模式	完成由原料到产品的转化,实现价值的增值。农副产品加工业的原料以作物果实和植物纤维为主,产品以食品、药品、农副产品加工品为主	农业生产与农产品加工
内循环	逆时针		农业"废弃物"的资源化利用模式	完成由废弃物资源到能源的转化,实现资源的再生利用和能源节约、环保。生物质产业的原料以非食用性的木质纤维为主,产品以能源、材料、生物化工产品为主	生物质利用与清洁生产

① 引自尹昌斌《循环农业发展理论与模式》,2008。

2. 循环农业的主要环节与层次

(1) 产业层次　循环农业主要包括清洁生产、物能互换、废弃物资源化和物质能量循环四个环节。①在农产品生产层次,推行清洁生产,全程防控污染,使污染排放最小化。农业清洁生产包括清洁的投入、清洁的产出和清洁的生产过程。②在农业产业内部层次,进行物能相互交换,使一个生产环节的产出成为另一个生产环节的投入,使系统中的废弃物多次循环利用,提高资源的利用率和能量的转化率,使废弃物排放最小化,如种植业的立体种植、养殖业的立体养殖等典型模式。③在农业产业间层次,将农业废弃物与其他产业连接形成跨产业的链条,实现废弃物的深加工和梯度利用,使废弃物得以资源化利用、农产品产业得以延伸等。④在农产品消费层次,包括农产品消费过程中和消费过程后的物质能量循环,将循环农业纳入社会整体循环,使得各种系统中的废弃物得到多次利用,进一步提高资源利用率。

综上所述，循环农业的产业链条是由种植业、林业、渔业、畜牧业及其延伸的农产品加工业、农产品贸易与服务业、农产品消费领域之间，通过废弃物交换、循环利用、要素耦合和产业联结等方式形成网状的相互依存、密切联系、协同作用的农业产业化网络体系，各产业之间通过中间产品和废弃物的相互交换而互相衔接，从而形成一个比较完整和闭合的产业网络，其资源得到最佳配置，废弃物得到有效利用，对环境的影响减小到最低水平。

（2）组织层次 循环农业发展的组织层次一般包括三个层次。一是最小范围的物质循环系统，通过农户来实施。农户自身拥有的土地、劳动、技术等生产要素的数量一般较少，即使开展了诸如清洁生产、资源循环利用的活动，所获得的经济效益和社会效益数量仍然较少。二是通过发展农业加工业和产业集群，由工业企业来推动主要的物质循环，形成"农户＋公司＋基地"的利益组合。由于公司拥有的生产要素数量较大，能在更大范围内调动各种资源，有助于资源的循环利用。因此，目前世界各国已经把融入了现代生产技术和管理手段的农业、工业之间的资源循环作为循环农业的重要推广方向。我国部分发达地区已进入了这个层次。三是在整个社会层面上实现资源的循环利用。这就要求在较大的区域内，使整个经济系统形成生态式的网络。此时，循环农业甚至循环经济只是生态经济系统的组成部分之一。发展第三个层次的循环农业系统是完善循环经济体系的必经环节。与前两个层次的循环农业体系相比，这个层次的循环农业经济体系可以更充分地利用资源，获得更大的经济效益和社会效益。当然，建设生态网络式的经济系统对技术支撑的要求更高，对于人类的认识能力和规划能力也是一个挑战。

循环农业经济体系的三个层次从根本上讲是由技术水平划分的。其中，第二个层次和第三个层次都是在现代工业技术出现后才逐步发展起来的，所以，建立循环农业经济体系的根本支点是技术支撑。

3. 循环农业的能量转换与效率

物质是能量的载体，因此循环农业系统中的物质循环路径也就是其能量流动路径。由热力学第二定律可知，任何过程的能量利用效率都不可能达到100％，因此一个封闭系统的能量必然随着物质循环而越来越少。农业生态系统是一个开放的系统，外界能量的投入持续地补充系统内部能量的损失。这些外界能量包括光、热、水等自然资源和化肥、农药、机械动力等购买性资源。正是这些外界能量的投入保证了农业生态系统中的能量流动，保证了农业生态系统的存在与发展。

为了节约生产成本和减少污染物排放，就需要提高能量转换效率。在生态系统中，各生物之间的能量传递通过食物链进行，能量流动的载体是食物，因此，在农业生产中可以通过食物链加环技术来达到物质和能量的多层次利用，提高物质和能量的利用效率。循环农业利用不同营养级的动物和微生物，分级、分层次反复循环利用这些物质，使其从上一级子系统转移到下一级子系统，最终转化为能够被人们直接利用的生物产品和生物质能。因此，通过食物链加环、组链，减少非生产循环，增强生产循环，提高物质循环周转率，生产出更多的产品，可提高能量转换效率，减少废弃物排放。

循环农业主张在尽可能低地投入不可再生能源的前提下，挖掘自然能源和自然辅助能源的利用潜力，用可再生能源来替代现代常规农业中外部能量投入高的生产模式，通过科学合理地调整农业系统内部的种植结构及产业结构、引入高新技术等途径使进入农业系统的能量得到最充分的利用，既达到了降低农业成本的目的，又提高了农业系统自身的生产效率。循环农业将农业系统内循环和系统外反馈循环相结合，提高物质循环利用率和能量转化率。

三、循环农业产业创新与价值增值

按照经济学的一般原理，经济增长和产业结构变动是一种互为因果的关系：产业结构变动是经济增长过程必然出现的现象，而经济总量的增长也必然会带来产业结构的变化。产业结构变动导致的经济增长必然带来国民收入的增加，而收入的增加又会导致需求结构和消费结构的变化，反过来又会影响到产业结构的调整。因此，产业结构的不断变动是经济增长的推动力，而经济总量的增长是产业结构变动的拉动力。产业结构调整的方向受到资源结构和资源分配结构的约束，并受到需求结构和消费结构的影响。产业结构反映了一个国家经济增长的基本态势以及经济增长的基本途径和方式，产业结构的优化实际就是使产业转换的效率和质量不断得到提高的过程。经济增长的动力来源与产业创新、价值增值与产业创新是紧密关联的。

1. 产业结构与功能

由生态学结构与功能关系原理可知：系统结构是系统功能的基础。只有组建合理的生态系统结构，才能获得较高的系统整体功能。反之，生态系统功能的高低可以作为检验结构合理与否的尺度。在产业模式上，传统农业往往局限于农业系统内部的小产业，忽略与相关产业的链接和循环。循环农业从整体角度构建农业及其相关产业的物质循环产业体系，使农业系统与生态工业系统相互交织构成大产业系统。

根据产业经济学原理，调整农业产业结构，会产生一种结构效应，发挥出"第一生产力最大化"，即不需要增加任何要素的投入而只是调整其配置的方向，就会产生比原来更多的产出。通过调整土地、资金、劳动力等要素在种植业、养殖业、林业、渔业等产业内部或产业间的配置，使各业之间比例更加协调，不但各业的产值会发生变化，而且农业的总产值也会增加，进而促进农民收入的增长。事实上，不合理的产业结构将严重影响循环农业的开展和实施效果。农业生产结构和农村产业结构的调整一般应从以下三个层次进行：一是种植业内部结构的调整；二是农、林、牧、副、渔各业间的比例关系的调整；三是三次产业结构的调整。

循环农业产业化经营能提高农业生态系统的整体功能。循环农业产业化是以科学发展观为指导，以建设资源节约型、环境友好型社会为目标，以国内外市场为导向，以企业增效、农民增收为核心，把现代农业、循环经济的理念运用于农业产业化经营之中的新型经济模式。农业产业系统是种植业、林果业、畜牧业和水产业及其延伸的农产品加工业、农产品贸易与服务业、农产品消费之间相互依存、密切联系、协同作用的耦合体，农业产业结构的整体性是建立现代循环农业产业化经营模式的基础。

（1）现代循环种植业产业化　以种植业为基础，把现代科技运用于产业化过程中，调整优化农业结构。延长和增粗粮油深加工产业链，完善"种植业—产品初加工—产品精、深加工—产、成品配送—消费市场"产业链。促进种植业初级产品向深加工的转变，大力发展农产品精、深加工企业，上一个环节的废料转化为下一个环节的原料，在循环过程中，多重加工增值，减少废污排放。

（2）现代循环林果业产业化　它是以林果业为基础，依托林地资源，把现代科技运用于产业链的各个环节，林下生态种、养、加，形成三大循环。

（3）现代循环畜牧业产业化　它是以畜牧业为基础，把现代科技运用于产业化的各个环节，形成三大循环。一是肉、蛋、奶等畜产品循环加工。加大肉、蛋、奶深加工龙头企业带动力度，循环加工，开发高附加值的各种精、深加工产品，增加畜产品产值。二是副产品循环加工。畜禽副产品是一类重要资源，具有种类多、用途广的特点。目前，我国已能利用畜禽副产品生产400多种产品。这些副产品的加工产品可以循环作为畜禽的饲料，如肉骨粉、羽毛粉等；可以用于食品及保健品原料，如氨基酸、血浆蛋白粉、骨素等；可以用于医药原料，如胰岛素、人工牛黄等。龙头企业加大科研力度，深度开发和利用畜禽副产品，延伸产业链，提高附加值。三是粪便无害化处理循环。

（4）现代循环水产业产业化　它是根据水生生物和植物具有生态食物链的特点，用生物控制的方法使循环中各主体互补互助，共生共利，水域和陆地相互配合，实行工厂化养殖，以带动水产品加工企业，不断提高水产业质量和效益。一是水产品循环加工；二是水资源的循环利用；三是水上、水中、水下循环模式，如采取"上粮下渔"模式，水上种植粮食、棉花、果树，水中养殖虾、鱼类，水下种植莲藕等作物。

2. 产业创新的动力

以种植业、畜牧业、养殖业等产业链接的循环农业物质流在产业链条上有三种流动方式：一是沿着种植业、畜牧业的纵向流动经过初加工、深加工各环节形成的产品链，最终转化为满足人们需要的各种各样的农产品和加工品，从而实现物质流动、能量传递和价值增值。同时，产品链的物质流动也包括横向流动，如种植业向畜牧业提供原料。二是产业链条各环节上产生的废弃物经过多次、多环节的物能转化形成的废弃物产业链。在废弃物产业链条上，各环节产生的废弃物最终被转化为满足种植业、畜牧业使用的肥料、饲料，或者转化为各种能源、再生产品满足人们的需求。同时，各类农产品经过消费后形成的生活垃圾大部分也可以再进入废弃物产业链上，通过堆肥加工成为生物有机肥重新进入农业生态系统。三是通过农副产品产业链各环节转化形成的饲料、肥料、能源或再生产品沿着不同的方向流动形成的再生产品链（图 3-4）。

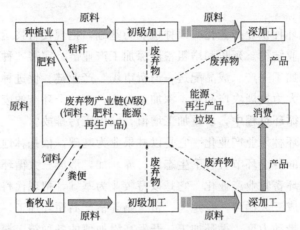

图 3-4　循环农业产业链延伸的结构

因此，循环农业能够正常运转的动力机制主要来源于两个方面：其一是产业链内固有的价格机制和竞争机制产生的拉动作用；其二是产业链外资金、技术、政策等对产业发展产生的推动作用。

通过市场机制发挥作用的内在传导机制对各类农产品、废弃物和再生产品的供给和需求产生影响，是循环农业运行的基本动力。从物流方向来看，各类物质需求引导物质不断地从上一级生产者向下一级利用者流动，但真正推动物流前进的动力则来自价值流。因为社会经济的物流运动过程基本上是通过一系列的交易完成的，形成所谓的价值链，是价值链引导着物质的流动，包括其流动的方向和强度。对于循环农业的产业链条而言，如果上一级生产者产生的各种物质或废弃物不被下一级利用者接受的话，物流就没有办法向下一个环节运动，所以这种通过交易形成的价值链是比较脆弱的。如果其中的某一环节不能产生可以接受的利益，价值链就会断裂，从而发生两种情况：第一种情况是物流会改道，流向能够产生利润的方向；第二种情况是物流不能改道，于是就导致了废弃，从而产生真正意义上的垃圾。

这种价值流引导物流运动还会带来另外一个作用，即会吸引逐利资本的介入，反过来会进一步推动物流的前进，同时资本的介入方向还会左右技术的开发方向。所以，如果循环农业产业链能够在价值链的引导下实现物流运动顺畅的话，就会吸引资本和技术在这一领域中的介入，而资本和技术的介入又会极大地推动循环农业产业链向前发展，从而形成良性循环。但遗憾的是，受资本、技术和制度的制约，目前的各类农产品多以初级产品的形式进入市场，无法实现产业链延伸和价值的逐级增值，各环节产生的废弃物更是由于利用难度高、与原生资源相比盈利空间小、市场接受程度低等特点使得利用者利用废弃物的积极性低，从而造成物流断裂，农业生产的物质和能量循环流动被人为阻隔，从而造成资源的浪费和严重的环境污染。因此，不断探索循环农业产业链的运作机理，通过各种措施加大对产业链条上物流运动的拉动力和推动力，是循环农业得以有效实施的关键所在。

3. 价值增值的形式

循环农业生态系统中农业产业化网络体系使整个系统的产业结构更趋合理，提高了整个系统的功能，其中就表现在农产品的价值增值上。循环农业的价值增值发生在两个层面上：一是农产品外循环的生产加工过程中的价值增值；二是内循环的废弃物资源再生产和再利用过程中的价值增值。

外循环完成由原料到产品的转化，实现价值的增值。农副产品加工业在原料上以作物果实和植物纤维为主，产品以食品、药品、农副产品等加工品为主。内循环完成废弃物到能源、资源的转化，实现资源的再生利用和能源节约，达到价值增值的目的。生物能源在原料上以非食用性的木质纤维素为主，产品以能源、材料、生物化工产品为主。

在农产品外循环路径中，农民通过对种子、资金、劳动力等生产要素的投入，生产出农产品，实现了价值的第一次增值；农产品随后进入深加工产业链环节，中间又有机械设备、劳动力、资本等生产要素的投入，一部分生产出具有使用价值的产品，实现了价值的第二次增值，另一部分进入生物质产业链；具有使用价值的产品随后进入消费品市场，经过储藏、运输、销售等环节，最后被消费者消费，实现了价值的第三次增值。消费者通过消费产品，实现了自己的价值。然后再次投入到农业生产过程中，继续农产品的外循环过程。在可再生资源的内循环路径中，农业生产过程中产生的废弃物（如秸秆等）进入生物质产业链循环，并通过资金、技术、劳动力等生产要素的投入，生产出能源燃料等有用产品，实现了价值的增值过程。生产出的有用产品，一部分作为投入要素进入农产品深加工产业链循环，另一部分供应其他产业发展需要，或进入经济活动过程，或产生供求关系，促进农业生产。

四、循环农业的实践基础

循环农业以资源的高效利用和循环利用为核心，在农业生产、消费与流通过程中减少资源、物质的投入量，减少废弃物的产生以及对环境的污染，实现农业经济效益和生态环境效益的"双赢"。因此，循环农业是基于农业科技创新，并以此为主要驱动力，实现人与自然相互和谐的发展模式。循环农业的实践基础是有力的科技支撑体系。

1. 标准化生产技术体系

农业标准化是提升农产品质量安全水平、增强农产品市场竞争能力、提高经济效益、增加农民收入和实现农业现代化的基本前提。它把科研成果和先进技术转化为标准，对农业生产从农田环境、投入品、生产过程到产品进行全过程控制，从技术和管理两个层面提高循环农业的生产水平，实现经济效益、社会效益和生态效益的统一。农业标准主要包括农产品品质、产地环境、生产技术规范和产品质量安全标准。农业标准化技术体系主要包括：①建立优势和特色农产品"生产技术规程"、以"安全限量标准"为重点的农业地方标准或技术规范，主要是与农业相关的国家标准和行业标准配套的，包括产地环境、灌溉、施肥、用药、制种、采收、储运、加工等农产品产前、产中、产后各环节的标准化技术；②建立农产品基地标准，主要是粮食、蔬菜、畜产品、水果、水产品、茶叶等六大类农产品产地环境、生产技术规范和产品质量安全标准；③建立为制订上述标准和行政执法提供依据的技术标准，主要包括转基因农产品安全评价标准、农产品质量安全风险评估标准、农业投入品安全性评价标准、农业资源保护与利用标准等。

2. 农产品质量安全监测技术体系

农产品质量安全监测技术体系是保障农产品质量安全的重要组成部分，是实现农产品从产地环境、农业投入品、农业安全生产规程到农产品市场准入等"从农田到餐桌"的全程质量管理的重要技术保障，是对产地环境、生产投入品、生产机加工过程、流通全过程实施安全监测的需要。农产品质量安全监测内容包括水、土、气等产地环境，种子质量，农药、肥料、动植物生长调节剂、兽药、饲料及其添加剂等农业投入品和农畜产品等。

农产品质量安全监测技术体系主要包括：①完善农产品农药残留、兽药残留以及各类有毒有害物质的检测分析方法；②建立农产品安全监控亟需的有关限量标准中对应的农药、兽药、重要有机污染物、食品添加剂、饲料添加剂与违禁化学品、生物毒素、人兽共患疾病病原体和植物病原的快速检测技术和相关设备，特别是快速、简便、实用、高效的农产品检测检验设备和技术；③土壤农药残留等监测技术；④种子、种苗、种畜质量的检验、监测技术；⑤转基因食品的检测技术。

3. 农业投入品替代及农业资源高效利用技术体系

目前施用的农业投入品对农业环境和农产品安全构成了最直接的危害，为此应加快其更新替代，减少化肥、农药和添加剂的污染。依据国际农产品安全生产技术——肥料生物化、有机复合化、缓效化；生物农药工程化、产业化、高技术化；饲料环保化、添加剂生物化、产品健康化的发展趋势，农业投入品替代技术体系主要包括：①建立以开发生物菌肥、新型高效专用复合肥、缓释肥、叶面肥，生物农药、植物源农药、高效低毒低残留农药，兽药、兽用生物制品、兽用消毒剂等为重点的动植物肥、药类替代技术；②建立微生态和酶制剂类饲料添加剂，氮、磷等低排泄的环保型配合饲料等畜禽饲料及添加剂替代技术；③建立新型环保覆盖材料，如液体地膜、渗水地膜、可降解地膜等替代技术；④围绕新型种业体系建设，建立高抗及多抗高产优质农畜品种的引进和选育技术。

农业资源高效利用，以节水、节肥、节药、节地和节能为重点，该项技术体系包括：①建立适用于大田、温室大棚和园林生产的低成本、智能型节水灌溉关键技术及设备，多功能、实用型中小型抗旱节水机具，高效环保节水生化制剂（保水剂、抗旱剂、植物蒸腾抑制剂、抗旱种衣剂等）等新产品开发技术体系；②建立提高农灌水利用效率的循环利用技术；③建立快速、准确、简单的测土配方施肥技术，低容量施药、烟尘施药、静电喷雾技术，超低量高效药械等先进技术体系；④建立低耗能的农机设备的研制技术体系；⑤建立提高土地利用率和有效防止病虫害发生的新型耕作制度和保护性耕作技术体系。

4. 产地环境修复和地力恢复技术体系

良好的产地环境和肥沃的地力是循环农业生产的前提，是源头控制农产品污染的关键。产地环境修复技术体系主要包括：①建立农产品产地环境监测与评价制度，结合无公害农产品、绿色食品、有机农产品产地认定等对农产品产地环境进行统一评价，划定无公害农产品、绿色食品、有机农产品适宜生产区和限制生产区。②建立土壤障碍因子诊断和矫治技术，污染土壤的植物修复、生物修复、化学修复、物理修复技术以及污染土壤修复标准。耕地地力恢复主要以培育肥沃、健康土壤，提供优质、高效肥料，营造安全、洁净环境为核心，以建设高质量标准农田为重点，建立全面提升耕地质量、提高耕地综合生产力的技术。耕地地力恢复技术体系包括：①建立耕地分区、分类的评价方法。②建立合理的种植结构、优化用肥结构的综合技术。加强土肥新技术、新产品的试验和示范，因地制宜推广多种秸秆还田实用技术和商品有机肥，示范推广果肥结合和粮肥结合等生态种植模式，增加耕地有机肥投入，实现有限土壤资源的永续利用。通过控制和治理酸化、盐化等土壤障碍，提高土壤的适种性和安全性。

5. 农业废弃物资源化及其清洁化生产链接技术体系

农业废弃物包括农业秸秆、畜禽粪便、废弃地膜以及农产品加工废弃物等。根据减量化、无害化、资源化的原则，围绕主导产业废弃物资源化的关键技术和适用技术的集成开发，加强农业产业协会链接思路、途径和模式的整合，通过接口技术，将系统内各部分产生的废弃物衔接成良性循环的整体，加快系统的物质循环和能量的多级传递。农业清洁生产链接技术体系包括：①建立以常规资源环境为代价的农产品加工主导产业的生态化改造技术，实现"整体、协调、循环、再生"模式；②对于畜禽养殖中的污染，主要建立农牧、林牧、渔牧结合的畜禽清洁化养殖模式。目前，可整合的生态链接技术有：种植业、畜禽养殖和沼气池配套组合的平原生态农业园；以鱼塘为中心，周边种植花卉、蔬菜、水果的生态农业园；动植物共育和混养的生态农业园；以山林为基地，种养结合的山区生态农业园。这些模式既有各自相对独立的循环系统，又通过各种渠道向外延伸，同整个社会经济紧密连接，构成更大的循环圈。

6. 农业信息技术体系

农业生产涉及的因素复杂，且时空差异和变异性大，病虫灾害频繁，生产稳定性和可控程度差，因此对信息技术的依赖性较强。农业信息技术主要包括农业信息网络、农业专家系统和农业遥感技术等。农业信息技术贯穿于农业生产、经营及管理的全过程，是现代农业的重要支撑和标志。

农业信息技术体系主要包括：①建立农业资源环境信息库和网络体系，对农业资源如土地、品种、化肥、农药实施管理和利用。在对全地区耕地质量状况的全面调查、评价和分等定级的基础上，建立数字化、动态化的土壤信息管理系统，采取针对性的土壤治理、改良、培肥综合配套措施，实现对耕地资源的科学利用和管理。②开发农业信息应用软件。如农业专家决策支持系统，开发用于农作物育种栽培、施肥和灌溉、病虫害防治、田间管理和管理经营等的专家系统；建立以主要畜禽、水产为对象的生产全程管理系统和实用技术系统；利用地理信息系统软件，分析并建立土壤肥力、水土流失、环境污染、病虫害动态、生态和生物系统等模型。③建立符合本地区的精准农业应用技术，即 3S 应用技术。基于全球卫星定位系统（GPS）和利用计算机控制定位，精确定量，从而极大地提高种子、化肥、农药等农业资源的利用率，提高农业产量，减少环境污染。

第三节　循环农业发展模式的构建

一、　循环农业模式的内涵

农业循环经济注重资源保护和合理利用，全国不同地区在注重借鉴传统农业精髓的同时，积极运用先进的科学技术和管理手段，通过对农业生态经济体系有针对性的技术设计、管理和实施，创造出许多富有成效的循环农业模式，并取得了明显成效。我国各地具体的自然和社会经济技术水平的差别，决定了循环农业模式本身的区域特性。由于循环农业表现形式的多样性，学术界对循环农业模式的定义颇多，不同的学者结合各自的研究领域和研究成果从不同的角度对其内涵进行了表述。有的学者认为循环农业模式可被抽象地认为是物质、能量、信息等要素在空间、时间、数量方面的最佳组合和选择，或被视为某区域内实现农业可持续发展的农业生态经济动态模型。还有的学者认为循环农业模式是用于实现和发展循环农业系统功能的各种具体生产要素（包括自然、社会、经济、技术因素等）的最佳组合方式，或具有一定结构和功能、效益的实体。

循环农业模式由人、自然资源、科学技术等要素构成，它是一种新型的、技术型的发展模式。其中，社会经济的发展是为了更好地保护生态环境，从而创造有利于人类生存和生活的生态空间，而资源环境的不断改善，也正是为了促进经济的持续发展和社会的持续进步。循环经济模式从一出现就带着全新的特征，并以此来引导社会经济的新型化发展，它包括经济、生态等方面的特征。

1. 循环农业模式的经济特征

（1）在生产投入方面，合理减少输入端的物质能量投入成为循环农业模式减轻资源环境压力的主要方法。生产规模的扩大不再依靠物质的高投入，而是重点放在资源的利用效率上面，大力开发新能源和清洁能源，以生态经济改造材料经济，从而降低对自然资源的过度开发和使用。

（2）在生产方式方面，农业循环经济的生产将带动农产品加工业的发展，农作物的根、茎、叶、秸秆和加工副产品的回收、综合利用，将在农业中形成新的产业并得以蓬勃发展。

（3）在农产品的精深加工方面，中间产物和废弃物将具有循环使用的功能，具有统一标准化和兼容性强的特征，杜绝一次性消费产品的生产。

2. 循环农业模式的生态特征

循环农业模式是对传统模式的生态化改造。从资源环境角度看，循环经济要求从资源开采、生产、运输、消费和再利用的全过程控制日趋严重的环境问题，其根本目标就是要求在经济流程中积极地节约资源，避免和减少废弃物的大量产生和积累。循环经济对资源和环境的保护，一是从社会生产的源头抓起，对于整个社会经济系统，自然资源和环境已经不只局限于"承载力"和"容量"的抽象概念；二是直接作为一种必不可少的投入，与其他一般商品一样，存在紧缺性。因此，在循环农业模式下，生态条件的改善成为经济发展的基础和前提，也是社会发展和进步的最明显的标志。

二、循环农业的发展模式

循环农业发展大体可以考虑以下几种模式。

1. 区域循环模式

区域循环模式即通过区域范围关联产业的投入产出关系，促进区域专业化和分工合理化，形成具有特色的区域循环农业模式。结合各地主导产业、特色产业、生态条件、生产条件以及产业链条中各链接点之间的关系，可形成不同类型的循环模式，既符合产业结构优化升级的要求，又形成以不同主导产业为核心的产业链条。基于循环经济的区域循环农业模式就是根据当地的资源禀赋状况，进行统筹协调和资源整合，构建各产业和部门之间的耦合体系，谋求农业生态系统中各要素及其相关系统之间、系统与外部之间的有序化与整体性持续运作。

例如，农作物秸秆、家禽粪便经过处理用作猪、牛、羊的饲料；家禽产生的粪便一方面投入沼气池发酵产生沼气，沼气可以作为生活能源，沼渣可以作为农作物的肥料或者饲养蚯蚓，沼液用于鱼塘养鱼，另一方面秸秆等直接堆肥用作种植业和林果业的肥料；农、林、牧、渔业产品销往市场，同时从市场购买化肥、环保饲料等；市场向农产品加工业提供原料和能源，农产品加工业产品又销往市场。这样就形成了农、林、牧、渔业相结合，第一、二、三产业相结合的区域循环经济系统，可以在长期不对环境造成明显改变的条件下具有较大的生产力，以环境友好的方式利用自然资源和环境容量，实现农业经济活动的生态化，最大限度地降低单位产出的农业资源消耗和环境代价。

区域循环模式不仅对第一产业农业本身的发展起推动作用，而且还能带动第二产业中建筑业、加工业等和第三产业中交通运输业、金融业、服务业等行业的发展，通过城乡互动及各种要素资源优化整合实现城乡协调发展。

2. 能源综合利用模式

（1）农村推广使用太阳能热水器　在农村地区推广使用太阳能热水器，为大棚生产和农民生活提供热能，可以大大减少其他传统能源的使用。太阳能是可再生能源，从某种意义上说，太阳能取之不尽、用之不竭。太阳能替代传统能源，可以在一定程度上缓解能源危机，同时太阳能也是清洁能源，其利用的结果没有任何残留物质，不会对大气和水体造成污染，对于改善农村生态环境有重要意义。

（2）立体种植（加养殖）　该模式是指在一定空间内把栽培植物与养殖动物按一定方式配置在一起的生产结构，使处于不同生态位的生物种群在系统中各得其所、相辅相成、互惠互利，更加充分地利用太阳能、空间、水分和矿物质营养元素，更能充分发挥土地和水域的综合生产能力，从而建立一个空间上多层次、时间上多序列的产业结构。在这种结构中，生物之间以共生互利或相克避害的关系联系在一起，并形成一种简单的食物链。

（3）以沼气为纽带的综合利用模式　这种模式以土地为基础，以沼气为纽带，形成以农带牧、以牧促沼、以沼促果、果牧结合的配套发展和生产的良性循环系统。人畜粪便在沼气池经过发酵后，制成的沼气、沼渣、沼液应用于农业生产良性循环，生物质的物流、能流深层次利用等领域，来达到系统内部生态位的充实和资源的深度开发，以增强农业生态体系的稳固性。推广沼气利用应从两个层面展开：一是农业企业和农产品加工基地；二是更微观的层面，即以家庭为单位，农业部门应支持有条件的养殖户建造沼气池，并指导其正确安全地使用沼气。以沼气为纽带的产业链多涉及农、牧、渔业等，形成一个复合的生态链，实现了农业废弃物的综合循环利用。

3. 生态养殖模式

循环农业的技术核心之一是生态农业，因此，生态养殖工程是循环农业建设的重点和难点，决定着循环农业的效果甚至成败。

（1）基于农牧结合的畜禽养殖模式　根据国际经验，解决规模养殖场污染的最佳途径是实现农牧结合。每一个规模养殖场都必须保证有相应规模的农用土地，使养殖场排放的粪便和废水能被农田作物消化吸收。养殖场的粪便和废水通过管道排放到田间直接施用或分布在田间的小型蓄粪池待用。

（2）稻田生态养殖模式　稻田养殖鱼、虾、蟹等水生经济动物，形成稻鱼共生互利、良性循环的产业链，使水、土、气等资源得到多环节、多层次的综合利用。稻田为鱼、虾、蟹提供了良好的生长栖息场所和丰富的天然饵料资源；鱼、虾、蟹等水生经济动物对稻田具有松土、除草、除虫、增肥、增氧、增温等作用，可促进水稻增产。实践证明，稻田生态养殖可以生物农药和有机肥为主，减少农药、化肥的施用量，不但降低了成本，而且减轻了污染，有利于农田环境保护和人民身体健康，生态效益和经济效益都十分明显。

（3）高效集约式养殖和健康养殖模式　在有限的渔业资源情况下，渔业的可持续增长必然要在养殖渔业上寻求发展，增加养殖密度，提高单位水体产量，适当增加可养水域。但用传统的养殖方式，已难以大幅度提高单位面积产量，养殖效益下降；水产品质量下降，养殖环境恶化；主要养殖品种疫病严重，而且多呈爆发性流行。为了控制养殖中的疾病及促进养殖生物生长，提高养殖密度，人们不断使用药物和添加剂，但是药物和添加剂的不当使用不但没有抑制疫病流行，反而引起环境与食物污染，对人类食品安全构成威胁。

开展健康养殖，达到养殖可持续发展，必须对现行的养殖设施结构进行改造。新型的养殖设施，除了具有提供鱼类生长空间和基本的进排水功能之外，还应具有较强的水质调控和净化功能，使养殖用水能够内部循环使用，这种养殖设施既能极大地改善养殖效果，同时又能减少对水资源的消耗和对水环境的不良影响，真正做到健康养殖。

4. 农业废弃物综合利用模式

（1）加工废弃物集中利用模式　农产品加工废弃物集中利用的循环模式，就是在某类加工废弃物较多的地区，建设一个规模较大、技术水平较高的农产品资源化基地，利用某项现代生物工程和高效提取技术，专业从事农产品加工废弃物的综合利用。如：汇集油料加工厂产生的油脚，提取维生素E、卵磷脂等；汇集速冻食品工厂的龙虾资源，提取甲壳素、蛋白、虾红素等；汇集蔬菜加工厂的废物生产有机肥。

（2）加工废弃物就地利用模式　对于易腐败或附加值较低的农产品固体废弃物、液体废弃物，宜采用就地利用的循环模式（图 3-5）。

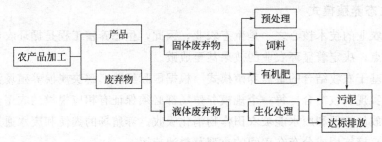

图 3-5　农产品加工废弃物就地利用模式

三、循环农业模式构建中应注意的问题

用循环经济理念指导生态型村镇建设，成为建设社会主义新农村的重要形式。各地发展循环农业，要从制度创新入手，实施一系列相互配套、切实有效的措施，要分阶段、逐步地推行循环农业的发展。发展循环农业，要根据国家产业结构调整的总体部署，以制度创新和技术创新为手段，开发利用本地区的农业资源，逐步实现农户的清洁生产、减少排放、资源综合利用、农区公共卫生状况好转直至农业企业的生态转型，走循环经济和可持续发展的道路。

1. 实现循环农业的均衡发展

针对循环农业发展现状，主要应从以下三个层面推进循环农业的均衡发展。

（1）农业资源的区域循环　政府应采取积极有效的措施，促进农业部门形成跨区域的资源层级利用关系。从而可使各系统之间通过产品、中间产品和废弃物的交换与利用而互相衔接，形成一个比较完整的生态产业网络，使资源得到最佳配置，废弃物得到有效利用，环境污染减少到最低水平。典型模式是以乡镇工业小区发展农产品加工业为依托，合理延伸产业链条，同时通过资源层级利用链条的交叉，实现废弃物资源化，从而实现农业资源良好的区域内循环。

（2）农业资源的体内循环　农村乡镇企业要从清洁生产、绿色管理和零消耗、零污染抓起，实施物料闭路循环和能量多级利用，把一种产品产生的废弃物变成另一种产品的原料，并根据不同的对象建立水循环、原材料多层次利用和循环使用、节能和能源重复利用、"三废"控制与综合利用等良性循环体系。如种养业中的农作物秸秆喂牲畜→牲畜粪便变成沼气→沼气沼液还田施肥、猪粪高温发酵后的肥水养鱼→养过鱼的水浇灌农作物→农作物的秸秆饲养牲畜，属于农业资源的体内循环。

（3）农业资源的微循环　主要是指建立和推广生态型家庭经济，其典型模式是以生物食物链为平台，组建以"种、养、加"和沼气为链条的微型循环经济，解决厕所卫生、畜圈卫生、秸秆气化、排除污染、庭院绿化以及利用太阳能、风能等一系列相关问题。

2. 进行合理规划和统筹安排

实现农业资源的循环，很多情况下是通过大型沼气工程把种植业和养殖业有机结合在一起，客观上要求在一定的区域范围内来实施，因而需要合理规划和统筹安排。要考虑管道输送沼气半径的经济性，只有突破以村庄为单位的区域划分，才能使大型沼气工程的规模经济作用得以发挥。同时，这也需要国家资金的扶持。多年来，国家高度重视农村循环经济建设，先后安排了一系列不同类型的专项资金补助，如生态家园富民计划、农村小型能源项目、沼气国债等，投资也在逐年加大。但这些项目多属于小型项目，难以形成规模效应。建设大型项目具有节约资源和保护生态环境的双重效应，但是所需资金数额较大，仅靠农户投资往往不足，应由政府提供资金扶持。在理论上，循环经济既具有公益性，又具有生产和供给的边际成本小的特征，以企业等组织形式为运行基础，主要由国家来投资建设，将会大大推进我国农村循环经济的发展进程。

3. 发展循环农业技术

技术是循环农业发展的载体。我国目前在绿色技术方面还相当薄弱，为积极推进农业循环经济，应进一步加大对循环农业相关技术的研发，从主要依赖物质资本和劳动力数量的增加，逐步转变到更多依赖科技进步和人力资源的完善上来，支持再利用技术的研究与开发，在农业清洁化生产的技术链接、绿色生产技术和农业资源多级转化、高效利用与废弃物再生技术、循环农业技术标准规范等层面开展整合与集成研究，逐渐建立相对完善的技术创新体系，实现经济增长方式从粗放型向集约型的转变，推动循环农业快速健康发展。

循环农业的推行需要强大、持续的技术支撑，应重点组织开发和示范有普遍推广意义的绿色肥料、低毒农药、可降解地膜等农业生产资料研发以及降低再利用成本的技术等，要不断提高单位资源消耗产出水平。在新能源开发方面，要着重推广节柴灶、太阳能温室、秸秆气化炉，扩大可再生能源的利用和开发。重视提高农业用水效率，研究地表水资源的合理利用与调配，保护性开发利用地下水，重点研究低成本、高效、适用节水新模式，主要推广旱田和水田节水灌溉设备和节水新技术。

（1）投入减量化　循环农业不仅要求大幅度减少有毒、有害物质的投入量，更要研制开发新型、无毒、高效、优质的替代品，而且要在达到既定的生产目的和消费目的的前提下，所有物质投入量都要尽量削减和优化。在生产中要积极倡导农业清洁生产，减少物质投入，提高利用率，科学使用肥料、农药、地膜等农资，减少污染。

① 改进施肥技术和方法，积极开展测土配方施肥试点，推广精准施肥新技术。

将微量元素及有机肥混合配方使用，同时结合其他方法，提高利用率，减少肥料损失，减轻环境污染，提高肥料利用率；开发高效低毒、低残留的农药，开发生物农药取代化学农药，加强对有害生物的生物治理，减少农药使用量；加大可降解地膜研究开发的力度，可选取一些农区进行试点，采用切实可行的技术，实现地膜的大面积回收，模式成熟后予以推广应用。

② 提高水的利用率，发展节水农业。高耗水是农业生产的一大特点，水稻种植耗水量尤其巨大，如东北地区是水稻主产区，也是缺水地区，因此应大力发展节水农业，推广使用先进节水技术具有现实意义。根据当地的实际情况开发新水源用于农业生产的可能性很小，现实可行的办法就是提高水的有效利用率，通过硬化渠道、喷灌、地膜下灌溉等新的技术方法，提高水的利用效率，在既定条件下，减少用水量，实现用水减量。

循环经济是清洁生产和废物利用的综合系统，清洁生产是实现循环经济的基本形式，因而实现农业清洁生产仅仅是完成了循环农业的一部分，而要实现循环农业，需要在做到上述要求的同时，积极保护农业生态环境，以农业可持续发展为基础，发展循环农业。

（2）农业废弃资源循环利用　循环农业应建立能和自然生态循环相统一的人工生态循环技术系统，既能保持"石油农业"所创造的高效劳动生产率，又要消除"石油农业"存在的诸多缺陷。因此，除包括种植业、养殖业、农副产品加工业之外，还需应用现代技术建立以农副产品废弃物为主要原料的人工生态循环体系，实现农业的可持续发展。

4. 注重培养农户的环境意识和参与能力

发展循环农业需要提高广大农民的参与意识和参与能力，倡导绿色文明的生活方式，树立绿色环保观念。生态种植、养殖等循环经济建设需要应用各种先进科学技术，而农户的科技素质决定着技术的推广应用程度。因此，保证循环经济技术得到较好应用的必备条件是提高农民自身的能力。应通过对农区广泛的宣传教育活动，强调对生存环境的保护，提高广大农村居民的环境意识和观念，从意识层面促进和谐社会的构建。通过强化生态知识普及和教育，培养农村居民向往自然、回归自然的朴素的审美意识。

循环经济的建设需要公众的积极配合与广泛参与，需要公众首先树立起绿色环保的理念，所以，大力开展环保教育，提高农户环境意识、绿色消费意识显得尤为重要。可以在农村的中小学加强环境意识方面的教育，广泛开展环境保护知识竞赛；也可以充分发挥返乡民工、大学生在城市里接受的环境意识教育、新思想、新观念，潜移默化地改变农村居民的卫生习惯，增强居民的环境保护意识。同时应加强对无公害农产品、有机农产品、绿色农产品的宣传力度，逐步公布当前环境污染的状况，促使消费者购买无公害农产品、绿色农产品、环保产品，引导循环农业的良性发展。

　　循环农业的建设是一个有机联系的系统的工程，只有全社会高度重视，树立循环经济的新理念，才能把发展循环农业落到实处。要综合考虑其整体功能，在循环农业系统的建设中，要积极倡导公众的广泛参与，尤其要提高广大农户的参与积极性和主人翁意识，从而真正实现人与自然的协调发展，实现农村的可持续发展。

第四章

生态农业

从生命的出现到生物的演化与发展，人类在观察研究中发现生物界是由简到繁、由低级到高级发展的。据考古发掘考证，首先出现蓝藻（植物类），相继出现细菌、藻类、裸子植物、被子植物及一系列动物——有食草的，有食肉的，也有既食草又食肉的。它们在自然选择下优胜劣汰，形成相互依存又相互克制的协调、稳定的生物圈和食物链生存于地球表层，与适宜的非生命物质资源环境相统一而循环往复、生生不息，构成了自然界的生态系统。在漫长的自然选择的生存斗争下，又分化出适应于不同地域环境条件的生物群落，形成各具地域特色的食物链和生态系统。这种生物多样与环境多样的结合与演进，就构成地球表面的生态环境的多样性，使古老而寂静的地球变得生机蓬勃、繁花似锦。自人类出现以来，曾一度对其进行野蛮掠夺，使局地生态变得千疮百孔。但当人类进入文明时代后，他们变得理智了，围绕着人类的居住与生存，借助和遵循自然规则开创了与自然生态相统一的人工生态循环系统——在自然界生物群落中增加（融入）了人工培育的生物种群，并因地制宜、因时制宜地建立与自然生态相融的人工生态系统及相应的生态农业，开创了人类与生物（作物、饲养的动物及微生物）共荣、共依的食物链和生态圈，这就是分布在地球表面的人工食物链与生物圈。

第一节　生态农业的概念

1971 年，美国土壤学家 William Albrecht 首先提出了"生态农业"，他从土壤学视角提出这一理念，认为建立良好的土壤条件，就会有健康的作物。1981 年，英国学者 M. Worthington 在《生态农业及有关农业技术》一书中将生态农业定义为"生态上能自我维持，低投入，经济上有生命力，有利于长远发展，并在环境、伦理道德方面及美学上能接受的小型农业"，并认为生态农业应具备以下几个条件：

① 必须是一个自我维持系统，一切副产品都需要再循环。

② 提倡使用固氮植物、作物轮作以及正确处理和使用农家肥料等技术，保持土壤肥力。

③ 具有生物群落多样性，种植业与畜牧业比例恰当，使系统能够稳定、自我维持。

④ 单位面积的净产量必须是高的。

⑤ 为获得高产，农场规模应该是较小的。

⑥ 经济上必须是可行的，目标是在没有政府补贴的情况下获得真正的经济效益。

⑦ 农产品就地加工并直接供给消费者。

⑧ 在美学及伦理道德上必须为社会所接受。

我国生态农业的概念是 20 世纪 80 年代初提出的，此后有大批科学技术人员及地方开始生态农业的理论探索和实践，经过 20 年的发展，已形成了较大的影响和声势。生态农业是在农业生态学原理与方法指导下，不断优化农业生产结构、功能与配套技术，使发展生产与合理高效利用资源、保护生态环境相结合的整体、协调、持续、良性循环的农业生产体系。

我国生态农业在内涵上不同于国外的生态农业，是在我国现有条件下农业持续发展的最佳实践模式，是国际可持续农业思想在中国的具体实践（表 4-1）。

表 4-1 我国生态农业与可持续农业的比较[①]

项目	我国生态农业	可持续农业
起因 （时代背景）	20 世纪 70 年代末对不按自然、经济办事的反思，以及探索具有中国特色的现代化农业途径的推动	自 1962 年起，特别是 20 世纪 70 年代初人口、资源、粮食、能源危机后对高投入常规现代化农业的反思
指导思想	整体、协调、循环、再生	生态学，生态道德观，资源和环境经济学，人与自然关系由征服、索取转为和谐共存
理论基础	农业生态学、生态经济学	生态学、伦理学、经济学（资源经济学、区域经济学、环境经济学）、人类生态学、社会学等的交叉
基本目标	生态效益、经济效益、社会效益的优化和统一	在不损害后代人使用自然资源和享有良好环境的权益的前提下，争取和保持当代人的较高生产率水平和生活质量
侧重面	用生态学的原理指导农业的经济再生产过程	社会的公正性，脱贫，农村发展
运作者	自下而上的自发活动与自上而下的政府行为（制订推行"生态县"计划）相结合	"自下而上"的方法论，即强调农民（尤其是妇女）的参与及首创精神
支撑体系	农业生态工程及农业生态技术，各级农业生态建设体系网络	强调观念的更新、机制和体制的变革、激励制约政策的配套，同时强调技术上的突破

项目	我国生态农业	可持续农业
特色	吸收我国传统农业的精华；融合我国传统思想文化的精髓——"天人合一"观	从可持续发展观派生而成，继而成为西方各种对常规现代农业进行反思形成的各种学派都接受的一个具有共识性的提法
实施方法	生态系统分析及区域（村、乡、县）生态农业规划，生态工程；当前主要通过试点、示范、推广成功经验以及各个层次的培训；生态农业设计等	研究人员与农民一起，以后者为主，在实践中探索可持续农业技术；并通过影响立法，使农业政策转向可持续农业的方向；生态设计与景观生态设计；计算机信息系统，决策支持系统及专家系统

① 引自李文华《生态农业的技术与模式》，2005。

生态农业是因地制宜利用现代科学技术并与传统农业技术相结合，充分发挥地区资源优势，依据经济发展水平及"整体、协调、循环、再生"的原则，运用系统工程方法，全面规划、合理组织农业生产，对中低产地区进行综合治理，对高产地区进行功能强化，实现农业高产、优质、高效、持续发展，达到生态与经济两个系统的良性循环和经济效益、生态效益、社会效益三个效益的统一。

可以说我国生态农业是从我国实际出发，把发展与保护、当前与长远有机结合起来的实现我国农业可持续发展的途径。

生态农业是广义农业的具体体现。它和狭义农业（或称小农业）的区别在于：从生产内容上讲，它不局限于种植业，而是农、林、牧、副、渔多种经营，全面发展；从生产地域上讲，它不局限于耕地，一方面立足耕地，努力提高单产，另一方面把全部国土，包括土地、水面都当作自己的生产场所；从食物的概念上看，它主要依靠粮食，但又不局限于粮食，而是建立在营养科学的基础上，根据人体营养需要的热能（糖类、脂肪等）、蛋白质、多种维生素和各种矿物质的数量和比例，科学地安排和计划农业生产。

简单地讲，生态农业就是以生态学原理为指导，建设一种既有利于资源和环境的保护，又能促进农业生产发展的农业生产体系。生态农业要吸收农业科学技术宝库中一切有用的成分，按照系统目标，通过因地制宜地选择、组装、配合而形成配套技术体系。

总之，生态农业是充分利用自然资源，挖掘农业内部潜力，增强农业后劲的一项重要措施。它有利于从根本上协调经济建设同人口、资源、环境等方面的矛盾，改善农业生态环境，有利于因地制宜配置农、林、牧、副、渔、加工业资源结构，高效率地生产多种农副产品和加工品，有利于实现经济效益、生态效益、社会效益三大效益的统一。

关于生态农业的概念，表达的方式有很多，但到目前为止，还没有一个权威的为大家所公认的表述。综合前人的研究，可以认为：生态农业是以生态学和生态经济学为基础，运用生态系统中的生物共生和物质循环再生原理，采用系统工程方法，吸收现代科学成就，把传统农业技术和现代农业技术相结合，充分利用当地自然和社会资源优势，因地制宜，合理组织农、林、牧、副、渔生产，以实现生态效益、经济效益和社会效益协调发展的综合农业生产体系。简单地讲，生态农业就是以生态学原理为指导，建立一种既有利于资源和环境的保护，又能促进农业生产发展的农业生产体系。

第二节　生态农业的特征

生态农业的基本特征是保证农业和社会经济的可持续发展。生态农业的基本要求有：首先，在保护生态环境的前提下发展农业生产，着力恢复农业的自然生态系统；其次，把生物工程作为农业发展的关键性技术，通过运用基因工程、发酵工程、酶工程、微生物工程等生物技术手段，进行战略性资源替代，在一定程度上克服"石油农业"对农业生态环境造成的影响，实现农业的可持续发展。

具体来说，生态农业的特征可以概括为以下几个方面：

（1）战略性　生态农业是从实施农业可持续发展战略出发，将农民目前利益同长远利益、局部利益同社会整体利益结合起来，能够实现农业生态与经济协调发展，具有战略性的一种农业发展方式。

（2）整体性　生态农业突破了单一狭隘的产业限制，强调农业的整体性，是具有综合性、系统性的农业。生态农业的结构十分复杂，具有层次多、目标多、联系多的特点，整个生态农业系统构成复杂的立体网络，并按照生态规律的要求进行调控，是把农、林、牧、副、渔等产业综合起来的大农业，又是把农业生产、加工、销售综合起来，适应市场经济发展的现代农业。

（3）协调性　生态农业重视系统整体和各子系统发展的协调，要求农业发展同其资源、环境相协调，农业同其相关产业以及农村同城市、农业同工业乃至社会经济协调发展，促进形成农、工、商、贸一体化产业经营系统。

（4）区域性　生态农业具有明显的区域特色，即综合地貌不同、市场优势不同，都要求生态农业在内部结构设计上突出重点，建立与其环境相宜的合理化良性生产系统，其设计模式具有多样性、层次性，强调发挥区域优势。

（5）层次性　生态农业从经营规模来说，小到以家庭经营为单元的生态户，以集体为单元的生态农场，以一定区域为单元的生态村、生态乡，大者可以为生态县、生态地市、生态省。从生态农业发展阶段来说，层次有低有高。在继承传统有机农业的基础上，运用生态学和生态经济学原理及方法所建立起来的生态农业层次，为低层次起步阶段；当运用农业系统工程和现代生物科学技术后，就可以上升到高层次现代生态农业。

（6）高效性　生态农业是提高农业生产效率和效益的生产方式。它能合理利用和增殖农业自然资源，重视提高太阳能的利用率和生物能的转换效率，使生物与环境之间得到最优化配置，讲求合理的劳动与经济投入，以产出最大的效益。

（7）多样性　生态农业通过保护自然，实施对害虫的综合防治，减少农药对环境的污染，维持了物种的多样性。

（8）稳定性　生态农业具有合理的农业生态经济结构，能够使生态与经济达到良性循环，自我调节功能强，在一定外力干扰条件下抗御自然灾害的能力强，比较稳定。

（9）开放性　中国生态农业是一个开放的农业生态经济系统，它需要系统外的经济投入（包括资金、技术、信息、物质与能量）以提高系统的生产率，输出优质、量多的农产品，减少废弃物。

（10）持久性　生态农业因其农业生态经济系统结构合理、功能高，物质与能量能形成良性循环，保持了生态经济系统的动态平衡，投入少、产出大、效益高，既能保持良好的生态环境，又能产出丰富多样的农产品，提高农民的生活水平，所以具有持久性，是实现农村与农业可持续发展的最佳的农业发展方式。

第三节　生态农业的理论基础

生态农业系统是一个自然-经济-社会复合系统，系统中包括人类在内的生物成员与环境具有内在的和谐性。生态农业着眼于系统各组分的互相协调和系统水平的最优化，着眼于系统具有最大的稳定性和以最少的投入取得最大的经济效益、生态效益和社会效益。我国倡导并实施的生态农业是指在经济和环境的协调发展指导下，总结吸收各种农业方式的成功经验，按生态学和生态经济学原理，应用系统工程方法建立和发展起来的农业系统。它要求把粮食生产与多种经济作物生产相结合，发展种植业与林、牧、副、渔相结合，发展大农业与第二、第三产业相结合，利用我国传统农业的精华和现代科学技术，通过人工设计生态工程，协调经济发展与环境之间、资源利用与保护之间的关系，形成生态上和经济上良性循环、技术上适宜、经济上可行、无环境污染，并能为社会接受的农业发展途径。

生态系统中生物与环境之间存在着复杂的物质、能量交换关系。环境与生物之间，互相作用，协同进化。在实践中与此有关的还有整体性原理、边际效应原理、种群演替原理、自适性原理、地域性原理及限制因子原理等的灵活应用，生态农业遵循这一系列原理，因时因地制宜，合理布局，立体间套，用养结合，达到共生互利，实现社会、经济、环境的三赢效果。

为此，生态农业建设实践中提出了"依源设模，以模定环，以环促流，以流增效"的生态农业设计模式理念，以及生物之间链式的相互制约原理。生态系统中同时存在多种生物，占据不同的生态位，它们之间通过食物营养关系的相互依存和相互制约构成一定的食物链，多条食物链又构成食物网，网中任一链节的变化都会引起部分和全部食物链网的改变，网中营养级之间的能量遵守十分之一定律。农业循环经济遵守这一原理巧接食物链，合理组织生产，以挖掘资源潜力，并根据此原理设计了"粮（果）→畜→沼→鱼"等食物链生态农业模式。在生态农业中合理设计食物链，多层分级利用，可使有机废弃物资源化，使光合产物实现再生增殖，发挥减污补肥增效的作用，强调秸秆过腹还田及以沼气为主体的农村能源建设。在自然生态系统中，生物与环境经过长期的相互作用，在生物与生物、生物与环境之间建立了相对稳定的结构，具有相应功能。

此外，在生态农业建设中又遵循生物共生优势原则、相生相克趋利避害原则和生物相生相养原则。生态农业利用这些原理和原则优化稳定结构，完善整体功能，发挥系统的综合效益。生态农业建设实践强调经济效益、生态效益、社会效益三大效益的协同提高，且认为经济效益是目的，生态效益是保障，社会效益是经济效益的外延。没有经济效益的生态农业是没有生命力的，而没有生态效益的经济效益是不可持续的。

事实上，生态农业发展的主要理论和技术基础是以农业生态系统的结构、功能、发展演变规律为主要内容的农业生态学理论体系，可以从以下几方面理解：①农业生态系统是人们利用生物与非生物以及生物种群之间的相互作用而建立的，并按人类社会需求进行物质生产的有机整体，是介于自然生态系统和人工生态系统之间被人类驯化了的自然生态系统。它不仅受自然规律的制约，还受人为过程的影响。农业生态系统定义的建立，有助于解决现代科技高度专业化所带来的生态经济失调问题，从而对生态农业建设具有重要贡献。②农业生态系统的研究为生态农业的发展提供依据和指导作用。例如，养分循环作为农业生态系统的主要生态过程及稳态机制，是系统生产力及其持久性的决定因素。大量研究证明了世界范围内集约化程度不同的各类农业生态系统过程中养分的输入输出规律。这些研究成果为生态农业在生产过程中制定合理的施配制度、促进养分在系统内的循环、防止水土流失和提高养分利用率等，提供了依据和措施。③生态循环和经济循环是农业生态系统发展过程的两大特征，实现两者良性循环和协调发展是我国生态农业发展的重要条件。在生态农业的建设中，当农村经济水平较低时，农业生态系统的发展重点是发展经济，同时保护环境和保持生态平衡；待农村经济水平较高后，重点是生态建设。④现代农业要获得高生产力，就不可避免地要付出一定数量的以石油能源为主的辅助能源代价，这种代价正随着水土资源的退化和生态系统功能的脆弱失调而日益增大。农业生态领域在这方面的研究及理论，对克服因现代化、集约化生产而带来的资源衰竭等都具有重要意义。上述诸方面的论述表明：农业生态系统原理奠定了生态农业建设中发展经济和保护资源的基本思路。

农业生产是生物有机体的生产，归根到底是利用太阳能的生产，即生态学中的第一性生产。仅从生态学观点来看，在一定的土地利用方式和食物链结构下，物体之间存在某种相互依赖的关系，物质的循环利用也只能达到一定的水平。要提高物质的循环利用水平，开发生态系统中农用生物（植物、动物、微生物）的生物学潜力，必须积极主动地去发展生物技术，生物技术集中了分子生物学、生物化学、生物物理学等学科的精华，应用基因工程、细胞工程、酶工程、发酵工程，不断创造新的品种和生物制剂。近年来，我国培育了许多产量更高、质量更优、适应性更强的新品种，使农业的自然生产过程越来越多地受到人类的直接控制，不断地生产出许多更受人们欢迎的农副产品。应该相信，以基因工程为核心的现代生物技术应用于我国生态农业领域，将逐渐产生越来越大的生命力，从而促进我国生态农业的健康快速发展。

农业生产不仅是自然再生产，而且是经济的再生产。在评价我国生态农业的综合效益时，常常用成本、产值、纯收入等作为信息来衡量投入产出的效率。它不但可以比较各种农业技术措施的效果，而且可以研究投入物质或能量与产品之间的效益关系。当然，它也有一定的局限性，如成本、产值等经济指标主要用来反映经济活动中物品的价值，在很大程度上因市场、价格、贸易等因素的变动而变动。因此，在我国生态农业的建设中，在大力开拓新技术、开发新产品、增强农业发展的后劲的同时，必须依照经济规律来组织农业生产。

第四节　生态农业建设的基本原则

1. 经济效益、生态效益及社会效益兼顾的原则

生态效益、经济效益和社会效益分别是生态系统、经济系统和社会系统的功能的体现，这三者本来就是密切相关、相互依存的。生态农业要达到的根本目的就是生态效益、经济效益和社会效益的协调统一。经济效益是进行生态农业建设的前提，没有经济效益，生态效益和社会效益也就失去了经济目的和动力，就更谈不上建立现代化农业和富裕农村。而生态效益可以保证明天取得更大、更好、更持久的经济效益。社会效益则不但是人类社会可持续发展的需要，也是经济效益和生态效益的保障。因此，在生态农业建设中，在重视经济效益的同时，必须与生态效益和社会效益统一起来，从而推动我国农业生产的持续、稳定发展。

2. 全面规划，整体协调原则

生态农业系统整体中包含着各个部分（子系统），每个子系统内又包含着许多组分和环节，所有这些部分，不是单独、个别地存在和起作用，而是组装、构筑或相互联系、相互协调、相互作用的有机整体，发挥着更大的整体增益效益。生态农业建设是一项综合性、涉及面广的系统工程，这一特点决定了各级政府要加强统一

领导，各有关部门互相协调，动员社会各界通力合作，对生态农业区实行统一规划，做好总体布局，合理安排、协调农业内外各部门之间的关系，以期获得三大效益同时增长。

生态农业系统的整体协调和整合主要是指：农业部门，即农、林、牧、副、渔和加工之间的协调和整合；发展生产和开发利用资源以及环境与资源保护之间的协调；城市和乡村一体化、工业和农业一体化的更多宏观的整体协调和整合。这三个层次的协调和整合保证了生态农业系统整体功能的优化。

3. 物质循环，多级利用原则

农业中的所有有机物质包括"废物"（指死体、残体及排泄物）都实行多次利用、多级利用、循环利用和深度加工等。通过种植业、养殖业、加工业（包括食用菌生产）配套，实现植物性生产、动物性生产和腐屑食物链的结合，提高生物能利用率。其中，种植业所需要的基本有机肥源可以从养殖业、加工业中得到补充，林果业、草场为种植业提供原料，养殖业为加工业提供原料，加工业为种养业输出再生产物质及资金，在有条件的地方发展生物质能，促进系统内物质的循环，提高系统的功能效率。

4. 因地制宜原则（空间分异原则）

生态农业建设十分强调具体的生态环境、经济条件，所以搞生态农业建设必须从当地的实际情况出发，根据当地的自然资源、社会经济条件等，因地制宜地合理安排农业生产。只有充分考虑了当地的具体情况后制定出的方案和措施，才能真正得到贯彻执行，才能使生态农业建设成为推动生产力发展和生态环境保护的有力工具。

5. 合理利用，增殖资源原则

对不需更新的"恒定"资源如太阳能、风能、水能、潮汐能、空气、降雨、地热等资源采取充分利用的原则。因为这些资源不加以充分利用就会自然散失，使系统资源白白浪费。

对可再生资源如森林、牧草、野生动物等资源实行永续利用原则。这些资源有其自然生长和再生增殖的过程，实行永续利用就是合理开发与资源本身自然增长和自身繁殖力同步协调，只有这样才能保证自然资源的再生增殖。

对不可再生资源如煤、天然气、石油、金属矿物等资源实行节约利用原则。因为这类资源经过开发利用不能再生，其数量随资源利用数而递减。

6. 发展经济和资源开发与环境保护相结合原则

在生态农业建设中，追求经济利益的同时，必须注意与保持水土、防止流失、保护资源、禁止过度开采利用，防治环境污染、改善生态环境等各方面有机联系起来。一定要避免那种牺牲生态环境利益，只追求经济效益的发展模式。

7. 系统有序原则

按照系统工程原则和方法以及非平衡系统从无序到有序发展的原理，农业系统本身有着内在的相互联系、协同发展的内在规律。因此，可以对农业生产过程进行合理的计划和规划，并按规划来实施。

我国生态农业正是根据这个原理首先强调制定全面的区域发展规划，然后按照规划实施。当然，制定生态农业规划也要有相当的灵活性，也要根据情况的变化随时做必要的调整，这样做的目的也是要保证系统的有序运行。

8. 利用生物种间互补原理的原则

自然界的生物种与种之间存在着极其复杂的相互关系，有竞争、捕食、寄生、抗生等负相互作用和共栖、原始合作和互利共生等正相互作用，所以在农业生产中人们可以利用生物种之间的各种关系，将不同生活型的物种通过间作、混种与混养建成人工复合群体，利用它们之间的互利合作关系，收到增产、增益的效果。在生态农业建设中有效合理地利用物种间的互补原理可以起到以下作用：增强农业生产的抗灾能力，使产量稳定；改善农作物生长条件；提高土壤肥力，复合群体比单一群体有机残落物多，可增加土壤有机物质；减轻病虫草的为害，如由于复合群体的覆盖度大，可抑制杂草生长，又如稻田养鱼，利用鱼捕食稻田中的害虫和杂草，化害为利。

第五节　生态农业建设的主要内容

生态农业是以生态学、生态经济学、系统科学等理论为指导而建立起来的一种新型农业生产模式。它利用各种生态原理因地制宜开发利用自然资源，并采取不同的生产技术措施，使农、林、牧、副、渔各业得到综合发展，以满足城乡人民日益增长的物质需要。其主要内容可以概括如下。

1. 充分利用太阳能

生态农业的理论基础就是利用绿色植物的光合作用，不断地提高太阳能的转化率，加速物流（植物、动物、微生物之间的循环）和能流（太阳能转化为生物能等）在生态系统中的再循环过程，不断提高农业生产力。太阳能是一种取之不尽、用之不竭的能源，但现在利用率很低。据计算，如果把太阳能利用率提高到2%～5%的水平，就可以大大提高产量，创造出极大的物质财富。这种目标通过育种、栽培、管理等科学技术的利用，是完全可以实现的。

2. 提高生物能的利用率和废物的循环转化

生态农业的重要任务之一就是使生物能源做到多次利用，综合利用、合理利用，既要求生物资源产生食物和饲料，又要把它作为燃料和肥料，使它的各种物质成分能被人们充分利用。农业生产不应该有废物，习惯上所指的废物，主要是指作物秸秆、树叶、杂草等。对这些废物的处置，传统的办法就是直接烧掉或直接还田作肥料使用，这是一种浪费。如果把作物的秸秆、树叶等用来发展畜牧，牲畜粪便制沼气，这样既为农村提供了饲草和能源，又为农业生产增加了肥源。发展沼气，完全符合自然界的物质循环规律，能够取得多种经济效益和生态效益，是一举多得之事。

3. 开发农村能源

我国农村柴草一直严重短缺，但同时又存在着严重浪费。开发农村能源是生态农业建设的重点之一，也是难点之一。木柴用作燃料燃烧的热效率一般只有10%左右。我国每年烧掉的秸秆约2700亿千克，薪炭柴1500亿千克。由于木柴紧缺，大量秸秆不能还田，使土壤有机质普遍缺乏，土壤肥力降低；且破坏森林、草原和其他植被的现象，至今控制不住。因此，必须因地制宜采取多种途径予以解决，如发展沼气、营造薪炭林、发展小水电、推广省柴灶、利用风能和地热能等，这对保护森林和草原、保持水土、增进地力、维护生态平衡都有重要意义。

4. 保护农业自然资源

一是绿色覆盖，这是办好生态农业的关键一环。绿色覆盖物主要指森林、草原、农田作物等，它是调节气候、涵养水源、防止水土流失、改善生态环境的一个非常重要的因素。一般根据不同地区的实际情况，森林、草原和农田都应该有适当的比例，才能收到合理的生态效益。二是控制水土流失，这是生态农业的一项重要战略措施。可以采用生物、工程、耕作制度等多种措施，保护土壤，控制水土流失。三是保护土地资源。长期以来，农业生产的传统作法是单一抓粮食生产，连续多年种耗地作物，忽视对土地资源的养护，实际上是一种掠夺式的生产，以致土地肥力减退，土壤结构变劣，土地生产力下降。生态农业要采取生态措施，用地养地，使土地越种越肥，越种越好。我国传统的秸秆还田，施用厩肥、绿肥、人粪尿，豆科作物轮作、间作、套种等，都是行之有效的方法。四是生物种群保护。各种生物在自然界生态系统中，原是互相依存、互为消长，构成一种互相制约的食物链，但往往由于一种因素的变化，而造成一连串生态不平衡，进而导致经济类生物的大量减少，有害生物更加猖獗。如施用大量农药本来是希望灭虫增产，却产生了一种事与愿违的结果，害虫产生了抗性。在这方面我们有不少教训。生态农业就要从各方面考虑，研究有效措施以保护生物种群和害虫天敌，保护生物间生态平衡。

5. 防治污染

乡镇企业的兴起给我国农村经济的发展注入了活力，但这些企业往往规模小，技术工艺落后，能源消耗大，污染严重。部分国有、集体企业也不同程度地存在污染问题，必须对其加以监督和管理。应严格执行国家的有关规定，不得随意排放"三废"，灌溉、养鱼用水水质必须符合国家颁布的《农田灌溉水质标准》和《渔业水质标准》。推广综合防治措施，防止化学农药污染，使用农药必须执行《农药安全使用标准》，坚持"预防为主，综合防治"的方针，保证农业生产和人民生活有美好的环境。

6. 继承和发扬我国农业生产的优良传统

我国自古以来以农立国。由于自然条件优越，加上劳动人民的勤劳智慧，长期以来使我国成为一个以精耕细作为特点的农业经济较发达的国家，保留下来不少的优良技术传统，这是极为宝贵的财富。我国人口多，有的地区的土地种了几千年，土壤有机质没有减退，继续保持高产，重要原因之一就是农民掌握了用地养地的规律。我国古代流传至今的许多优良生产经验，都是符合生态规律的，继承和发扬这些经验是生态农业建立和发展的基础。

7. 建立农业环境自净体系

农业环境自净体系主要包括：①天然自净体系，即通过自然环境中的土壤、水体、大气和生物的稀释、扩散、降解、吸收、转化等作用，使污染物浓度降低乃至消解，充分利用环境自净力。②人工自净体系，即通过人为的干预形成对污染物具有更大承载力的良性系统。主要措施有扩大绿色植被覆盖面积，修建大型氧化塘，保护自然天敌，保护有益野生鸟、兽、昆虫，推广生物防治，并配合治理污染。

8. 推动城乡经济和社会生态系统的正常发展及完善人类社会的发展

这是一个社会系统和生态系统相互作用的过程。生态系统中的能流不仅以太阳—植物—动物的方式流动，而且也在生态系统与社会系统之间流动。两个系统物流、能流相互联系在一起，就构成一个生态循环体系。发展生态农业对沟通城乡物质交流、发展多种经营、互通有无、形成比较完善的产供销体系，对促进城乡生态系统的稳定发展以及城市废弃物的综合利用等，可以起到良好的推动作用。

总之，循环农业与生态农业的确有共同点，如都遵循资源循环利用、维护生态环境、提升农业增值空间和产品多样等；但循环农业和生态农业在经营形式、空间布局、资源再利用的程度、产品多样性及增值空间等方面也存在一定的差异（表4-2）。

表 4-2 循环农业与生态农业的异同点

循环农业	生态农业
（1）基于生态循环原理和科学设定而符合客观规律的资源"减量化、再利用、资源化"的"三原则"。 （2）循环农业是人为设计、目标管理 （3）循环农业可在局地微观范围内多层次、多链条融合，对资源进行封闭式循环开发利用，做到无残留、无污染。 （4）循环农业可通过纵横链条延伸来实现多资源转化、多产品开发，从而大大提升资源利用效率和产品的增值空间（潜力）	（1）基本理论是以自然界已存在的动（物）、植（物）、微（生物）三者之间既相依又相克所构成的协调、平衡、共荣的食物链为基础建立起来的，是与环境相协调、和谐的人工产业。 （2）"食物链"与相应环境相协调与和谐，在局地范围内，动、植、微三者所处的层级之间受环境因素的影响很难保持稳定的协调、稳定、共荣关系。如东北生产饲料运到北京来转化（商品流通）；台湾省产的水果离开大陆市场就过剩、亏本等。由此可见，生态农业只有宏观领域循环，方可实现"资源化""再利用"、无残留与污染。如古老的长江携带的泥沙在入海口慢慢沉积，日积月累，竟营造出一个上海滩，如今建起繁荣昌盛的国际化大都市。 （3）生态农业突出追求自然社会环境的生态效益，创建生态文明，同时追求农业增值。 （4）生态农业是直链型循环利用资源，其增值空间低于循环农业

第五章

农业资源循环利用的动力源

世界上任何一种行为或行动都需要有一种或多种合力的作用,以推动物质的运动与转化。发展循环农业,促进资源物质的运动与转化,需要多种力的作用方可实现预期效果。这种"力"一般可分为人的智力或创造力;生物力,分为植物(包括光合细菌)光合力、动物(将植物产品转化为肉类产品)转化力、微生物力(既有转化力又具分解力);机械力等。在诸多力的推动下,循环农业中的各类资源才会川流不息地转化起来,形成不断循环的物质流和增值链。

第一节 生物力

在循环农业中,生物力是天然动力,它们是食物链中的"金三角",在相依相克中都要发挥各自层级的能量,一环扣一环地推进物质的制造和转化,形成不竭的能量流。在自然界它们是天然注定的力,进入人工控制下的循环农业世界,这三种力不会削弱,而会提升。因为人们十分重视对栽培的作(植)物、饲养的动物和培育的微生物等新品种的选育、培养,不断提高它们的生产能力。以色列培育出适于海水灌溉的西红柿,并大面积种植产品,出口欧洲。我国已培育出适宜海水灌溉的水稻新品种,试田亩产达 600 多千克;湖南袁隆平院士培育出亩产 1149.02 千克的超级稻(2017 年在河北省试种 102 亩),较当地普通农田每亩增产 500 千克。据专家们推算,102 亩试验田增收量大约可供 11 万人吃一天(见《北京日报》2017 年10 月 20 日)。北京市农业技术推广站在房山区窦店村示范良种良法配套小麦试验田 230 亩。经验收,2014 年亩产 681.8 千克,2016 年为 673.8 千克,2017 年为

678.2千克（见2017年《京郊日报》）。普通柿子菽一斤3元左右，而引进的红、黄彩色柿子菽每斤则5元以上。如今，北京地区农作物优良品种的普及率近100%。在饲养动物方面，蛋种鸡、奶牛及猪全部良种化。蛋鸡的年产蛋量已由传统的180枚左右提高到280枚以上，而料蛋比则由2.5∶1降到1.7∶1；奶牛产奶量由四五百千克提高到10000千克左右；猪，以前从仔猪到出圈肥猪需8个月之多，现在5～6个月即可达到90千克出圈，其料肉比由3.5∶1降到2.7∶1。经人工筛选，微生物对农业废弃物的消解能力也大大提升。如秸秆还田配施筛选微生物制剂可以显著提前降解掉埋在土中的秸秆，如拌在动物粪便和堆肥中亦可加速有机物的降解。这些数据或事实表明，人工培育的"金三角"的活力远高于自然"金三角"的水平，这就是循环农业中的动力所在。

"金三角"中的三种生物因种群不同，各自起的作用也不同。学术界把它们分为三大类群：一是绿色植物及一些光合细菌的光合力，它们是有机物质的生产者——利用土壤中的无机养分和空气中的CO_2与O_2在光能作用下进行光合作用，它们是自养者。生产出的初级植物产品，将能源不断地输入生态系统，成为消费者（动物及人类）和还原者（微生物）唯一的能源。二是动物界的转化力——消费者，它们属于异养生物（者），以其他生物或者有机质为食。三是还原者，属于异养生物，主要是细菌和真菌，也包括某些原生动物和腐食性动物，是微生物最终把动植物产生的有机物质分解为无机物，从而进入植物界再利用。

动、植、微三者相依相克所形成的"金三角"层级食物链是从自然界生物间即形成的命运共同体，人类可以改善它们的动力源，更有效地促进能量流动和物质循环，但不可阻拦或堵塞食物链运转，否则，连人类自身也无法生存下去。因此，可以说"金三角"是循环农业深入持续发展的"定力"。

第二节　智力及机械力

智力是人类认识、改造客观世界的能力，也是开拓、创新、深入推进循环农业纵向延伸、横向拓宽的产业链智慧。智力不是天生的，而是取决于受教育和勇于探索的程度。勤于学习、研究科学技术是开拓智力的源泉。"科学技术是第一生产力"，在现代农业发展中，科学技术已渗透到并激活着生产要素、生产环节的各个方面，如今依靠科技进步实现了新型农民知识化、农业动植物良种化、生产管理标准化、产品上市品牌化、农业废弃物资源化等。人是循环农业策划和发展的主体，劳动者需将科学文化教育转化为劳动资本；作为经营管理的决策、谋划者，需在科学技术方面有所造就，使自己成为有文化、懂技术、会经营的新型农民；作为农业企业，还需学会战略决策、战术应酬，掌握把握全局、审时度势的本领。有研究表明：在同等投入条件下，凭着体能、技能、智能三种不同素质的人所创价值的贡献比例为 1∶10∶100。由此可见，就一般而言，人的智力随着受教育的水平不断提高，其智能及创造价值水平与能力也不断提高。

改革开放以来的社会实践表明，创新已成为推进产业不断发展的不竭动力。而一个人的创新潜力在于不断地学习与智力的提升，大部分有识创业者在接受终身教育或继续教育，因此，他们的企业或从事的产业总是在创新中可持续发展。大兴区留民营生态农场就是在技术不断创新中求得长足发展。在 20 世纪 80 年代初，搞起了稻草喂牛，牛粪、鸡粪与农业废弃物制作沼气，沼气供村民作燃料，沼液、沼渣用于肥田，在本市开创了循环农业。为了提高有机肥的易用性及实现当地养殖废弃物的全面处理与无害化利用，2005 年，生态农场又建成了一座年处理能力 1 万吨的有机肥厂，丰富蔬菜安全生产的有机肥源。为了提升有机肥的科学应用水平，该村与北京市农林科学院营养与资源研究所合作，实施测土施肥，精准施肥，还研制应用了沼液净化和滴灌新技术、新装备，使生态农场已历经近 40 年仍"佩戴"着联合国环境规划署颁发的"全球环保 500 佳"标牌。

在农村，农民从业几乎是一辈子的事，在日新月异变化的新时代，凭经验务农是跟不上形势变化的。一个人要想不断有所作为，就必须善于学习新知识，掌握新技术，提高新技能，开创新局面，就需要终生学习。京郊的农民有着这方面的优越条件，接受继续教育的资源和渠道是畅通的：

① 这里有九年制义务教育，有几乎 100％ 的中考升学率，70％ 的高考升学率；

② 这里的农民远程教育和科技服务是"村村通"，农民可以足不出户，不误农时、农事，向远方的专家讨教科学务农知识；

③ 这里村村有"农民书屋"，有北京市农业局、农林科学院两条"电话热线"接待农民咨询；

④ 这里有农业科研、技术推广部门，遍布京郊的科研基地和科技示范园区，需求者可以现场观摩学习；

⑤ 这里有遍布各区 180 多所农民田间学校，农民在这里可现场磋商技艺，还有各级农业部门因时、因事开办的技术培训等。

通过这些渠道的学习，北京在业农民的受教育年限已达 12 年。

机械力是人的智力的延伸。机械是人造的，但它能做出人预想的而人自身做不了的工作或工艺。在循环农业链条中机械是不可或缺的——机械在人的智力和技能控制下，其工艺、水平运行速度、工作定额等是协调稳定的，还可超出人工强度工作。在循环农业中，有许多环节是需要机械力去完成的，如最粗浅的秸秆直接还田或过腹还田都需要秸秆粉碎机来完成，况且循环农业中有些环节是从加工做起，甚至连续多环节加工，没有机械力是完不成的。

在循环农业发展中，智力是领航的、创新谋划和操作运营的，而机械力是按工艺程序、质量要求，精准、高效运行的动力。

设定的循环农业模式要想实现预期目标或效果，就必须按设定的规程技术、产品质量要求配置相适的动力运作，实行"一张图纸干到底"。

　　循环农业实施中的机械装备是由粗到精多层次的。如秸秆直接还田就需有秸秆粉碎机与拖拉机配套，能将秸秆粉碎成 5～6 寸（1 寸＝3.3 厘米）长；如过腹还田就需要有青饲料粉碎机；如用于农产品精深加工，就得配备相应的适于精深加工的精密机械及包装储运机械与之配套。可以说，发展循环农业，从田间耕作、播种、管理、收获、储藏等环节到各种资源循环利用的诸多环节都需要机械。标准化、高效率、保质量的工作，没有机械是难以奏效的（或实现的）。

第六章

循环农业肩负着富民与生态文明的重任

人类仅有的一个地球随着人口爆炸已不堪重负。有资料显示，地球上资源赤字已超过其可承担的 20％；世界上的贫困人口已超过 10 亿；由"温室效应"引发的气候变迁造成四大灾难性问题：一是沙漠化日趋严重；二是干旱与台风、洪涝交织频频出现；三是农业对环境的负面影响；四是海洋水体上涨，气候变暖，南北极圈内冰雪消融，引发一些海洋中的岛国陆地减少等现象。这四大问题已引起联合国各成员国，特别是一些明显受到威胁的国家或地区的关注，并以协约的方式共同应对。

第一节　人口爆炸对资源依附的压力沉重

人是农业的创造者，又是依赖农业生生不息的消费者。这两者的耦合就形成推动农业不断发展的不竭动力。人作为对农业的消费者存在两种消费心理：一是从现实出发，实行可行消费，即有什么可吃就吃什么，有什么可用就用什么；二是超前性欲望消费，即如人们常说的"吃着碗里的，看着锅里的，望着墙上的（食谱）"。农业生产者可按欲望需求发展农业产品；非农业者可以消费欲望通过市场引导农业生产者生产所需消费品。正是这两者耦合常常推动农业超常发展——质的提升与量的扩展，以应对人们多层次的生活消费和工业消费。

人口爆炸必然导致对农产品需求的膨胀。联合国组织研究指出：在世界总人口 30 亿左右时，人与自然基本处于平衡状态。进入现代，世界人口呈爆炸性增长，人们对食物也进入追求享受阶段，对农业的需求在量扩张的同时，推进了质的提升。这种质与量的猛增，使仅有的一个地球呈现超负荷运转，出现了生态赤字。联合国组织同时指出：当全球人口达到 45 亿时，将有 4.5 亿人挨饿；全球人口达到 57 亿时（1995 年），挨饿的人口将增加到 10 亿。生态赤字表明农业资源的严重短缺，并制约着农业的发展，滞后于人口增长的需求。我国由于社会制度的优越性，人民的生产积极性和创造性得到充分的发挥，资源获得较为科学的开发利用，以世界 7% 的耕地养活了世界 20% 的人口，这是值得骄傲的成就。但同时应注意，这里讲的是"养活"而非"小康"或"养富"。就是说人均占有粮食量才达 400 千克，仅达到国际公认的底线。目前，中国人民的生活水平总体进入"小康"，按照国家规划，到 2020 年全面建设成为小康社会。

现在，人们的消费欲望已经超过现实生产力水平，人们着力追求改变食物结构，增加肉、蛋、奶及水产品消费。殊不知，肉、蛋、奶及水产品的生产需要以粮食为主的饲料为基础。一般生产水平下，每生产 500 克肉、蛋、奶、水产品需要饲料 0.75～2 千克不等。可见食物结构的改变，由以粮食为主食改为以肉、蛋、奶、鱼等为主或增量，不仅不能减少粮食的生产压力，而且要加大粮食生产量以保障养殖业的发展。世界人口爆炸主要在发展中国家，而发展中国家的人口增加源于农村，农村农民（户）脱贫致富的主要来源在于农业。当然，农民种地养畜禽，发展农业，增加农产品的供给，增加自身收入是天经地义的。但从人与自然协调、和谐的这一层面来说，无疑要加大对自然资源的压力。

从生态平衡的角度来审视，自然资源变量总是有限的。一些已经失衡的资源恢复起来远远要落后于人类需求的增长。人口爆炸对资源的依附与过度开发已给地球带来沉重的压力，以及对地理空间的需求和对环境质量的保持，是衡量区域开发水平的基本指标。由于人口增长所造成的越来越大的压力，反过来对于区域开发的刺激也越来越大，这无疑更加剧了资源稀缺性问题、技术发展问题、环境质量保持问题、地理空间竞分问题，以及由这些问题派生出来的政治问题、社会问题、福利问题等。人口的增长必然强化人类活动对于自然环境的影响，主要有：一是对区域系统中能量流的改变。二是对发展系统中物质流的改变。如人类向自然环境中排放污水、废气等。三是对生物物质分布的改变。随着世界人口的增加，粮食等食物生产越来越成为当今的重要任务之一，人们不得不花费巨大力气，要么去扩大种植面积或养殖规模，要么提高单产，使粮食或食物适应人口增长的需要。这样一种胁迫，就成为改变自然植被和动物种群的动力。四是作为触发因素加快或减缓自然过程的速率。莱温在 1975 年曾估计，在土壤侵蚀中，由于人的作用，全球每年每平方千米土地上所损失的土壤约为 1500～8500 米^3，而天然侵蚀的背景值只有 12～1500 米^3，前者为后者的 125～170 倍。

此外，人口爆炸加强了城市化的集聚效应。有资料（表 6-1）表明：1920 年，城市人口只占全球人口总数的 14%；1980 年已达 40%；2000 年则达 50% 以上。世界银行曾预测，发展中国家在 1975～2000 年城市化速度将比前 25 年（1950～1975 年）增加 2 倍。在城市化过程中，城市的数量与规模也以惊人的速度增长。

1900 年以前，世界上没有一座城市的人口超过 500 万；1950 年，超出 500 万人口的城市有 6 座；1980 年，此类城市达到 26 座。城市化给资源开发及分配带来巨大影响，成为大规模改变土地、大气、水、能源与人口的重要"生态推动力"。

表 6-1　世界人口城市化倾向[①]

年份	1850 年		1950 年		1970 年		2000 年	
	人数	%	人数	%	人数	%	人数	%
世界人口×10²/万人	1262		2502		3628		6335	
农村人口×10²/万人	1181	93.6	1796	71.8	2229	61.4	2797	44.2
城市人口×10²/万人	81	6.4	706	28.2	1399	28.6	3538	55.8
城市数目（>10 万人）	29	2.3	406	16.2	864	23.8	2399	37.9
城市数目（>100 万人）	13	1.0	182	7.3	448	12.4	1497	23.6

① 资料来源：牛文元，《持续发展导论》，科学出版社，1997。

　　人口问题的实质为其典型的二元结构：既是积累者，又是消费者；既是物质生产的起点，又是福利消费的终点；既是精神财富的创造者，又是它的继承者。整个社会发展与文明的进程，唯一取决于二元结构的动态消长与整体把握。随着世界人口的膨胀，随着生产发展水平的不断提高，世界经济活动的总增长已面临着四个方面的限制：其一，地球上有限的面积；其二，资源稀缺的限制；其三，环境自净能力的限制；其四，人类的科技水平和控制世界的能力的限制等。但当今世界，人是万物之灵。一个具有技能、智能的人可以创造出高于仅具体能的人 10 倍甚至 100倍的财富与价值。人类自身再生产与社会物质再生产的协调，是进入持续发展轨道的前提。而令人担忧的还是人口爆炸，目前世界上每年约增加 7500 万人口，每天平均增长 15 万，有统计资料表明，全世界每秒钟就有 4 个婴儿出世。正是由于这样的增长速度，20 世纪末，世界人口即超过人们预计的 60 亿。人口的迅速增长，必然要求有基本的生存保证，作为供人类生存和发展的仅有的一个地球其压力便可想而知了。

第二节　农业对环境的负面影响已引起人类警觉

　　农业是生物圈中一个重要的组成部分，是自然再生产和经济再生产的复合大系统，它使地球上原来生物圈中的能量流和物质流发生了一些本质的改变。这是因为农业不仅受到整个自然环境条件的约束，同时还受到人为因素越来越强大的干预。而传统农业的特点，无论是现在还是过去都取决于各种外部条件以及这些条件合理的匹配。因此，它的基本发展模式是外延扩大再生产。农业是生物与环境中匹配条件能量与物质交融循环的结晶。生物本身的循环过程与大气循环过程、水循环过程紧紧交织在一起，而这种交织的空间，恰好只能位于地表界面附近狭小的范围中。正是因为这样，传统农业在其发展中既依存于地球表面的生物圈，又因过度的依存而损害着生物圈。主要表现有：过度的砍伐、放牧及无度的开发利用或损害资源，使大片农田出现土壤退化，甚至荒漠化，或是水土流失。

如今地球上 1/3 多的土地呈现土壤退化，大约有 10 亿人口在与其后果作斗争。每年全球无可挽回地失去能产出 240 亿吨粮食的肥沃土地，每年全球由荒漠化造成的收入损失高达 420 亿美元。中国北方现有沙漠化土地 1700 万公顷，另有潜在沙漠化土地 1580 万公顷。近 50 年，荒漠化速度为历史时期的 5 倍多。北京市在连续干旱、沙尘暴及人为不当因素等作用下，荒漠化也呈加剧态势。全市曾出现沙荒地 50 万亩（正在治理中），有潜在沙化土地（沙质耕地）164 万亩，虽在着力治理，但所花代价则是高昂的。

另外，我国水土流失严重，全国水土流失面积达 367 万平方千米，占国土面积的 38%。水土流失使我国平均每年流失 50 亿吨沃土，破坏耕地面积近 7 万公顷以上。地下水超采严重，全国地下水多年平均超采 68 亿多立方米，地下水位下降，并导致地面下沉。北京市山区面积 10418 平方千米，水土流失面积 6640 平方千米，占山区面积的 62%，经 50 多年治理仍有 4089 平方千米的水土流失面积。北京市全市年均土壤侵蚀指数为每平方千米 1600 吨；地下水严重超采，近郊区地下水超采漏斗面积达 1000 平方千米，漏斗中心地下水深达 40 多米。

淡水资源严重匮缺，已影响人类的生存与发展。全球有 11 亿人缺乏安全饮用水，每年有 500 万人死于与水有关的疾病。预计，到 2025 年全球 2/3 的人口将生活在不同程度的缺水地区。我国人均占有水资源 2200 米^3，仅为世界人均水资源占有量的 1/4，居于严重缺水的边缘。据预测，到 2030 年左右，我国人口接近或达到 16 亿，人均水资源仅约 1750 米^3。北京是世界上严重缺水的城市之一，人均占有水资源仅 300 米^3。

固然，以上情况的形成不能都归罪于农业，但农业过度的外延扩大再生产的诸多环节，如不合理的开山种地、放牧、灌溉、施肥、打药等都在影响着地球生物圈的良性平衡。北京地区往常农业用水高达 24 亿立方米，占当年用水总量近 1/2，如今发展节水农业，总用水量也达 12 亿立方米以上，占总用水量的 1/3 左右。

此外，传统农业对环境的影响远不止上述几个方面，还有对资源的低效应用及其废弃物对环境的污染等。发达国家现代农业的劳动生产率高、土地（或资源）产出率高、农产品附加值高是世人公认的。我们的传统农业与之相比，在这三个方面则明显较低。美国百分之二三的人从事农业劳动生产，不仅供养着本国 95% 以上的人口，还是农业出口国；我国则以百分之五六十的农民供养着百分之四五十的非农业人口。农业附加值主要来自农业生产链的延伸。发达国家农产品加工业产值与农业产值比例平均为 3∶1，而我国只有 0.6∶1。发达国家的食品 70%~80% 是经过加工的，而中国仅加工了约 30%。美国食品产业的产值大约为 5000 亿美元，为工业部门总产值的1/6，而中国食品加工业产值仅占工业总产值的1/12。据有关研究测算，我国农业产品加工业与农业的比值，每增加0.1个百分点，就可带动230万人就业，带动农民人均增收193元。有信息表明，中国农产品加工水平与世界先进水平相比，至少要落后15～20年。此外，中国农产品加工企业与农户基本上是松散的买卖关系，而不像国外的加工企业与农户是紧密的契约关系，故农民几乎得不到农产品加工增值效益。

农业废弃物的无度排放污染环境、破坏生态平衡，引起世人担忧。《农民日报》2006年7月8日讯：全国90％的规模化畜禽养殖场未经环评；60％的养殖场缺乏必要的污染防治措施，畜禽粪便总体土地负荷警戒值已达0.49（小于0.4为宜），每10年将增加1～2倍；我国农田化肥每亩使用量高达400千克，甚至有的地方高达500～700千克，远远超过225千克的安全上限；农膜使用面积达亿亩，年残留量高达35万吨，残膜率达42％；我国农业秸秆总量达7亿多吨，畜禽粪便为11.2亿吨。在这些废弃物中有相当一部分成为环境的污染物，在有的地域被称为"农业面源污染"，受到社会关注。如何使它们变"废"为宝，化害为利？一方面，政府高度重视，提出在推进农业现代化进程中发展节约型农业、循环农业；另一方面，科研、生产者奋起践行，积极按照"减量化、再利用、资源化"及"零排放"的原则，发展节约型农业、循环农业，使有限的资源创造更多的物质财富，沿着"人工自然生态"的方向去发展。

第三节　荒漠化问题日益严重

关于沙漠的记载寥若晨星，但从中可知沙漠古之即有。2000多年前，汉武帝派遣张骞出使西域。在悠远的牧歌、清脆的驼铃声中踏着无垠的砂砾、寂静的荒漠，首先见识的就是中国最大、世界第二的塔克拉玛干沙漠。张骞用了13年时间，"开凿"出一条横贯欧洲大陆的通道，司马迁在《史记》中称其壮行为"凿空"之功。唐代伟大诗人杜甫曾吟诵诗道："闻道寻源使，从天此路回。牵牛去几许？宛马至今来。"以表达对寻源使张骞的敬意。有资料说：埃及、巴比伦、印度、中国，四大古文明的发源地无一不在沙漠的边缘。那些已消失的文明线，成为触目惊心的证明。

近半个世纪以来，全球的土地荒漠化一直呈加速发展之势。直到2007年，全世界2/3的国家和地区1/4的陆地面积，近十亿人口受其危害，沙漠化已被公认为当今世界的头号环境问题。

1977年，联合国召开荒漠化问题会议，制定了《防治荒漠化问题行动计划》，把荒漠化作为一个全球性经济、社会和环境问题列入国际议程。1992年，联合国召开环境与发展大会，防治荒漠化被纳入《21世纪议程》。1994年，《联合国防治荒漠化公约》在法国通过，当年10月，中国政府在此公约上郑重签字。

记者们在有关报道中写道："荒漠化，如同一柄锋利的达摩克利斯剑，高悬在每一个中国人的心上，高悬在五千年中华文明的生命线上。"治沙，关乎一片拥有五千年文明史、养育1/5世界人口的土地的未来，关乎一个古老民族的生存与发展。

治理荒漠，关乎人类的粮食安全，更关乎世界的、中国的生态安全。早在联合国提出治理荒漠前，中国一些地处荒漠危害区的人民在当地党和政府的领导下就开始行动了。内蒙古自治区的磴口人从1950年就开始在黄河的咽喉要道处着力营造308里（1里＝500米）防沙林带。如今的乌兰布和沙漠已远离黄河10千米，磴口沙漠治理面积达到280多万亩，森林覆盖率从最初的0.04%扩大到现在的20.2%，耕地从6.8万亩扩大到86.6万亩，每年以治理18万亩的速度向乌兰布和挺进。甘肃省民勤县的风沙线长达408千米，2009年全县荒漠化面积达到94.5%。2001年，中央对民勤县治沙问题作出批示，首次提出"决不能让民勤成为第二个罗布泊"。目前，民勤全县人工造林保存面积达到229.86万亩以上，森林覆盖率由2010年的11.52%提高到12.7%。有中国第一大沙漠和第二大沙漠的新疆，腾格里、巴丹吉林、乌兰布和三大沙漠碰头处的内蒙古阿拉善，腾格里、库布齐沙漠和毛乌素沙地围绕的宁夏中卫和盐地、内蒙古鄂尔多斯、陕西榆林和靖边，在浑善达克沙地、科尔沁沙地、呼伦贝尔沙地恢复昔日草场的内蒙古锡林郭勒、赤峰、通辽、呼伦贝尔……每一片消失的荒漠，每一处新生的绿洲，都是"我们的地球"这个命运链条上的紧密相扣的一环。

值得欣慰的是，2017年10月20日晚，中央电视台新闻频道中报道了"我国沙土化地治理了1.26亿亩"的好消息。

河北省承德市用了三年的时间对118.98万亩沙化土地和水土流失严重的生态脆弱区综合治理，植树造林，优化京津风沙源的治理。近三年来还营造了防止蒙古国风沙南进的绿色屏障，林地面积增加到3417万亩，森林覆盖率达57.6%，成为名副其实的"华北绿肺""京津水塔"。

北京地区第一次有史料记载的沙尘暴出现在北魏太平真君元年（440年）。据《上古郡志》记载："春二月，上谷郡黑风起，坏屋庐，杀人。"此后，北魏时期有记载的重大沙尘暴曾有三次：第一次是北魏宣武帝景明元年（公元500年），"二月，幽州（北京）暴风，杀一百六十一人"；第二次是景明三年（502年），"九月，幽州……暴风漫雾，拔树发屋"；第三次是北魏宣武帝正始二年（505年），"春二月，上谷郡黑风拔树杀人"。

隋唐时期，北京地区没有出现过有关沙尘暴的记载，之后各朝代都有出现。明代276年中，北京地区共有95个年份在春夏之交出现大风、沙尘暴天气。民国时期，由于战乱不止，有关沙尘暴的记载不多（见李金海等，《科学治沙的理论与实践》，中国农业大学出版社，2007）。

北京市域内分布有永定河、潮白河等五条河流，它们自古以来养育了两岸人民。但由于河水多次改道泛滥，造成了600多万亩沙化和潜在沙化土地，形成了康庄、南口、潮白河、永定河、大沙河等五大风沙危害区。该重点危害区总面积247.5万亩，占全市沙化土地面积的69%。危害区内"无风一片沙，有风地搬家，每当风沙起，处处毁庄稼"。一旦发生沙尘暴，北京上空一片灰黄，白昼如同黄昏，处处风沙"迷人"。1977年8月，以联合国秘书长名义在肯尼亚首都内罗毕召开的世界沙漠化会议，已把北京划入受沙漠化威胁的范围之内。

国务院正式批复的《北京城市总体规划（2004年—2020年）》提出了要将北京建设成为"生态城市、宜居城市"。

事实上从新中国成立后，特别是改革开放以后，北京市持续开展了植树造林、种草活动。经过几代人的艰苦奋斗，北京市的防风治沙和流域综合治理工作取得了长足发展，成效显著。

据《京郊日报》2011年6月17日报道：2001～2010年，京津冀风沙治理工程共完成造林营林550.8万亩，其中退耕还林87万亩，人工造林88.5万亩，飞播造林30.6万亩，封山育林323.7万亩，爆破造林21万亩，山区林木绿化率达到71.35%，森林覆盖率达到50.97%，分别比2000年增加14个百分点和9.22个百分点；各项水土保持措施涵养蓄水量达到5.9亿吨；北京市空气负氧离子浓度较工程前增加1倍；2010年全年空气质量二级和好于二级的天数累计达286天，占78.4%。

北京地区虽无大片荒漠，但延河滩曾是大片大片的挖沙坑，如永定河沿岸，丰台王佑到门头沟段几乎遍地沙坑，昌平区十三陵水库北岸、白河怀柔段等到处是沙坑、荒地。在创办世博园期间，北京市着力于填坑建林园，将大片沙坑整平，使河水变清澈，河岸荒坡修建成国际化的园林，使荒地变成旅游景区；怀柔区的沙坑改造后建起酒店；在工业化时期被污染的多条河流，如清河、大石河、凉水河、萧太后河、通惠河等都已改造恢复为清水河；历史上的五大风沙口地区经绿化已成绿色屏障。南口地区曾有大片乱土坎子，荒草坡地，经整治和植树造林，已成为南口最大的生态休闲公园，十三陵镇七孔桥边近千亩沙坑，今变花海。

北京潮白河怀柔段，全长13.2千米，由于大量采挖砂石，河堤两侧形成了总面积6000多亩的大沙坑，也成了"五大风沙危害区"之一。这片大沙坑平均深度40米，最深的地方近80米，每到春秋多风季节，沙尘四起，满目疮痍，毫无生机。2012年，全市启动平原造林工程，积极开展植绿、治乱、涵养水源等措施，实施生态修复。经过四年的奋战，昔日的不毛之地变成了雀栖蝶舞的绿洲，当初的"大片沙坑"如今成为6301亩醉人的绿色海洋。据核算，沙坑造林后可增加蓄水量11.24万吨，减少土壤流失574米^3，吸收$CO_2$4179吨，释放$O_2$3053吨，林木成材后增加木材蓄积3096米^3，生态环境得到显著改善。沙坑没了，树多了，花多了，林子成片了，曾常见的小动物和野禽开始"回迁了。"

北京市风沙治理的典型模式有速生丰产林模式、林药间作或林下经济模式、生态走廊模式、退耕还耕生态旅游模式、荒滩治理模式、水源涵养林模式、特色经济林模式、沙坑治理模式、乔灌混交治理模式、林牧治理模式、精品采摘园治理模式等 11 种模式。

所采用的配套技术有以下三类。

（1）林业措施

① 退耕还林——重点是主要公路、河流两侧 25°以上的山坡耕地和土层薄、灌溉困难、自然灾害频繁的坡台地及沟谷川地共 87 万亩，以营造生态林为主，适当发展经济林。

② 人工造林——主要在偏远山区，山区公路两侧、风景旅游区周边和两滩（南口、康庄），总面积 100.52 万亩。

③ 飞播造林——主要在深山区用飞机播种造林，总面积 30.58 万亩。

④ 封山育林——总面积达 538.6 万亩。

⑤ 爆破造林——主要在石质山地造林，总面积 23 万亩。

（2）农业措施

① 人工种草，主要分布在 6 个山区 25°坡以下的农用地，共 59 万亩。

② 草地围栏封育 30 万亩。

③ 草种基地 1 万亩。

（3）水利设施

① 小流域综合治理 2315 千米（2001～2010）。

② 建设水源工程 3642 处（2001～2010）。

③ 节水灌溉工程 1100 处（2001～2010）。

"十五"期间，山区三大生态产业产值年均增长率达到 17.5%；山区农村经济总收入年均增长 8%；山区农民人均纯收入年均增长 14.7%，达到 6867 元，首次出现了与平原地区农民收入差距缩小的现象。

第四节　"温室效应" 已引起气候异常

以"温室效应"引起气候变暖为主要特征的全球性气候变化，对当今世界经济、生态和社会系统产生了重大影响。

政府间气候变化专门委员会（IPCC）第五次评估报告显示，从 1880 年到 2012 年，全球地表平均气温大约上升了 0.85℃，期间陆地比海洋增湿快，高纬度地区增温比中低纬度地区大，冬半年增温比夏半年增温明显。中国气候变暖趋势与全球一致。1913 年以来，我国地表平均温度上升了 0.91℃，最近 60 年气温上升尤其明显，平均每 10 年约升高 0.23℃，变暖幅度几乎是全球的两倍。

王连喜等利用软件分析，得到不同年份的冬小麦可种植区域或冬小麦可种植分布范围，发现 50 年里冬小麦可种植面积以每 10 年约 20 万公顷的速率增加，并且可种植北界纬度以每 10 年 0.0427°的速率北移。按此趋势，在接下来的 50 年里，冬小麦北界将北移 0.2°左右。

在气候变暖的背景下，我国黄淮海平原的热量资源更加丰富，在空间上有北移东扩的变化，气候带向北移动了 300 多千米，约 3 个纬度，黄淮海平原的年最高气温、平均气温和最低气温均显著升高。这种变化有利于冬小麦种植界限北移、种植面积扩大。冬小麦的农艺性状也发生着变化。近 30 年，淮北平原冬小麦返青、起身、拔节、开花、成熟五个物候期明显提前，气温升高、积温增加、生育期短，而生殖生长期占整个生育期的比例增加，有利于籽粒干物质积累，产量增加。而黄淮南片和江淮地区冬小麦生育后期经常出现降雨较多的情况，高温高湿天气频发，导致小麦赤霉病大发，部分地区倒伏面积大，影响了小麦生产安全。

杨沈斌研究认为，气候变化对水稻主产区的影响不大。但长江下游地区的水稻随着温度升高，生育期缩短，产量下降。稻米的外观、品质在气候变暖的作用下将会大打折扣，在高温影响下，水稻的成熟期（天数）被大大缩短，这样就导致稻米籽粒充实不良，精米率下降。研究表明，水稻成熟期，米粒透明度与有效积温呈负相关，大米的味道在很大程度上受到温度的影响，米饭香味浓郁，一般需保证在灌浆结实期间具有较大的昼夜温差，在灌浆期间温度比较高，会导致煮熟的米饭过硬。

纪瑞鹏等研究发现，近年来由于气温变暖以及玉米作为食品、饲料、化工原料等的广泛应用，世界上玉米种植面积和产量都大幅度增加，玉米已超过水稻、小麦成为世界上及我国第一大粮食作物。玉米在我国的种植面积已达 0.34 亿公顷，成为种植面积最大的粮食作物，其产量达 1928 亿千克，占全国粮食总产量的 33.7%。随着热量资源的增加，玉米种植区域不断扩大，种植北界北移东扩。2001~2008 年，玉米晚熟品种的可种植区已遍布除辽宁东部山区和辽西北部地区以外的辽宁绝大部分地区。同时，东北玉米总产、单产均呈现增产趋势，玉米产量的增加有 25% 左右可用热量资源的增加来解释。

然而，纪瑞鹏先生认为，玉米产量的增加主要是因为种植面积的扩大，气候变暖，使得玉米生育期和花粒期延长，但同时高温干旱的异常天气对玉米产量有一定的负效应，如 2016 年黄淮夏玉米遇到高温危害，形成籽粒不育的"花棒子"，减产明显。

姜丽霞等通过对黑龙江大豆发育和产量的研究表明，在一定温度范围内，随着生长季平均气温的升高，大豆单产明显增加。当生长季平均温度为 19℃时，大豆单产达到最高，之后随着生长季平均气温的增加，大豆产量不再增加。这说明，生长季平均气温适宜与否对大豆产量具有重要影响。在气候变化的影响中，一定程度的增温对大豆增产能够起到有效的促进作用，但若超过适宜范围，会向着不利方向发展，导致产量下降。

河南省位于黄淮海夏大豆产区腹地，大豆种植面积和产量常年位于全国前列。黄淮夏大豆区近年来经常遇到高温干旱的天气，大豆结实率下降。

综上所述，气候变暖对我国冬作物、北方春作物的影响是利大于弊，但对我国南方和北方夏播作物有一定的不利影响。不过有研究指出，通过施肥、灌溉、绿色农药防治、耕作制度改革、全程机械化发展，可减轻气候变化的部分不利影响。

气候变化带来的高温导致南北极冰雪融化所引起的海平面上升，以及台风、洪水肆虐造成的损失不可小看，应引起世人关注。

第五节　农业的可持续发展已成当今世界共识

世界农业经济发展到今天有近万年之久，它不仅要支撑着人类的生存，还要为社会发展、人类进步的其他事业的发展提供基础性的物质支撑。农业在刚刚问世的原始阶段全靠与农业相关的自然资源，时称掠夺性产业。之后随着人类务农的智慧与技能的不断提高，创造力的增强，投入农业的资源就不再限于自然资源及自然再生产了，而增添了人类创新的智慧资源、技术资源、管理资源及人工生产资料资源等，使农业不再是单一的自然再生产，而是融入人工的经济再生产，从而极大地提高了农业的综合生产力。在一定历史时期内人类对农业的依赖程度尚处于自然资源的阈值之内，那时的农业生产活动没有农业资源的"瓶颈"。如今，随着世界人口爆炸，土地、水过度开发利用及温室效应的影响，使不可再生的土地及农田资源日益荒漠化，淡水资源遭受污染，温室效应引发的气候变化使旱、涝、高温频发，结果造成农业的优质资源急趋减少，劣质资源在增加。前面讲到人类依仗的地球资源已超负荷 20%，出现了"地球赤字"。面对这种严峻的资源与消费状况，如何使农业可持续发展这一命题就摆到了世人面前，并形成共识。

人类来到这个世界，凭着自身的聪明才智、创造性以及勤劳勇敢逐渐成为这个世界或地球的主人。早在猿人时期到农业起源时（公元前 8000 年），当时全球人口总数只有 500 万~1000 万，他们就靠采集周围伴生的植物果实生活，猎取鱼虾、野兽、飞禽为自己食用；到了原始人时期，人类凭借自己的智慧创造发明了石器工具，大大提高了采集、渔猎收获，出现了食之有余的情况，便对剩余的生物资源进行人工种植或饲养，久而久之，使野生动植物驯化、培育成栽培作物、家养动物，并在人工栽培或饲养管理下获得更高产量、更好品质的农产品，进而发明了"农业"。正是农业养育着人类生生不息、繁衍壮大。

人类自18世纪工业革命以来，在改造自然、发展经济、推进社会进步方面取得了辉煌成果，创造了前所未有的物质财富和精神财富，极大地推动了人类物质文明和精神文明的进步。但是人们也认识到同时出现了两种并存的现象：一方面，随着科学技术进步、社会生产力水平的提高，人类对自然资源的开发能力达到了空前的水平；另一方面，由于人类开发利用自然资源的不合理性，造成资源日趋枯竭、环境污染和生态破坏等一系列问题日益突出。当前，全球经济目标增长的惊人速度已勾勒出人类社会对资源环境的极大挑战。世界观察研究所的一项研究指出：以无法想象的对环境的恶意破坏为基础，全球产品与服务的产出已从1950年的6万亿美元剧增至2000年的43万亿美元，如果世界经济继续以每年3%的速度增长，按照现有的经济模式和产业结构，全球产品与服务将在未来50年中激增4倍，达到172万亿美元。在过去的50年中，全球经济总量速增了7倍，使得许多地区的生态环境承载能力超出可持续发展的极限；全球捕鱼业增长了5倍，促使大部分海洋渔场超出其可持续发展渔业生产的能力；全球造纸业需求扩张了6倍，导致世界森林资源严重萎缩；全球畜牧业增长了2倍，加速了牧场资源的环境恶化，并加快了其荒漠化的趋势。国内外的实践表明，当经济增长达到一定阶段时，对资源及生态环境的"无偿"使用必将达到极限。20世纪是人类物质文明最发达的时代，但也是地球生态环境和自然资源被掠夺式开发利用与遭到破坏最为严重的时期。不可持续发展的生产模式和消费模式使人类生存与发展面临严峻挑战，这是人类对自然的无限索取与破坏和自然本身承受能力之间的差距所造成的。要弥合这一差距，必须变人类征服自然为协调人与自然的关系，同时，人与人之间的关系也必须作相应的调整，以达到一致的行动。"可持续发展"思想便是在这样的背景下逐步形成并日益完善起来的。

1972年6月，联合国在瑞典首都斯德哥尔摩召开的人类环境会议，来自113个国家政府的1300多名代表首次一起研讨地球的环境问题，大会通过了《人类环境宣言》。宣言指出："环境问题大多是由于发展不足造成的，在发展中国家政府必须致力于发展，牢记它们的优先任务，保护和改善环境。"这是联合国首次把发展问题与环境问题联系起来，第一次明确提出政府要在发展中解决环境问题。这表明，人类已开始意识到，应当采取什么样的发展思维才能保持地球不仅现在成为适合人类生活与发展的场所，而且将来也适合子孙后代居住、生活与发展。《人类环境宣言》的签署，标志着可持续发展思想的萌芽。

1987年，世界环境与发展委员会向联合国提交了一份经过3年多艰苦努力完成的《我们共同的未来》研究报告，呼吁"我们需要一个新的发展途径，一个能持续人类进步的途径，我们寻求的不仅仅是在几个地方，几年几月的发展，而是在整个地球遥远将来的发展。"报告还指出，人类有能力使发展持续下去，且能保证当代人的需要，又不损害子孙后代的需要，这是可持续发展思想由萌芽进入一种全新的发展观的雏形。

1992 年 6 月，联合国在巴西的里约热内卢召开的环境与发展大会，将可持续发展确定为大会的指导方针，通过了具有历史意义的《21 世纪议程》。议程明确指出：可持续发展是当前人类发展的主题，人类要把环境问题同经济、社会发展结合起来，树立环境与发展相协调的新发展观。这次会议和会议通过的议程，吹响了走可持续发展之路的进军号，标志着可持续发展已跨越思想、观念的理论探讨阶段，而作为一种全新的发展模式得到国际社会的广泛认同，成为人类共同发展的行动纲领和一致追求的实现目标。关于可持续发展的定义，联合国环境署第 15 届理事会发表的《关于可持续发展的声明》所作的阐述是：满足当前需要，且不削减或牺牲子孙后代满足需要能力的发展。

可持续发展观强调"社会-经济-生态"三维复合的协调发展、经济的发展将以生态良性循环为基础，同资源环境的承载能力相适应，而不再以环境污染、生态破坏和资源的巨大浪费为代价；强调发展潜力的培植，单纯的发展速率和物质财富的积累将不再是其追求的唯一目标，现有发展状态下发展潜力的培植将成为发展过程的重要内容。只有这样，在维持资源存量不致减少的情况下，才有可能保证当代人与后代人拥有同样的发展机会和发展权利。

走向可持续发展的循环农业正在全世界范围内从"自然王国"向"自由王国"转变。

第七章

资源增值利用在于循环农业

循环农业是对传统农业继承与发展的现代农业中的新兴业态，但它与传统农业又有着技术范式的质的差异，弄清这两个方面对我们正确认识传统农业和推进循环农业将是理念上的飞跃，从而促进循环农业的健康、快速发展。

第一节　开放运营的传统农业

传统农业模式是人类利用自然界中的资源，如土地（经过垦殖、耕翻等培育形成耕地）、水、矿物质营养、阳光、空气、农业作物，以及人力与智慧、生产资料等的投入，经过生物的和人工的转化，生产出人类所需要的产品，同时排放出废弃物，包括农业原生态废弃物如秸秆、粪便等和农业次生态废弃物如农产品加工排放物等。这种生产过程是资源→产品（包括原生态农业生物产品如粮食、棉花、蔬菜、果品、花卉、纤维、肉、蛋、奶、鱼等，及农产品加工品如面粉、大米、菜肴、果脯及各种动物性食品等）→废弃物排放（如秸秆、粪便、废渣等排放）的单向线性开放式运行。

我国的传统农业在发展中，也存在着对废弃资源的利用。例如：农业秸秆回收用来作燃料烧火做饭、取暖，或用于烧砖等，有的用于堆肥或沤肥培养地力，有的用于编织手工艺品或箩筐，有的用于造纸；把畜禽粪便用作农田肥料；在人均耕地少的地区为了增加农产品，搞起间作套种，提高农田的复种指数，或是轮作倒茬涵养地力；有的农户对农产品进行加工增值，如把小麦磨成面粉，或再用面粉制作挂面；把花生榨出油，用花生饼喂猪；利用马粪的热性腐熟后用作冬季蔬菜阳畦的

"暖床"等。但总体上比较而言，在传统农业发展中，人们是高强度消耗自然资源和社会经济资源，以期获得更多的农产品，供应市场，供消费者消费，然后把污染物和废物大量地抛弃到大地、水系、土壤、植被中。例如：规模猪场、牛场的粪便几乎遍地；麦收季节烧秸秆，狼烟遮天影响到飞机着陆。自从化肥、农药问世以来，多数农民或农业经营者看到化肥、农药见效快，用起来省时、省劲、方便，宁可花钱多上化肥（一亩小麦能施一二百千克碳铵），也不愿花力气利用农业废弃物或生活垃圾来积造有机肥。由此可见，传统的线性农业实质上是一种把资源持续变成垃圾的运动，通过反向增长的自然代价来实现农业经济的数量型增长。学术界认为这种以成本外部化为自发特征的过程所呈现的单向性、不经济性和环境非友好性，无法避免对自然界形成巨大的环境压力的结局。纵观世界传统农业的基本特征，如《循环经济基本知识》所讲到的：其指导理论是听命于自然；其目标体系是温饱，维护社会稳定；其价值观是节俭、服从；其经济要素是劳力、土地、资源等；其资源状况是农业资源循环与过度垦殖并存、自然资源开放能力低；其对环境的影响是农业社会早期蒙昧状态下的自然至上主义，对环境影响甚微，而农业社会后期，过度开垦和种植导致水土流失。

马克思在《资本论》第一版序言中指出，社会经济形态的发展是一个自然历史过程。马歇尔也曾形象地借用"自然界不能飞跃"这句格言，来表述经济进化是渐进的。人类发展过程中的一切创新，总是离不开已有文明提供的基础，农业的演化也是如此。在人类社会早期，由于生产力极其低下，原始人类对自然的征服力相对有限，而对强大的自然力充满了无知和敬畏，这就是崇拜自然阶段。

16 世纪后，随着资本主义的发展和第一次工业革命的出现，人类进入了高强度征服自然阶段。这时人类有能力向自然挑战，并着力于"掠夺式"开发自然资源发展农业来应对人口爆炸而生产力水平处于相对滞后的状况。同时，资源短缺、环境污染、生态失调、粮食不足等一系列问题也日益严重地困扰着人类。

有资料表明，世界许多地区严重缺水。1997 年联合国对淡水资源的评估表明，全世界有 1/3 的人口居住在水源中度甚至高度紧缺的国家，耕地资源总量减少。据测算，全世界 130.4 亿公顷土地中，大约 30% 是可耕地。在可耕地中，大约有 50% 为已开垦的，可以开垦的土地所剩无几，且土地退化。中国土壤流失每年达 43 亿吨，森林资源锐减。世界自然基金会在 2000 年公布的《1999 年全球环境指数报告》显示，1970~1995 年全球环境指数下降约 30%，即 25 年中，人类拥有的自然资源已骤减 33%。联合国粮农组织（FAO）的调查显示，1980~1990 年期间，热带森林面积正以年均 0.8% 的速度递减，生态失衡凸显。生活在地球上的近 1 万种鸟类，约有 1000 种濒临灭绝；4400 种哺乳动物中，约有 1100 种面临绝种。

资源的紧缺、环境的恶化及人口爆炸已制约着农业的可持续发展，对传统农业的改造升级已成为发展中国家的共识。在我国，当传统农业开始向现代农业转变时，由于社会经济的进步和科学的发展，人们认识世界、改造世界的观念不断创新，以人为本、统筹协调的科学发展观已成为我国人民认识事物、处理事物和从事决策的新观念。依照这一观念，人们在农业转型期对传统农业传承下来的以基础设施为依托的农业生产过程进行"末端处理"。如大中型猪场、牛场、鸡场等，在建场时由于资金有限、观念传统，养殖模式是一种"资源→产品→废弃物排放"的单向线性开放式运营过程。在感悟到农业环保的必要时，对污染物进行处理，以降低污染物对自然和人类的损害。其具体做法是"先污染，后治理"，着力于在生产过程的末端采取措施治理污染。目前，京郊有许多猪场、牛场、鸡场都处于这种状况。一方面是大量污染和资源破坏，另一方面又花费巨额资金来修复环境。结果，治理的技术难度很大，不但治理成本高，而且生态恶化难以遏制，经济效益、社会效益和环境效益都很难达到预期目的。

第二节　封闭运营的循环农业

循环农业遵循生态学原理，合理利用自然资源和环境容量，在物质不断循环利用的基础上发展经济，使农业经济系统和谐地纳入到自然生态系统的物质循环过程中，实现农业经济活动的生态化，其运营链条是一种"资源→产品→再生资源"的闭环反馈式循环过程。这种运营模式的特点是：

一是在自然成本（指由资源、生命系统和生态系统组成的资本）成为制约人类发展主要因素的前提下，运用成本和效益原则，通过提高对资源的利用效率来实现社会效益的最大化。如就土地资源来说，在人少地多的历史时期，人们为了获得更多农产品常常扩大种植面积，"广种多收"。随着人口增多和人类对农产品的需求增大，面对不可再生的土地资源，靠"广种多收"已无可能，于是人们就创建起设施农业，通过设施（主要指温室一类）来抵御不利的环境因素，如低温、冷害等，改自然状态下的季节性生产为温室内的周年生产。北京地处北纬 40 度，一年四季分明，露地种植西红柿等茄果类蔬菜一般只能是春种夏收，一年一茬。而采用设施栽培，可周年生产，排开上市，如与其他作物倒茬，可一亩地当几亩地种，使土地利用率趋向最大化。

二是从根本上消除环境外部不经济性问题，避免因环境外部负效应而发生的市场失灵，促进市场经济规范和有效。北京市大兴区引进与推广生态环保养猪模式，与传统养猪模式相比：环保，因为是垫床养殖，猪在"床垫"上活动，粪便在"床垫"上经微生物发酵后降解，不仅无臭味、无蚊蝇，还可两三年不"除圈"，实现粪便"零排放"；不用每天冲洗猪圈粪便，节约用水 90％以上；节约饲料，猪在"床垫"上可采食发酵生成物，其肉料比可达 1∶3；每头猪可节约成本 50 元，实现增收。

三是体现出节约资源、优化生态和提高效益的统一性，反映了一种生态环境越良好越有效益的经济社会发展趋势。大兴区留民营村利用养殖业的粪便及农作物秸秆发酵制沼气供全村居民作燃料，不仅解决了村民的烧柴问题，还改善了村庄的环境卫生，用沼气水浇地、沼肥上地，生产有机农产品，使该村不仅成为全球 500 家生态村之一，还成为本市有机食品生产基地，其产品已成为人们观光、采摘的热品。如今这个村的一座猪场或牛场就是一个内源性的有机肥厂，而外源性的化肥只是作为庄稼的"补品"在应用。与"种地靠化肥"时期相比，不仅使大量的农业废弃物得到有效利用，节省了大量的化肥开支，还保护了生态环境，实现了农业的安全生产，提升了农产品的市场竞争力。

从一些典型的循环农业来看，循环农业与传统的线性农业相比，在生产、消费和废弃方面具有不同特点（表 7-1）。

表 7-1 循环农业与传统的线性农业的比较

项目	传统的线性农业	循环农业
生产	以资源、环境为外生变量； 以追求产量与利润为最高目标，忽视环境问题的不可持续发展；以粗放型增长方式为主扩大再生产，过度开发利用资源，并存在低效、浪费现象；对环境承载力缺乏认识	以资源、环境为内生变量； 是追求质量与效益和保护环境相平衡的可持续发展的生产；以集约型增长方式扩大再生产；节约利用资源并实现高效、无废弃生产
消费	对产品便利性的追求是消费扩大化和过剩化的主要动机；消费的价值观是以大量占有产品为目标	科学评估环境承载力，并量力行事；避免增加环境负荷，寻求便利性、满足感的消费方式，从而引导最优消费；重视商品使用功能的消费价值观
废弃	废弃物排放量巨大； 对废弃物增加和环境负荷缺乏认识	废弃物排放量最小化以及废弃物无害化排放；对排放废弃物者追究责任

从上述比较中可得到循环农业与传统线性农业的流程图（图 7-1）。

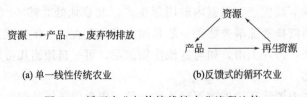

(a) 单一线性传统农业　　　　　　(b) 反馈式的循环农业

图 7-1　循环农业与传统线性农业流程比较

从表 7-1 与图 7-1 中可以看出：①循环农业是按照生态学规律利用自然资源和环境容量，实现农业生产活动的生态化转向；②线性农业的增长靠的是高强度地开发、利用及消耗资源，同时高强度地损害生态环境，而循环农业的增长模式则是资源减量、高效产品转化、废物资源化再利用；③循环农业把清洁生产、资源综合利用、生态设计和可持续消费等融为一体；④循环农业是保护资源、节约资源、高效利用资源和变废弃物为再生资源、再生产品，实现保护环境和可持续发展。

循环农业的生产潜力在于精深开发利用资源，真正做到物尽其用并形成增值链，使有限的资源在循环产业链中产生升级产品和经济效益。这是传统农业所无法比拟的。

循环农业的精深开发利用是有其理论根据的：一是"物质不灭定律"，指出物质是不会消灭的，但是可以转化为其他物质形态，如水可转化为固体冰、雪、霜等，还可转化为水蒸气等，但在另一定条件下，它们又可转化为水。二是"物质无限分割定律"。一棵被子植物从宏观上可分割出根、茎、叶、花、果实；从可见物的角度，果可分割出果皮、果肉、种子，种子可分割出种皮、胚乳、胚芽、胚根等；在微观情况下可分割出细胞，细胞可分割出细胞膜、细胞质、细胞核，细胞核可分割出核膜、染色体，染色体又分 DNA、RNA，DNA、RNA 可分割为各种氨基酸……一株植物的这些分割都是现代人工可以做到的，随着科学技术的发展，更深层次的分割还会继续下去。研究显示，随着分割的精细其价值近乎呈几何级数提升。就目前浅层分割来看，果实远比根、茎、叶（禾本科植物）值钱，种子比果实值钱。

上述两个定律是客观存在的。循环农业能循环多深，一是取决于手工艺技术创新的精深程度；二是取决于资源循环、利用的价值与人类的需求是否相等；三是取决于公众的科学文化水平和工匠精神。

循环农业的出现与发展基于以下五个观念的支持。

一是新的资源观。资源是人类赖以生存的物质基础，是人类发展生产和创造财富的源泉。如今资源的内涵与外延已由传统的自然资源范畴扩展到能为人类利用的所有物质、能量和信息的自然、经济、社会三大系统。资源有限是指现存的资源与人类预期发展需求间的差距；资源无限是指人类凭借自己的智慧与创造力，可以开拓、创造出现在所没有而又需要的新资源。例如农业动植物新品种、化学肥料、铁制工具、园艺设施等生产资料都不是自然界原生的。尤其是人类科学研究所创造的新技术可以层出不穷地应用于农业生产成为"第一生产力"，使农业生产技术不断推陈出新。资源系统是层次多元性、宏观开放性和动态平衡性的。因此，发展循环农业，必须树立全新的资源观，这样才能在持续发展中立于潮头。

二是新的发展观。发展循环农业，要求人们重新反思单纯追求经济增长的发展观及以人为中心的综合发展观的局限性，牢固树立人与自然协调发展的可持续发展观。新的发展观包括两个核心观念，即可持续发展与保护环境就是发展生产力。可持续发展的核心内容是要求社会的发展既能满足当代人的需要，同时又不威胁和危害后代人满足其需要，它强调生态环境的承载力和自然资源是有限的。经济和社会发展不可长期超越自然生态环境的承载力，只有建立在生态环境平衡稳定基础上的经济发展才具有可持续性。在这一转变过程中，人们对生产力的发展和生态环境保护之间的关系也有了全新的认识。自然环境是生产力发展的基础，只有通过节约自然资源、保护生态系统和改善环境质量，人类才能成为具有环境保护意识和生态文明价值观的新型劳动者，才能成为先进生产力的承担者。人类社会要实现从单纯追求经济增长向可持续发展观念的升华，必须树立"保护环境就是保护生产力，改善环境就是发展生产力"的观念，增强可持续发展的能力。

三是新的价值观。长期以来，人类依靠科学技术的力量为创造现代文明做出了巨大贡献，形成了"在征服自然、改造自然的道路上就没有不可逾越的障碍"的观念，从而也扭曲了人与自然的关系，导致了生态危机、环境污染、灾害频繁……结果把高度文明的社会置于了"生存困境"之中。痛定思痛，人们终于意识到，为了适应可持续发展，必须建立一种以追求人与自然以及人与人之间和谐为目标的新的价值体系，来指导自己的日常行为方式。新的价值观的内涵：一是环境具有价值，即环境资源对人类劳动的实践效应；二是发展活动所创造的经济价值必须与相关的社会价值和环境价值相统一。而传统价值观则片面追求经济价值，使人类陶醉于经济繁荣昌盛的局部之中。事实证明，人类只有尊重大自然，不断加深对自然规律的认识和有效利用，才能在价值创造中发挥越来越大的作用。

四是新的道德观。道德是人们自觉规范自己的行为准则。社会道德是人们所熟知的，而讲自然道德则比较生疏。其实自然道德就是用来调节人与自然关系的人们的行为规范与准则。在人与环境矛盾日益突出的情况下，树立新的道德观是发展循环经济的客观需要。这就是要树立人与自然和谐相处、共同进化及所有自然的存在物除了具有可被人类利用的工具以外，还具有不依赖人的利益而存在的内在价值的基本准则；把保护环境，尊重自然，认定人类不是自然的主宰，而是"自然权利"的"代言人"，维护生态平衡和持续生存作为人类道德准则；既要确立同代人之间合理的行为规范，还要确立代际间人们的合理行为规范。这样，人类才会"为了这一代和将来世世代代的利益"而通过周密计划或适当管理来保护地球上的自然资源。人们改造自然的实践不再是以往短视的盲目索取，而是注入了可持续发展的全新观念。

五是新的文明观。过去我国提倡物质文明和精神文明，但随着社会生产力的飞速发展和人类文明的巨大进步，人们已认识到物质文明和精神文明在今天已不能完全包括人类社会文明的全部内容，还应认识生态文明。生态文明是物质文明和精神文明高度发展的产物，具有鲜明的时代特征。人类只有走生态文明的路子，才能与自然保持和谐，经济效益、社会效益和生态效益才能相互兼顾，才能认识到自己是大自然的一分子，而不是自然的单纯征服者，才能实现以生态优先为基础的生态效益、以生态为中心的"天人合一"的境界。

当然，发展循环经济或循环农业，还应树立新的生产观、新的消费观等。

第三节　循环农业是技术范式的革命

范式这个概念是由美国著名学者托马斯·S·库恩（Thomas Sarmual Kuhn）在其代表作《科学革命的结构》一书中提出来的，它的本义是指科学理论研究的内在规律及其演进方式。在库恩看来，范式就是在一定时期内规定着科学发展的范围与方向的重大科学成就，它提供给专业科学家一种思路，形成某一特定时代的特定科学共同体所支持的共同信念。范式革命就是一种新范式取代另一种旧范式的变革。借鉴科学发展的范式理论，探索和总结出人类历史上的两种特定的科学共同体信念，即两种不同模式：一种是生产过程末端治理范式；另一种是循环经济范式。

在农业发展过程中还经历过人类只从自然中获取资源，而不加任何处理地向环境排放废弃物的单向线性开放范式。这种范式的演化就是生产过程末端治理，即强调在生产过程的末端采取措施治理污染。农业中的典型就是养殖业。直到现在还存在搞养殖的不种地，一个规模猪场或牛场粪便常常堆积成山或粪水横流，不仅废物不进行利用，还臭气冲天，蚊蝇滋生，污染环境。随着生态文明观念的提出与普及，以及社会进步，并在国家或地方政府的引导与资助下，已有不少养殖场着手生产过程末端治理，即在养殖生产链的终点或是在废弃物排入到自然界之前，对其进行物理的或生物过程的处理，如固液分离、污水的生物净化，粪秽的高温发酵，或粪便进入沼气池制取沼气作能源，同时使粪便经高温发酵后制作有机肥或直接用沼渣、沼液作农田肥源。这种末端治理范式对现存传统养殖模式的改造，以最大限度地降低污染物对自然的危害是可行的、有效的，但对于一个较大型传统养殖场来说，其后投入也是相当巨大的。从资源短缺甚至有的资源枯竭及环境横遭污染的现状来看，固然是末端治理也难以支撑彻底实现资源循环的框架，但就面对大量存在的传统农业模式来说，在一定时期内还不失为一项比较有效的过渡性范式。而从长远看，如果不从根本上改变现有的发展范式，人类社会经济可持续发展即将成为一句空话。如今人类面对生态赤字，以资源稀缺为前提所构建的末端治理范式也将逐渐被循环经济范式所替代。这是一场范式革命，农业当然也不例外。据周大宏等研究，主要体现在以下几个方面。

（1）生态伦理观由"人类中心主义"转向"生态中心伦理"　末端治理的生态伦理就是以人类为中心的，而循环经济则强调"生态价值"的全面回归。在这个范式里，人类必须转变原有的观念、做法和组织方式，实施减量化、再利用和资源化生产，开展无害环境管理和环境友好消费。

（2）生态阈值问题受到广泛关注　生态阈值的客观存在是循环经济的基本前提之一。因此，循环经济强调在生态阈值的范围内，合理利用自然资本，从原来的仅对生产率的重视转向在根本上提高资源生产率，切实保护生态系统的自然组织能力。

（3）自然资本被重新认识　循环经济强调任何一种经济都需要四种类型的资本来维持其运转，即人力资本、金融资本、加工资本和自然资本。前三种资本是人们司空见惯的，自然资本则较为生疏。自然资本是指由资源、生命系统和生态系统构成的资本。在末端治理中，是用人力资本、金融资本、加工资本三种资本来开发自然资本，自然资本始终处于被动的、从属的地位。而循环经济理论认为自然资本是人类社会最大的资本储备，提高资源生产率是解决环境问题的关键。

（4）从浅生态论向深生态论的转变　末端治理是基于浅生态论的，它关注环境只是就环境论环境，过分地依赖技术。而循环经济则是一种深生态论，它不单单强调技术进步，而且将相关的制度、体制、管理、文化等因素通盘考虑，还注重观念创新和生产、消费方式的变革，从源头上防止破坏环境因素的出现。可见，循环经济是积极、和谐与可持续发展的。

农业是与环境、自然及人类社会最为密切的一种经济活动，亦属经济范畴，循环经济范式也适用于对传统农业经济范式的改造。就农业来说，我国地大，目前全国耕地面积在18亿亩以上，比美国在耕农田（不算休闲农田）要多，但因我国又是人口大国，人均耕地资源则远低于美国（即便是在耕地），美国一个农民能供养几十个人生活所需农产品，我国一个农民只能供养几个人；我国自然资源丰富，亦因人口众多，人均占有资源水平则低。我国农业已面临着人均占有资源日显紧缺，而资源投入产出比低的情况，资源浪费现象比较严重，基本上还处于高投入、低产出、高消耗、高排放的状况，生态安全日益严峻。主要表现在：环境自净、产出能力下降，森林、草地的生态功能衰退，耕地质量下降，面积减少；水土流失加重，荒漠化面积不断扩大；生物多样性在减少；农药积累残留污染着环境，大量的农业废弃物未得到再生利用；在农业生产者的基本观念中传统农业范式还占有相当影响，在人与自然的关系中"人类中心主义"还占优势或支配地位，"掠夺式"经营、粗放式管理、"拍脑袋"决策等还较普遍，使"自然资本"仍处于被动、从属的地位等。

按照循环经济的基本理论、理念和范式来改造传统农业应该更直接、更贴近，这是因为农业是自然再生产和经济再生产的复合大系统，直接存在着人与自然和谐还是人主宰自然的问题，还直接关系到生态环境的生境优劣变位问题。就北京来说，要建设生态文明城市，其重点在农村，农村又在于农业，农业环抱着城市、农村，它不仅是国民经济的基础，供给人们食物，养育一方人民，还是城市的绿色摇篮和绿色氧吧，维系着城市环境的清新和良好的空气质量。农业生物作为自然界生物多样性的重要部分，它不仅饱享大自然的恩惠，还受到人类社会的培育和保护，作为生态环境的组成成员，具有独特的系统稳定性和续生性。因此，运用循环经济的理论、理念和范式来指导传统农业改造，发展循环农业，具有得天独厚的耦合性。同时，人们也清醒地看到现在农业中确实存在循环经济着力解决的资源投入减量化、资源利用的高效化、生产过程或末端废弃物的资源化与再利用的问题。

比较而言，我国目前的农业尚处在资源高投入、产品低产出，以及高消耗、高排放的粗放型增长阶段。尽管近些年来政府倡导"末端治理"，发展节约型农业，确有成效，涌现出一批先进典型，但就总体来看，单一线性开放式农业尚没有根本改变，其具体特点如下。第一，投入高，产出低。国内典型试验田亩产"吨粮"，而大面积生产亩产只有三四百千克；发达国家灌溉水利用率能达百分之七八十，化肥当季利用率达到50％左右，而我国灌溉水的利用率只有百分之四五十，化肥当季利用率只有30％左右；荷兰温室西红柿每平方米能产60千克以上，我国只有十几千克。第二，粗放式增长方式。我国农业总体上是外延式扩大再生产，着力点不在提高资源产出率，而在对资源的广度开发，走的是"广种多收"之路（单产则低）。农产品加工层次浅、附加值低。第三，开放式管理，资源化再利用难。农业实行家庭承包经营后，由于耕地资源有限，一般是从事养殖的农户不种地，种地的农户不养殖，种养分离，两种生产过程各自从源头（产前）到产中、产后都互不相缘，各自产品互不接缘，各自废弃物互不利用，分别排入与污染环境。第四，只讲金融资本、劳力资本，不讲自然资本。无论是生产者或经营者，还是农业管理者甚至领导者，论起农业发展，都必讲资金、劳力的筹集与投入，从不讲或很少讲科学运筹自然资本。面对农业宏观发展中的资源有限论，以上四点薄弱环节则是接应循环经济范式变资源有限为无限从而迈向可持续发展的潜力所在、后劲所在。"天人合一"，必有厚生。循环农业的发展将推动传统农业的变革，从而给人类仅有的一个地球减负！

第四节　循环农业是一种全新的农业形态

农业的本质是一种在人工培植下的生物转化产业，其主导产品是供人类食用和某些工业需要的农产品及其加工品。但因其转化范式不同，其产业形态不同，人类从中获取的产品（质与量）及附加值不同，在人与自然间以至人与人间构建的关系不同。旧石器时期的原始农业形态是运用旧石器从自然状态下野生动植物中猎取和采摘人类可食的生物或其果实，以此来维持人类的生活与生存，这时的废弃物是回归自然。这种猎取与采集形态的农业基本上没有外加的物质流和能量流，可称为原生态农业。新石器时代的原始农业则较前前进了一大步，人们采用打制磨光的新石器，并制成与不同功能相适应的不同形态的工具，比起旧石器不仅大大提高了猎取、采摘的效率，而且可以利用采摘来的食余植物进行"刀耕火种"式的栽培驯化，从此人类进入了主要依靠自耕种和养殖来维持自身需要的最简单的原始农业阶段。之后，随着人类的进化、智力的发达、社会的发展和科学的进步，世界农业便进入传统农业和现代农业的历史性阶段。现代农业是一种过程和动态发展的农业，尽管其内涵深刻、内容极为丰富，并具时代底蕴，比起传统农业具有先进性，有时代烙印和足迹，但无固定的模式。各国之间因国情不同，现代化的程度与模式也不尽一样，可以说现代农业是与时俱进的农业。在现代农业发展中派生出的循环农业是一种全新的现代农业形态。循环农业以看得见、摸得着、可操作、见实效的相对稳定、理论与实践相统一的运营模式和特定的架构，既可口传，又可身授。

与传统农业相比，循环农业是集人文社会、自然资源、科学技术及现代企业制度等要素于一体的系统工程。它的实践基础是生态系统良性循环的客观规律。恩格斯说："人类可以通过改变自然来使自然界为人类的目的服务，来支配自然界，但我们每走一步都要记住，人类统治自然界绝不是站在自然界之外的，我们对自然界的全部统治力量就在于能够认识和正确地运用自然规律。"在生态系统中，可用的自然规律主要有：①生物循环规律。生物界天然存在三类相互依存、互为动力的生物及其运动形式。植物（包括地衣、藻类）通过光合作用利用太阳能将 H_2O 和 O_2 合成植物性有机产品，其中豆科植物还可将空气中游离的 N_2 转化为植物可吸收的固态氮，以提高土壤肥力；动物可将植物转化为动物性产品；微生物则可将动植物残留物或产品分解和营造成新的有机产品和无机物，回归自然后成为植物可利用的"肥料"。这三种生物天然地构成物质的合成转化、分解的循环链和动力源。②生物与循环相互作用的规律。在澳大利亚牧场上，牛、羊以食牧草为生，其粪依托屎壳郎滚球埋入地下转化为肥料滋养牧草。③生物间相互依存的规律。如豆科植物依靠根瘤菌吸收、固定空气中游离的氮，供养豆科植物对氮素营养的需求，而它又从寄生体内吸取营养来培植自己，并进行繁衍生息。④物质循环与再生规律。如土壤中的水分可顺风（或空气流动）或增温转化为蒸汽升入天空，遇到适宜气象条件又可凝结成雨水落到土壤中。再如植物从土中吸取矿质元素，动物从植物中吸取营养，而它们的残留废弃物通过微生物发酵又可回到土壤中从而补充地力。⑤生物协同进化规律。如虫草就是一种虫和一种草相互依存，协调进化成贵重的中药材"虫草"——一种特有共生物种。循环农业正是遵循这些规律组织整个生产、消费和废弃物处理过程，力图把农业经济活动纳入生态系统的运行轨道，控制在生态阈值之内。

循环农业着力于最大限度节约资源。发展循环农业遵循 3R 原则，不仅要少用资源，降低消耗，而且还包括资源的综合使用、多次使用、循环使用，提高资源的利用效率和再生率。循环农业改变了重投入、轻节约，重产量、轻效益，重外延发展、轻内涵发展，片面追求产值、忽视资源和环境的倾向，符合可持续发展的理念。

循环农业形成相对封闭的循环产业链。依据生态规律，循环农业通过其内各生产环节、各产业之间或外部相关产业之间的代谢和共生关系，依靠技术系统，在相关环节和产业之间构建资源共享、副产品互用的循环产业链条，使尽可能多的物质和能源在不断进行的物质循环中得到合理和持久的利用，尽可能实现物尽其用，达到节约资源、控制污染和保护环境的目的。

循环农业还借助于"五新观"的支撑。发展循环农业的前提条件是传统观念的转变。在实践中人们正以新的资源观、新的发展观、新的价值观、新的道德观以及新的生产观和消费观等全新的观念来重新认识自然，探索新的农业增长方式。

循环农业还以生态学、系统论、控制论和信息论等理论为基础，使人类能逐步能动地掌握自己的活动，从而有力地改变人类的物质生产活动和人类的社会活动。

总之，循环农业是人类善待地球的发展模式，它要求以环境友好的方式利用自然资源和环境容量，维护生态系统动态平衡，实现农业生产活动向生态化转变。

第五节　循环农业的特征突显新的生产力

关于循环农业的特征，任正晓在其《农业循环经济概论》中有比较清晰的论述，主要表现为以下几方面。

1. 循环农业是集多方协调性、持续性为一体的新型农业发展模式

它体现了人与自然的协调性，以人与自然和谐共存为最高准则。农业生产率的提高，必须遵循自然生态规律，绝不能以牺牲资源、环境为代价；农业发展的持续性，使农业经济、农村社会具有长期稳定、持续增长和发展的能力；农业资源利用的永续性，努力使土地、水、物种等资源，特别是不可再生的耕地、水资源总是保持在一个相对稳定水平，并不断提高其质量和利用率；农业生产环境的协调性，重视并有效控制农业环境污染、水土流失、土壤沙化等环境恶化问题，促进农业生态平衡，不断提高环境质量；注意农业人口规模的适度性，必须控制人口过快增长，保持农村人口规模适度，并努力提高人口素质，增加人力资本存量；生产要素的互联性，用整体的、全面的观点来统筹、协调人口、资源、环境等各种因素当前和长远的发展愿景，实现良性循环；发展目标的多元性，不仅注意提高农业产出率和产品质量、经济效益，还把促进社会进步、保护资源和环境放在重要位置，追求农业经济、社会效益和生态效益的统一；增长方式的集约性，把农业的发展真正转移到依靠科技进步和提高劳动者科学文化素质的轨道上来。

2. 循环农业是以生物技术和信息技术为先导的技术高度密集的农业发展模式

与传统农业相比，循环农业是现代科技密集的平台，它将容纳种植业、养殖业及工商业之间生产与生态良性循环的组装技术，农副产品废弃物资源化技术，生物种群的调整、引进与重组技术，农村能源综合开发技术，立体种植、养殖技术，水

土流失治理技术，控制沙漠化技术，盐渍化土壤改良技术，涝渍地治理技术和病虫害综合防治技术等。

3. 循环农业是农工贸一体化经营的综合农业发展模式

循环农业是由传统的初级农产品发展成为以生物产品生产为基础，并向着农产品加工、生物化工、环保、观光休闲等领域拓展的一种多元化和综合性的新型产业模式。近半个世纪以来，欧美国家的农场主在这方面做了大量成功的探索。美国的家庭农场规模不断扩大，场均耕地由 50 多公顷扩展到 200 多公顷。这些农场不仅搞种植业，还搞养殖业，甚至加工业，发展多种形式的农工商联合体。我国许多地方也在探索把农业生产、农村经济发展和生态环境治理与保护、资源培育和高效利用融为一体的新型综合农业体系，它以协调人与自然关系，促进农业和农村经济社会可持续发展为目标，以"整体、协调、循环、再生"为原则，以继承和发扬传统农业精华并吸取现代农业科技为特点。循环农业强调农、林、牧、副、渔五大系统的结构优化，建立一个不同层次、不同行业和不同产业部门之间全面协作的综合管理体系。实践表明，农、林、牧结合是农业生态优化中的三大要素之一。大地园林化可以防风固沙，减少风沙对农业、对环境的危害，可以涵养水源，而水利是农业的命脉。一头猪就是一个"小化肥厂"，猪多则消耗农业废弃物（可食的残枝落叶及农产品加工的下脚料如麸皮、豆渣、豆粕等）多，猪多则肥多，"肥料是植物的粮食"，因此，肥多则粮多。农业发达就可拿出更多的饲料来发展畜牧业，牛、羊多了就可更多地消费或转化农业秸秆、田间杂草，不仅消除农业废弃物对环境的污染，还将"废物"转化为物质财富——肉、蛋、奶及金钱。在循环农业中还包含以农产品加工为龙头，实行产、加、销一条龙的产业链。这条产业链的目标应为两个：一是加工增值，使一种初级（或原生）产品经过多层次加工形成多级产品，如大豆榨油，豆饼做豆腐，豆腐渣做饲料喂牲口等。大豆每深加工利用一次就增值一次，并可使单一的原豆市场变成繁华的豆制品市场。由此也可见，农产品市场的繁荣不都是靠种出来、养出来的，更多的还是靠加工出来的。可以说"加工"是资源化再利用之母，是循环农业发展的动力所在、潜力所在、后劲所在。二是运用先进技术、以农副产品为主体，开发名、优、新、特产品，促进传统农副产品更新换代，建立起以科技促进生产、加工、销售配套发展的一条龙经营机制，大力提升了农副产品的增值价值，促进了生产要素的优化组合和产业结构的合理调整。

4. 循环农业是一种资源节约与可持续发展的绿色农业发展模式

传统农业主要靠扩大外延再生产，是资源高消耗、低产出、高排放的开放式运营模式。从这种运营模式中即可看出资源潜能的挖掘是最大的资源节约。而循环农业则是以生物为中心的一种优化的生物-技术-经济-社会复合人工生态系统。它遵循生物与环境协调进化原理、整体性原理、边际效应原理、种群演替原理、自适性原理、地域性原理及限制因子原理等，因地因时制宜，合理布局，立体间套，用养结合，共生互利，可以最少的资源投入，获得物尽其用的高效。循环农业在实践中"依源设模，以模定环，以环促流，以流增效"，实现经济效益、生态效益、社会效益三大效益的协调提高。

5. 循环农业具有层次性

循环农业通常具有以下四个层次。

（1）农产品生产层次——清洁生产　农业清洁生产是指既可满足农业生产需要，又可合理利用资源并保护环境的实用农业技术与投入。它包括清洁投入、清洁产出和清洁的生产过程，使污染排放量最小化。

（2）产业内层次——物质互换　如各种农作物的间作、套种或轮作，农林间作，林药、果草间作，鸡、猪立体养殖，水产分层套养等，使农业产业内部物能相互交换，优势互补，从而使资源循环利用，废弃物排放最小化。

（3）产业间层次——废弃物资源化　如林地养菇，如菇种选对了，可利用林木的枯枝落叶作养菇的基质，利用林荫和林间行间养殖蘑菇；而蘑菇生产中的渗水和采菇后的废菌棒制作的肥料等可滋养林地，改善林木的立地条件。稻田养鱼或养鸭，可相得益彰，互得补益，使废弃资源再利用，达到共同增产增效，改善生态环境的目的。

（4）农产品消费过程层次——物质能量循环　如玉米籽粒供人食用，玉米秸秆用来饲养牛羊和过腹还田（亦可直接还田），家禽肉供人食用，人畜粪便用作种粮的肥料；桑基鱼塘，桑叶养蚕，蚕粪喂鱼，塘泥肥桑。这种一个生产环节的产出是另一个生产环节的投入的模式，使各系统中的废弃物在生产过程中得到再次、多次和循环利用，既提高了资源的利用率，又保护了生态环境。

循环农业的这些特征都渗透着科学技术的力量，是劳动者智慧的结晶与显现，既有着深厚的理论基础，又在反复的实践中被证明是有效的。因此，人们从循环农业的这些特征中可以透视出新的潜在的生产力。传统农业使人类走进了生态赤字，使地球超负荷运转；而循环农业则让人们在生态阈值内开拓广阔的天地。

第六节　循环农业是推进城乡生态文明建设的基础

生态文明已不再只是大自然独享的文明范式。随着人类的自省与领悟，已从国家层面上认可生态文明是人类社会与大自然共享的文明范式，成为我国和谐社会建设中继物质文明建设和精神文明建设之后提上议事日程的第三大文明建设。生态文明是人与自然和谐、共存和协调发展的重要标志，反映着人类依托自然求发展和呵护自然、维护生态平衡理性的回归。近年来，国家号召建设生态文明，北京市提出建设生态城市，当为同一伦理。生态文明、人类文化、道德观念见诸人和自然和谐之中。曾几何时还把科学技术作为征服自然的人类如今对保护长期以来的生态环境仍缺乏深刻的认识，把自然界当作取之不尽并可肆意挥霍的材料库和硕大无比可以乱掷污物的垃圾桶，巧取豪夺、竭泽而渔的大规模征服自然的做法，终于导致了自然大规模的报复、环境污染、生态失调、能源短缺、城市臃肿、交通紊乱、人口膨胀和粮食不足等一系列问题，造成"地球赤字"，地球超负荷地承受人类的豪夺，也日益严重地困扰着人类。这就是人类有史以来缺失生态文明留下的苦果。如今要在痛定思痛中觉醒，认定生态文明建设是实现可持续发展不可或缺的文明观。

生态文明的基本内容是反对非科学地、盲目地和不择手段地对自然进行掠夺式开发的那一类人类活动。同时，要大力提倡适应自然规律的、有科学预见的和实行严格管理的人类活动，维护生态平衡，使它所产生的后果，既有利于全球和地域的持续发展，又使人与自然之间的关系更加协调。生态文明对人类活动强调资源的世代分配、强调过程的顺畅运行、强调社会发展的稳定健康、强调人类在发展过程中伦理道德上的责任感；在区域生态系统发展中强调结构的均衡、强调生产链的协调、强调供需关系的平衡、强调社会管理的有序。遵循生态文明的伦理要求，城乡生态文明建设在实际操作中需着力于以下几个方面。

（1）珍惜资源、呵护资源、节约资源　资源是社会经济发展的基础。在现存的资源中有可再生的，如生物资源，在正常情况下它们可以生殖繁衍一代一代地传下去。水也是可以再生的，水→蒸汽→水，但受大气环流的影响，水的地域分布常常是不均衡的，一些地方曾为干旱缺水区，后为多雨富水地，而那些多雨富水区则变为干旱缺水区。亦有不可再生的资源，如耕地被非农业等占用，占一亩就少一亩。因此，国家一直提倡国民要珍惜每一寸土地、每一滴水，珍惜每一刻时光，珍惜一草一木。土地是农业及人类立足之本（基），万物土中生。即使现代科学发达了，人们可采用无土栽培庄稼，或可采用设施架空立体栽培庄稼，但其实人们离不开土地的支撑。当然现代科学实验已在太空站成功地实现无土栽培，也无需地球的支撑，但什么时候能成为产业生产基地就比较渺茫了。水是农业的命脉，又何尝不是人类的命脉呢？时光也是资源，它是恒定的，既不可压缩也不可延长。对于农业来说时光就是季节、就是农时。俗话说，人误地一时，地误人一年。"不违农时"是人们从事农业生产活动的准则之一。生物资源是农业生态系统中的主体，是生态文明建设中富有生灵和生机的象征，生物多样性是维护生态平衡、呵护环境友好、维系食物链永续运行的保证。因为生物在生态环境系统中具有自我调节能力。可是由于人类的偏好和不理性，生物种群已遭到严重破坏，许多珍稀动植物濒临灭绝。如今鼠害频发，根本在于它的天敌——猫头鹰少见了。过去京城胡同里卖的许多农产品诸如"五色韭"、"青麻叶大白菜"、"小八趟"玉米、潮白河的"青虾"、海淀的"白莲藕"、四季青的"大刺瓜"（黄瓜）等，现在都不见了。特别是一些乡土资源的损失，使地域性生态系统变得脆弱。

（2）"变废为宝"，清洁生产，保护环境，实现环境友好　水环境每况愈下，大量未处理或不达标废水直接排入江湖，饮用水安全受到威胁，生态用水匮乏；"垃圾围城"日益突出，农业废弃物大量排放，污染环境，使生态安全受到严重影响。有资料表明，2003年，全国废水排放总量460亿吨，全国七大江河水系均遭不同程度的污染，城市大量垃圾转移到农村，无害化处理率不足20%；农业秸秆焚烧狼烟四起，家禽粪水到处流，臭气冲天；清洁生产有规章，但落实不到位。据测算，我国固体废弃物综合利用率若能提高1个百分点，每年就可减少约1000万吨废弃物的排放。德国推行清洁生产，使GDP增长两倍多，而主要污染物则减少了近75%。可见治污有法可依，有技可行，关键在人们观念的转变——树立生态文明观。

（3）树立新的资源观　现代科技的发展和现代生产实践均已表明，世上没有废弃无用的资源，只有无意废物利用的观念。有资料表明，目前，靠循环经济模式强化废旧物资的回收再生利用，全世界钢产量的45%、铜产量的62%、铝产量的22%、铅产量的40%、纸制品的35%来自再生资源的回收复用。同时，还使废弃物资源化、减量化、无害化。如1吨废纸可制成800千克再生纸，分别节省碱300～450千克，木材4米^3、电512度，水250吨，使废弃物排放总量减少75%。农业上采用日光温室从事果蔬生产比起过去加温温室不仅省了烧煤，还避免了煤烟对环境的污染。而日光则是取之不尽、用之不竭的能源。大力发展循环经济，不仅可以提高资源利用率，缓解资源的短缺矛盾，提升经济效益，还可减少污染，保护生态环境。有调查显示，如果把全国各部门各单位可开发利用的废弃物的价值相加，可超过500亿元。世界主要发达国家的再生资源回收价值一年达2500亿美元。因此，人称循环经济是"点绿成金"的经济。

（4）植树造林，种花种草，实现大地园林化　要依靠科技进步创造农业生物多样性，提高农业生态水平和经济效益；依靠科技进步种好"十边"地，搞好封山育林、种草，建立绿色"长城"，防风固沙和涵养水源、防止水土流失；依靠科技进步修复湿地，提高大自然的"肺功能"。

（5）科学决策，促进人与自然的和谐协调　生态文明是其各因素对立的统一。如种草与放牧本是对立的两种行为，但只要控制在生态阈值的边际内适度放牧，种与养便在相适中统一，形成良性的生态消长。种养结合是否是良性的，关键在于决策的科学性，使动植物种及种群位置合理——按能级梯级配置。

（6）提倡层次消费，维护生物多样性和农业的有效性　自然生态系统也好，农业生态系统也罢，其内在因素是分层次的，符合人类实际生活水平的差别间的不同层次需求。在现实中，人们的追求总是向高处走，实际生活还是呈现高、中、低层次的。从两个实际出发，即从层次生产和层次消费出发，提倡层次消费。这样，不同消费水平的人们在循环农业中满足自己的消费需求，农业的层次性生产就可物畅其流。

综上所述，可以说生态文明建设的基础在于发展循环经济和循环农业。循环农业不仅可在有限的资源阈值内创造更丰富的物质财富，并实现可持续发展，还具有丰富的文化底蕴。观光农业就是科学与艺术的结合、物质与文化的结合，它使人们有光可观、有景可赏，有知可学、有技可习，有娱可乐、有典（故）可寻，有物可采、有鲜可尝，有闲可休、有食可享，可谓露天开放的娱乐产业。

第七节　循环农业是推进农业现代化的强劲动力

现代化是农业发展的方向，而且是与时俱进的过程，其目标是可持续发展，既能满足当代人的需要，又不影响下代人的发展需要。如何引导农业由粗放型增长走向集约型增长，人类经历了长期艰苦卓绝的探索，终于找到了可以到达彼岸的"船"和"桥"，这就是循环农业。从前面所讲到的循环农业的理论基础和实践效果看，它可以推进农业到达现代化的彼岸。

（1）发展循环农业是建设社会主义新农村的必由之路　党的十六届五中全会明确了按照"生产发展、生活宽裕、乡风文明、村容整洁、管理民主"的要求建设社会主义新农村的宏伟发展目标。这20个字的目标都蕴涵在循环经济和循环农业之中。有关研究显示，中国已显现生态赤字，并高于世界平均水平。在资源亏缺的约束下要实现"生产发展、生活宽裕"，靠传统的粗放型增长方式是难以维系的，只有节约资源、减量资源投入、实行资源高效利用和废弃物资源化再利用的农村循环经济和循环农业，才能实现现代化集约型增长。现今的乡风文明已不单单是物质文明和精神文明，还应包括生态文明。生态文明的核心是修复和呵护生态系统的稳定平衡，实现环境友好、人与自然和谐，这也正是农村循环经济和循环农业的功能与特色所在。村容整洁涉及生态环境污秽物的防范与治理，诸如农村及农业污水、废弃物、生活垃圾等的处理与回收利用。而循环经济、循环农业与传统经济模式和传统农业相比，其独到之处就在于从源头做起抓"准入"，生产过程抓"规范"，生产末端抓"转化"，使整个经济过程和农业生产过程无废弃物排放，亦称"零排放"。农村环境中的污秽物大部分是农村经济过程或农业生产过程中的废弃物，以往主要靠村规民约引导人们焚烧、整齐堆放、回收利用，对散落的污秽组织大扫除。实践表明，这样做有一定效果，但维持性差，随意性大。发展循环农业或农村循环经济，作为产业或人的经济行为有着固定的范式，其运行是稳定的、持续的。这就不仅从制度上、管理上堵住了污秽的排放，更彻底的是在生产程序中和资源转化中几乎消除了污秽物。因此，有人说，发展农村循环经济或循环农业，不仅能持续富民，还可持续环保。

党的十六大报告还明确提出了全面建设小康社会的环境保护和可持续发展目

标——"可持续发展能力不断增强，生态环境得到改善，资源利用率显著提高，促进人与自然的和谐，推动整个社会走生产发展、生活富裕、生态良好的文明发展道路"。就我国农村来说，用什么样的具体模式来实现呢？纵观发达国家农业现代化的历史和我国的发展历史，若延续传统农业模式，全面建设小康社会的生态目标就无法实现。从循环农业理论和一些发达国家及我国的实践看，循环农业符合我国国情，体现了走农业现代化道路的要求，也只有发展循环农业才能打破资源"瓶颈"，挖掘资源潜力，确保新农村建设和全面小康目标的实现。

北京市在全面推进新农村建设中坚持生态、安全、优质、集约、高效的发展方向，发展都市型现代农业，加强农业结构调整，优化生产布局，提高都市型现代农业的综合生产能力、社会服务能力和生态保障能力，鼓励发展农牧有机结合、资源循环利用的生态型生产方式，增强农业的环境保护和生态修复功能。在这些举措中都渗透着循环经济和循环农业理念的引领与实践的指导。

（2）循环农业是当今世界农业可持续发展的最佳途径　循环农业可极大地减少污染排放。大量事实表明，水、大气、农业废弃物污染的大量产生，与资源利用水平密切相关，同粗放型经济增长方式存在内在联系。过去，京郊农户养奶牛放着家门口的玉米秸秆不用，花钱跑东北去买"羊草"回来喂牛。如今东北"羊草"少了、贵了，逼着牛场用当地的青玉米搞青贮、用秸秆制作配合饲料，既就地解决了奶牛饲草问题，又解决了农民秸秆排放问题。

循环农业促进资源高效利用与转化利用。作物→产品（秸秆）→食用菌（菌丝和废菌棒）→饲料（粪便）→沼气→燃料（沼渣液）→肥料（养地）→农产品。作物在这一循环链中经历了6次转化，形成6种不同的再生产品，向社会提供6种不同需求的产品。每次转化都产生相应的使用价值和商品价格，使原本一次性无价值焚烧的秸秆实现6次增值。

长期以来，林地行间空地无人用。近年来，人们研究成功用林地行间空地和树冠以下阴湿的小气候做立地条件，用林木残枝落叶制作基质养蘑菇，菇农可不单占用耕地养菇即可发展养菇业。以往林农护林一般不浇水，修树的残枝落叶随处堆放或当柴烧。现在由于林地养菇浇水，使养菇的地方总是保持湿润，用完的菌棒还可制作成肥料或饲料给林地施肥或饲养牲畜，结果是林茂菇丰无残留。北京市通州区永乐店镇现已建成年产300万只各类菌种及菌棒的综合示范场、5000亩高标准林菌间作基地，18个村1126户发展食用菌产业，面积达1.5万亩，每亩产值2万元，所有的废弃菌棒都转化为有机肥和饲料，基本实现废弃物"零排放"。

京郊大型生态养猪实现"三省两提一增零排放"。大兴区榆垡镇一座生态养猪场，采用锯末等农业废弃物做80厘米左右厚的铺垫，制成伴微生物菌剂的发酵床，猪只在床上嬉戏、拱食或休息，其粪便留在床上经拱食踩踏拌入铺垫物内进行发酵。经观察研究，这种养殖方式，可不用冲洗圈舍，较传统养猪可节省用水85%～90%。猪粪、尿被微生物分解转化为有机物和菌丝体蛋白质，猪通过拱食，又可节省饲料15%～20%。育肥猪只日增重2%～3%，料肉比下降2%～5%，可提前10天左右出栏。"两提"即提高猪只的免疫力、提高猪肉品质。"一增"即增加养殖效益，仅节省饲料和水即降低养殖成本40～90元/头。加上其他方面的综合效益比传统养猪法可增收入100～150元/头。"零排放"即实现粪污资源化（有机肥）再利用，达到环保要求。

（3）提升农业可持续发展能力必须以循环农业的理念为指导　农业是自然再生产和经济再生产兼容的复合大系统，牵涉的生产要素及其相互耦合形成最佳的经济效益、社会效益及生态效益极为复杂，而新农村建设又要求生产发展、生活宽裕、乡风文明、村容整洁、管理民主，只有以循环农业理念为指导，才能节约、高效利用资源，改善生态环境，不断提高可持续发展能力，促进生产发展、生活宽裕和村容整洁，促进人与自然的和谐，沿着可持续发展的方向前进。

（4）发展循环农业是以人为本抓农业的本质要求　大量的事实表明，传统农业高消耗的增长方式，向自然过度索取，导致生态退化和自然灾害增多，给人类的生活与健康带来了极大的损害。传统农业所造成的生产发展缓慢、环境破坏，给人民群众的生活和身心健康带来了严重威胁。

人是最宝贵的资源。建设社会主义新农村和全面建设小康社会，根本出发点和落脚点就是要坚持以人为本，不断提高人民群众的生活水平和生活质量。为让人们喝上干净的水、呼吸清新的空气、吃上放心的食物、在良好的生态环境中生活，必须大力发展循环农业，以最少的资源消耗、最小的环境代价实现社会经济的可持续发展。

总之，循环农业作为一种新的生产力发展方式，与传统农业相比，它不是就农业生产要素发展农业，而是牵涉到农村自然资源、社会资源、原生态资源和再生资源，以及产、加、销产业链的各个环节和生态系统的各个能级的投入、产出与排放物的资源化再利用，事关农村综合治理、综合利用、持续发展的直接保障。

第八章

循环农业运营中的"三角架"

纵观古今农业的演化与发展，纵观农业运营中所牵涉的经济、社会、环境及相关资源要素的配置，大致都存在五个"三因素组合"，即"天、地、人""动、植、微""农、林、牧""产、加、销""科、教、信"等。每个"三因素组合"在农业整体配置与运营中都各有其位、不可或缺，又有其相对独立自我运转的空间，而且三角因素之间具有天然的相依循环维继的关系。它们中每个"三因素"的结合及五个"三因素"的融合，随着社会需求、科技进步、经济发展而不断提升其创新水平和创造力，是催生资源转化、循环农业不断升级的"铸造师"。

农业秸秆粉碎直接还田，只有微生物在缓慢地分解它们，产物只是可供植物或它们自身吸收的无机养分和腐殖质——可使土壤细末弥合成团粒结构。换一个程序，即将秸秆粉碎拌料饲喂草食牲畜，如奶牛——可产肉、产奶及皮毛，其粪便可制作沼气用作燃料发电或民用，沼液、沼渣是很洁净的肥料。在转化过程中就涉及"动、植、微""产、加、销"等诸因素。在这一循环中，资源的含金量不断提升。

俗话说得好，"人勤地生金"。上列五个"三因素"及其融合体都是在"科、教、信"武装起来的人的统筹下运作的，能使投入的资源在循环中优质、精深、转化升值。同时，每个"三因素"组合也有自己的运作空间。

第一节　"天、地、人"

中国古代用"阴阳五行""天人合一"学说解释和处理自然界的奥妙以及人与自然之间的关系。《周易》有"有天道焉，有地道焉，有人道焉"的记载，而"金木水火土"则反映古代人对自然界组成和自然界各种物质与事物相互之间相生相克关系的认识。中国农业在其漫长的发展历程中，始终遵循着这种朴素的系统生态观，并以全面、整体和联系的观点来协调其与自然的关系，逐渐形成适应自然条件、对环境和资源条件扬长避短、符合不同时代和不同生产力水平的农作模式及支持技术、装备体系。

中国古代的"三才"思想就是指"天、地、人"的和谐、统一思想，认为"天时、地利、人和"的配合是取得成功、维系繁荣的重要因素。《荀子·富国》中写道："上得天时，下得地利，中得人和，则财货浑浑如泉源。"贾思勰在《齐民要术》中写道："顺天时，量地利，则用力少则成功多。"农业生产特别是生态循环农业离不开"天"——包括光、气、热、降水等；"地"——包括土地、农田、矿质营养、土壤水分、微生物及农业生物等；"人"是从事农业生产经营的主体，包括智慧、技能、劳动、经营、管理等，以及科技创新、制度创新、管理创新、产业创新与运营策划。天、地属于自然因素，人是介于自然与社会之间的因素。人类农业活动的基本内容是人与自然界发生的物质交换活动和人与人之间的利益交换活动。其中，人与自然界之间的物质关系表现为生产力状况、生产方式以及科技水平，而人与人之间的关系则表现为产权关系、企业制度及利益体系。人类的生产活动中，天、地是客体，人是主体。人出于自身利益、生存与发展，凭借自身与自然的交互作用在实践中积累起来的智慧、技能及劳动能力，围绕着人类社会经济发展的需要向"天、地"施加影响，促进物质交换，将自然资源转化为人类的物质财富。

在人类历史长河中，人与自然的关系经历了崇拜自然、征服自然和协调（或呵护）自然三个不同阶段。在人类社会早期，由于生产力极其低下，原始人类靠采集和渔猎为生，因此对自然的恩惠充满敬畏、崇拜和依赖，由自然界来说明和规定人类自身的存在。

18世纪后，随着资本主义的发展和第一次工业革命的出现及科学技术的兴起，人类进入了高强度征服自然的阶段。在这一阶段，人类依靠科学技术的力量，不断发展生产力，日益强化对自然界的干预，以至达到掠夺性地开发利用自然资源。

20世纪的经济增长大大提高了人类生活水平，但人类也领略到为此付出的沉重环境代价——资源遭受过度开发利用，环境污染、生态失调、能源短缺、自然资源大量消失，全球有1/4的耕地地力急剧下降。自然生物物种灭绝的速度超过正常物种消亡速度的100~1000倍，世界上有1/3~1/2的森林消失。北京地区在辽、金朝代之前，森林覆盖下绿水青山绵延，可从辽、金特别是元、明、清朝代山林横遭疯砍，到1949年森林覆盖率只有1.3%，林退风沙进，一度京城一到春季"黄龙"直闯京城。

严酷的自然惩罚，使人类转向呵护自然——大搞植树造林，种草，治理荒漠，发展循环农业，科学利用资源，治理裸露农田，营造良好的生态环境，使天、地、人和谐相处。

第二节 "农、林、牧"

"农、林、牧"三者的关系有两个层面，第一个层面是农林复合经营（asroforestry）。目前有以下两种认识。一是认为在同一块土地上农业与林业的综合，即在同一时期内按次序把畜牧、农作物置于稀植的林木之下。我国北京地区近些年有称为"林下经济"的做法——在林下种植作物、药材、花草等，也有养鸡、鸭或鹅的。二是美国农作物研究所认为"农林复合经营是为了农业、环境保护和乡村发展而栽培的提供粮食、饲料、薪炭和防护林等多用途的乔木和灌木。目的在于提高边际土地的生产力以及保护水土和能源"；国际农林复合经营研究所（ICRAF）的第二任主席则认为："农林复合经营形式中区别于其他土地利用方式的应有两个特征：①在同一块土地单元内多年生木本植物与农作物或家畜形成空间序列或时间序列的生长组合；②在农林复合经营系统的不同组分之间存在着生态学和经济学方面的相互作用。"之后，Lundlgern 和 Aainlree（1982）又共同把农林复合经营概念修订为："农林复合经营作为一种土地利用技术和耕作制度的集合名词，是有目的地把多年生木本植物同草木植物和畜牧业经营在同一土地单元内，并采取统一或短期相同的空间配置、轮作等耕作措施，农林复合经营系统的不同组分之间存在着生态学和经济学方面的相互作用。"

"农、林、牧"三者关系的第二个层面是"三者相互依赖，缺一不可"。这里讲的农、林、牧可不在同一土地单元上复合经营，但在统一经营制度下实现三者之间的物质流、能量流循环转化利用。在现实农、林、牧生产经营活动中之所以普遍存在畜禽粪便遍地流、农林废弃物满天飞或到处堆，原因就在于三者之间缺乏统一的经营管理，农、林、牧各自线性运行。由于利益分割，废弃物难以循环利用，农、林、牧三者要实现相互依赖关键在于村级加强对三者之间的协调管理，运用经济杠杆把三者连接成物流共同体。

第三节 "动、植、微"

在自然界中，"动、植、微"这三种生物的数量与其各自的种类远比农业动物、农业植物、农业微生物多得多。在这三者中植物是生产者或合成者，完成 $CO_2 +$

$H_2O \longrightarrow$ 碳水化合物的反应，进而合成蛋白质、脂肪等物质；动物依赖植物将其产品转化为动物类产品；微生物将动植物有机物分解为植物可以吸收利用的无机养分。它们既有相生关系，又有相抑或相克关系。据资料显示，已知微生物有78760种，而估计种有167万种。直到近些年，人们才明确认识到，与动物、植物一样，微生物也是一类人类可利用的自然资源，是发展循环农业中不可或缺的资源。对于人类来说，微生物有有益的，也有有害的。微生物将有机物分解成无机物的作用是独一无二的，在资源化再利用中也占据一个重要节点。

第四节 "产、加、销"及"科、教、信"

一、"产、加、销"

产、加、销是现代农业走向产业化、开源节流、提升附加值的三个不可或缺的环节。"产"是发展生产，增加上游产品资源量和提高产品质量。"加"是以市场为导向和因增值品的需要，采用相应的工艺技术对初级产品进行加工，经过创意和技术创新开发新产品或称"后产品"。农产品每开发加工一次就会增值一次，且可使有限资源加工出多层次的精细产品以丰富市场。"销"是物畅其流，使产品转换为商品，参与市场竞争，积累产业资本。

二、"科、教、信"

科学技术是第一生产力，它能渗透到生产力三要素中每一个要素之中，以提升其素质，并可提升三要素的综合生产能力。教育是使人类获得认识世界、改造世界的知识、技能，不断提升科学文化素质，使人既能成为循环农业的统筹谋划的经营者，又能使劳动者转化为劳动资本，以能驾驭循环农业持续奔驰在"高速公路"上。信息是使经营者永不落后的导向者、稳居潮头的支撑者。

在这五个"三因素"中，"天、地、人"是从自然界得来的，不过人已成为世界上的"精灵王"——有意识、会思维（考）、善谋划、能综合、有文化、懂技术、会管理，既主宰世界又呵护世界。其他"三因素"都是由人规范而成的。认识这五个"三因素"的关系，对认识和实施循环农业具有重要的关联性意义。

第九章

生态农业工程

生态农业工程是生态建设和农村环境建设的一个重要内容，是实施生态农业建设的重要措施和手段。生态农业工程的实质是农业生物有机体在人工辅助和外来物质的参与下，运用生物共生、能量多级传递和物质循环再生的生态学原理，结合系统工程方法及现代技术手段，建立起来的农业资源高效、综合利用的生产方式，是实现农业可持续发展的技术体系。

第一节　生态农业与生态农业工程

20世纪80年代初，"生态农业"作为一种新的农业发展模式，在我国一些地区开始提出并进行了广泛的实践。由生态农业建设实践可以确定，我国生态农业的目标和指导思想是：协调农村经济发展与生态环境保护，资源的合理开发利用与保护及增值，是实现农业持续发展战略的最佳途径。它强调对农业生态系统的合理投入和高效益的产投比；在重视农田生态系统建设、实现稳产高产的同时，拓宽到全部土地资源的开发与建设；在技术体系上采取传统农业技术精华与现代农业科学技术组装配套，具有系统综合性特征。

我国生态农业建设已成为具有中国特色的农业可持续发展的有效途径，在目标追求的侧重点上：一方面重视产品的产量、数量，并要求与农民脱贫致富的目标相一致；另一方面重视产品的质量，生态环境的保护和自然资源的永续利用，达到经济发展、社会需求与生态环境的保护并重。

中国的生态农业工程，是在探索农业可持续发展的进程中，广大农民与科技人员继承传统农业精华，引进国内外先进的科技，不断探索与实践，逐渐形成的新学科领域。根据目前国情，我国开展的生态农业建设就是以生态农业工程建设为主体的，也就是说生态农业是方向，生态农业工程是实现生态农业的技术手段。

第二节　我国生态农业工程的概念及特点

一、我国生态农业工程的概念

我国素有精耕细作的传统。在长期的农业生产实践中，在资源利用保护、耕作制度及土壤培肥等方面积累了丰富而宝贵的经验和技术。20 世纪 80 年代以来，由于农村体制改革和商品经济的推动，使这些经验和技术得以与当代的科学技术相结合，从而产生出许多既符合生态学原理和生态学经济原则，又适合我国国情的新的生产模式。

马世骏在 1979 年提出的生态工程定义的基础上，于 1987 年又进一步阐述了生态农业工程的定义："将生态工程原理应用于农业建设，即形成生态农业工程，也就是实现农业生态化的生态农业。可以认为，生态农业工程就是有效地运用生态系统中各生物种充分利用空间和资源的生物群落共生原理、多种成分相协调和促进的功能原理，以及物质和能量多层次、多途径利用和转化的原理，从而建立能合理利用自然资源、保持生态稳定和持续高效功能的农业生态系统。"并进一步指出："生态农业工程是以社会、经济、生态三效益为指标，应用生态系统整体协调、循环再生原理，结合系统工程方法设计的综合农业生产体系，在性质上属于社会-经济-自然复合生态系统的一个类型。"

二、我国生态农业工程的特点

我国的生态农业工程研究具有以下几个特点。

（1）研究对象以农业生态系统为主，内容更广泛，综合性更强，与西方国家生产专业化特点不同。由于我国农业无论是农户还是农场都普遍采取综合经营的方式，从而使生态农业工程的研究对象往往是各种产业的综合体。所以我国生态农业建设和研究中，除一般种植业、畜牧业外，还包括水产养殖、有机废弃物资源化养殖、果林与作物的间作和某些手工业与加工业。

（2）我国的生态农业工程研究目标注重生产效益、经济效益和生态效益的结合，强调提高生产效益和经济效益是建立在提高生态效益的基础上，强调农业生产与环境保护同步发展。

（3）注重传统农业技术和现代技术的结合。我国传统农业中的许多精湛技术，凡是符合生态学原理的，在今天的农业实践中仍被证明是行之有效的耕作措施、操作工艺，将在不断改进的基础上被广泛加以采用，并与当代的生物技术、生态技术、化学技术、机械技术以及软科学技术紧密结合。这样不但易于被农民接受，而且更适合我国农业生产条件复杂与劳力资源丰富的特点。我国出现的许多生态农业工程模式实质上是劳力密集与技术密集相结合的产物，是多项硬技术与管理软技术相结合的产物。

（4）政府重视、政策导向、广泛开展。我国生态农业工程建设较早地受到党和政府的重视，从事此项工作的部门众多，人员也越来越多。

（5）存在的主要问题是理论研究和实践发展结合还不够紧密，还存在一定的距离。一方面，我国生态农业工程模式在全国范围内种类繁多、形式多样，且随着时间的推移不断推陈出新地出现生产力水平更高的各种生态工程模式。但有的模式在建造好后就被束之高阁，很难用于指导生产实际，更难进行全面的总结和进一步的高度理论概括。造成这个问题的主要原因是：①理论脱离实际，只注意模式的形式和方法的选择，缺乏深入细致的研究，尤其是对参数的研究不够，因此，往往出现本来需要多年辛苦研究才能建造的模式，而我们几个月就能完成的情况；②许多参数靠统计报表，而主要统计报表数据的不准确以及报表内容简单、粗线条，常反映不出实际情况。另一方面，要注意宏观研究和微观研究相结合，既要根据资源和经济状况搞好区域发展的宏观规划，又要制定实现这些规划的生态工艺和方法措施；在生态农业建设方面还应该注意研究，如何采用省工、省时、经济有效的方法来使我国传统农业中那些符合生态工程原理的耕作措施和方法发扬光大。生态农业不能简单地理解为化肥加有机肥。

第三节　生态农业工程的主要技术类型

农业和其他国民经济部门相比，最大的差异就是农业是自然再生产过程和经济再生产过程相互交错的范畴，而不同的地区、气候带，都具有不同的自然环境和社会经济条件，这决定了由于农业提供的劳动力、补充能量与物质各不相同，所建设的生态农业工程也不同且规模不一。当前我国生态农业工程主要有以下几种技术类型。

1. 农林立体结构生态系统类型

该类型是利用自然生态系统中各生物种的特点，通过合理组合，建立各种形式的立体结构，以达到充分利用空间、提高生态系统光能利用率和土地生产力、增加物质生产的目的。所以该类型是空间上多层次和时间上多序列的产业结构。这种类型的农业生态系统有以下几种形式：

（1）各种农作物的轮作、间作与套作　　农作物的轮作、间作与套作在我国已有悠久的历史，并已成为我国传统农业的精华之一，是我国传统农业得以持续发展的重要保证。有以下几种类型：①豆、稻轮作；②棉、麦、绿肥间作或套作；③甜叶菊、麦、绿肥间作或套作；④花、油菜间作。

（2）林、药间作　　林、药间作不仅大大提高了经济效益，而且塑造了一个山青林茂、整体功能较高的人工林系统，大大改善了生态环境，有力地促进了经济、社会和生态环境良性循环发展。此种间作如吉林省的林、参间作，江苏省的林下栽种黄连、白术、绞股蓝、芍药等的林、药间作。

（3）农、林间作　　农、林间作是充分利用光、热资源的有效措施。我国采用较多的是桐、粮间作和枣、粮间作，还有少量的杉、粮间作。

除了以上的各种间作以外，还有林木和经济作物的间作，如海南省的胶、茶间作，种植业与食用菌栽培相结合的各种间作如农田种菇、蔗田种菇、果园种菇等。

2. 农-渔-禽水生态系统类型

这种生态系统是充分利用水资源优势，根据鱼类等各种水生生物的生活规律和食性以及在水体中所处的生态位，按照生态学的食物链原理进行组合，以水体立体养殖为主体结构，以充分利用农业废弃物和加工副产品为目的，实现农-渔-禽综合经营的农业生态类型。这种系统有利于充分利用水资源优势，把农业的废弃物和农副产品加工的废弃物转变成鱼产品，变废为宝，减少了环境污染，净化了水体。特别是该系统再与沼气相联系，用沼气渣液作为鱼的饵料，使系统的产值大大提高，成本更加降低。这种生态系统在江苏省太湖流域和里下河水网地区较多。

3. 水陆交换的物质循环生态系统类型

这种系统在南方多见。桑基鱼塘是比较典型的水陆交换生产系统，是我国广东省、江苏省农业生产中多年行之有效的多目标生产体系，目前已成为较普遍的生态农业类型。该系统由两个或三个子系统组成，即基面子系统和鱼塘子系统，前者为陆地系统，后者为水生生态系统，两个子系统中均有生产者和消费者。第三个子系统为联系系统，起着联系基面子系统和鱼塘子系统的作用。

4. 物质能量多层分级利用系统类型

这种系统模拟不同种类生物群落的共生功能，包含分级利用和各取所需的生物结构。此类系统可进行多种类型和多种途径的模拟，并可在短期内取得显著的经济效益。例如利用秸秆生产食用菌和繁殖蚯蚓等的生产设计。秸秆还田是保持土壤有机质的有效措施，但秸秆若不经处理直接还田，则需很长时间的发酵分解，方能发挥肥效。在一定条件下，利用糖化过程先把秸秆变成饲料，而后用牲畜的排泄物及秸秆残渣来培养食用菌，生产食用菌的残余料又用于繁殖蚯蚓，最后才把剩下的残物返回农田，收效就会好得多，且增加了生产沼气、生产食用菌、繁殖蚯蚓等的直接经济效益。

5. 相互促进的生物物种共生系统类型

这种系统是按生态经济学原理把两种或三种相互促进的物种组合在一个系统内，达到共同增产、改善生态环境、实现良性循环的目的。这种生物物种共生模式在我国主要有稻田养鱼、稻田养蟹、鱼蚌共生等多种类型。其中，稻田养鱼在我国南方、北方都已得到较普遍的推广。在养鱼的稻田中，水稻为鱼提供遮阴、适宜水温和充足饵料，而鱼为稻田除草、灭虫、充氧和施肥，使稻田的大量杂草、浮游生物和光合细菌转化为鱼产品。稻、鱼共生互利、相互促进，形成良好的共生生态系统。

6. 山区综合开发的复合生态系统类型

这种系统是开发低山丘陵地区，充分利用山地资源的复合生态农业类型，通常的结构模式为：林-果-茶-草-牧-渔-沼气。该模式以畜牧业为主体结构，一般先从植树造林、绿化荒山、保持水土、涵养水源等入手，着力改变山区生态环境，然后发展畜牧和养殖业。根据山区自然条件、自然资源和物种生长特性：在高坡处栽种果树、茶树；在缓平岗坡地引种优良牧草，大力发展畜牧业，饲养奶牛、山羊、兔、禽等草食性畜禽，其粪便养鱼；在山谷低洼处开挖养鱼塘，实行立体养殖，塘泥作农作物和牧草的肥料。这种以畜牧业为主的生态良性循环模式无"三废"排放，既充分利用了山地自然资源的优势，获得了较好的经济效益，又保护了自然生态环境，达到经济效益、生态效益和社会效益的同步发展，为丘陵山区综合开发探索出一条新路。

7. 多功能农、副、工联合生态系统类型

生态系统通过完整的代谢过程——同化和异化，使物质在系统内循环不息，这不仅保持了生物的再生不已，而且通过一定的生物群落与无机环境的结构调节，使得各种成分相互协调，达到良性循环的稳定状态。这种结构与功能统一的原理，用于农村工农业生产布局，即形成了多功能的农、副、工联合生态系统，亦称城乡复合生态系统，这样的系统往往由4个子系统组成，即农业生产子系统、加工业子系统、居民生活区子系统和植物群落调节子系统。它的最大特点是将种植业、养殖业和加工业有机地结合起来，组成一个多功能的整体。

多功能农、副、工联合生态系统是当前我国生态农业工程建设中最重要，也是最多的一种技术类型，并已涌现出很多典型应用实例。

除了以上所列举的生态农业工程技术类型外，还有以庭院经济为基础的院落生态系统、沿海滩涂资源开发利用的湿地生态系统、多功能的污水自净工程系统等类型。所有这些类型的共同特点是能把经济效益和生态效益有机地结合起来，改善生态环境。

第四节 不同类别生态农业工程简介

一、种植业生态工程

1. 概述

种植业一般指通过种植取得劳动产品的生产部门，主要包括粮、棉、油、糖、麻、烟、茶、桑、果、药、菜、饲料等不同类型作物的生产。以栽培各种生物为主的种植业生态工程是生态工程的重要类型，是生态农业工程的基础。它是根据生态系统的共生原理、系统工程理论、多种成分相互协调促进的功能原则以及社会经济条件设计出的人工生态系统，以获取最佳经济效益、社会效益、生态效益为目标。其技术体系既包括传统的间、套作等精耕细作技术，也包括现代高新技术的综合与配套应用。

与生物技术相比，种植业生态工程技术有其独特之处，如技术规划问题。种植业生态工程是在人类辅助下进行，在生物技术中则是人类规划。种植业生态工程的维持与开发成本比生物技术合理且技术操作简易。这些特征是因与生物技术研究基本原理不同而产生的。生物技术是以遗传学、细胞生物学等原理为基本原理，而种植业生态工程技术是以生态学、经济学、系统工程原理为基本原理。

种植业生态工程作为生态农业工程的基础，具有多种类型，按不同标准可划分为如下类型：

（1）从尺度方面考虑　从小面积田间种植业生态工程到区域性作物布局和农林复合系统规划。

（2）从气候方面考虑　有南方水田种植业生态工程、北方旱地种植业生态工程。

（3）从结构方面考虑　有双层结构种植业生态工程、多层结构种植业生态工程、时间结构种植业生态工程。

（4）生物组成　有作物-作物生态工程、作物-林木生态工程、作物-果树生态工程，果树-作物-微生物生态工程、药用植物生态工程、观赏植物生态工程等。

（5）景观　有平地种植业生态工程、坡地种植业生态工程。

种植业生态工程的目标首先应该是恢复已被人类活动严重干扰或破坏的作物或农林生态系统；其次是建立经济效益、社会效益、生态效益最佳的种植业生态系统；最后是有效地投入以便获得稳定和持久的输出。

2. 种植业生态工程的组成

（1）农作物系统　对传统的作物间作套种等进行改进，使之成为种植业生态工程的组成部分，需要遵循下列目标：其一，高产、优质、高效；其二，各种作物在时空上合理搭配，系统地把前后茬或上下层作物按间作、套作、复种和轮作等形式进行组装；其三，应用新技术，保证设计模式的实施。

① 间作、套作　在同一块地上，一个完整的生长期间只种一种作物，称为单作。两种或两种以上生育季节相近的作物（包括草本和木本）在同一块田地上同时或同一季节成行地间隔种植称为间作。若两种或两种以上生育季节相近的作物，多行一组间隔种植，形成带状，称为带状间作。套作是指在前作物的生长后期，于其株行间播种或栽植后作物的种植方式。在间作的不同作物间，其共生期占全生育期的主要部分或全部；在套作的不同作物间，其共生期只占全生育期的一小部分。在农作物系统中，种植业生态工程指两种或两种以上作物匹配，种植一种作物不能称为种植业生态工程。

② 复种　复种是指在一块地上一年内种收两季或多季作物的种植方式，或称为多熟制，是我国精耕细作集约种植的模式之一，复种常与套作相结合，可争取季节，是一种时间结构型的种植业生态工程。复种与人口密度和气候条件密切相关，凡是人多地少、气候温暖多雨的地区，都适宜发展复种多熟制，以提高土地利用率。

③ 轮作　轮作是指在同一田块上，有顺序地轮种不同作物或轮换不同复种方式的种植方式。根据地形、土壤、水利等条件，在一定区域，安排不同类型、大小不等的轮作，相互协调，组成体系，称为轮作制度。轮作能更新地力，防止病虫草害的发生。不同作物对土壤的营养具有不同的要求和吸收能力。例如：谷类作物对氮、磷和硅的吸收量较多；豆类作物对钙、磷和氮的吸收较多，吸收硅的数量较少；烟草、薯类消耗钾较多。

就一定轮作面积而言，每轮换一次完整的顺序称为一个轮作周期。轮作周期的长短取决于养地作物的后效期长短、组成轮作的作物种类、主要作物面积、各类作物耐连作的程度和需要间歇的年数。应建立科学的作物轮换顺序：前熟为后熟，后熟为全年，今年为明年。

④ 作物布局　作物布局是指安排一个地区作物种植的种类、面积、比例和配置地点，是种植业生态工程的宏观表现。合理的作物布局，就是充分利用生态条件和生产条件，发挥农作物的生产潜力，取得最大的经济效益、生态效益和社会效益。作物布局可以制约一个地区作物复种程度的高低，又影响间作、套作、复种的方式。正确处理好粮、棉、油、麻、丝、茶、糖、菜、烟、果、药、杂之间的关系，进行区域性种植业生态工程的作物组配。

（2）农林复合系统　农林复合系统或农林业是一种在全世界广泛应用的持续有效的土地使用管理体系，是指在一片土地上，根据当地经济条件和经营水平，进行农、林间作。农林系统注重农产品收获和林木提供的小气候环境；农果系统强调农作物和果树产品的收获，注重系统的经济效益。李文华先生给出了具体的定义：农林复合系统是指在同一土地管理单元上，人为地把多年生木本植物（如乔木、灌木、棕榈、竹类等）与栽培作物（如农作物、药用植物、经济植物以及真菌等）和（或）动物，在时空上进行管理的土地利用和技术系统的综合。

① 农林复合系统的演变过程

a. 原始农林复合系统　原始社会的社会生产力水平低下，人类以依附自然生态系统为主。随着人类文明的出现，出现了原始的农耕和畜牧，完成了人类以自然生态系统为生的采猎活动向以农田生态系统为生的农耕实践的转变，此期出现了大量的原始农林复合系统。刀耕火种是最古老、最原始的农林复合系统之一，其特征是交替使用，用烧垦的方法轮回清理土地，进行了栽培与休闲，土壤不按正常观念耕作，一般粗放经营土地。刀耕火种是热带、亚热带雨林的生态适应方式之一，与低人口密度和低消费水平相适应。

b. 传统农林复合系统　传统农林复合系统是指简单的作物与林木（包括果树）结合，没经过人工设计，在一片土地上同时进行林木和农作物生产。

c. 现代农林复合系统　只有现代农林复合系统才称得上种植业生态工程。近年来，发展中国家的农村人口增加，水土流失严重，生态环境恶化。在联合国粮农组织和世界银行的支持下，农林复合系统发展迅速，组合项目不断增加，从小规模的农、林结合的土地利用，逐渐发展形成规模较大的区域性气候、地形、土壤、水体、生物资源的综合利用。设计多年生木本植物（用材林、经济林、防护林等）与农作物（粮食、油料、蔬菜和其他经济作物）的各种间作模式，使之成为物质循环利用、多级生产、稳定高效的人工复合生态系统。

② 农林复合系统的特性

a. 类型和层次多样性　农、林间作是农作物与林木或果树按照一定的排列方式形成的长期共生的复合生态系统。按农作物种类、林木或果树种类、排列方式及经营目的可以划分出多种组合类型。如广泛分布于华北平原地带的农作物和泡桐，北方半干旱区的粮食作物和杨树，农作物和白蜡树，都是典型的农林复合系统。农林复合系统按大小可分成不同的等级和层次，如田间种植业生态工程、小流域种植业生态工程和景观尺度的农田防护林体系。

b. 技术性　农林复合系统的经济效益、社会效益和生态效益的产生，需要完善的技术体系作保障。系统越复杂，要求的技术就越高。同时，为了取得较多的品种和较高的产量，在投入上也有较高要求。

c. 结构复杂性　农林复合系统是通过物质流、能量流和经济流及其联系，构成复杂的结构和功能的人工生态系统。把系统的各种成分从空间和时间上结合起来，使系统的结构向多组合、多层次、多时序发展。利用不同生物间共生互补和资源优化提高系统的稳定性和持续性。

d. 潜力性　实施农林生态工程主要在低山丘陵地区。我国林地面积中低产林所占比例较大，此外，经济林单位面积产量也很低，发展农林复合系统潜力很大。

③ 农林复合系统的分类　目前国际上比较完整的农林复合系统的分类是由耐尔（Nair）于 1985 年提出的。通过收集大量有关农林业系统的资料，提出了 4 种分类标准：系统结构、系统功能、生态环境和社会经济规模。

我国农林复合系统的主要组分按照产业部门可分为农业、林业、家畜、渔业和中药行业等，不同产业的结合形成复合系统的一级分类单位，然后按系统内的不同作物组合划分成不同的类型，包括农林业系统、林草业系统、农林草业系统、林渔业系统、农林渔业系统、林中药材系统、农林中药材系统等。

二、养殖业生态工程

1. 养殖业生态工程的概念

养殖业生态工程属于生态学研究的一个专门学科，这门学科是研究动物、植物、微生物等的生存、生活、生产环境与其种质之间矛盾统一的学科。它作为一个新的领域处于初期研究阶段。其概念、原理及设计等均需在一个较长的研究过程中去逐步摸索、完善与充实。养殖业生态工程是一种以家养为主，应用生态学、生态经济学与系统科学的基本原理，采用生态工程方法，吸收现代科技成就与传统农业中的精华，将相应的人工养殖动物、植物、微生物等生物种群有机地匹配组合起来，形成一个良性的减耗型食物链生产工艺体系，既能合理而有效地开发和利用多种可饲资源，使低值的自然资源转化为高值的畜产品，又能防止和治理农村环境污染，还能使经济效益、生态效益和社会效益三大效益建立在稳定、高效、持续的发展中，而且形成一个人工复合生态系统。

2. 养殖业生态工程的分类

养殖业生态工程的内容比较复杂，其特征在于功能上的综合性。它可以深入揭示生物种群的遗传因子与其再生产过程中环境因子之间的作用与关系；也可以合理利用自然条件，开发不同地域的自然资源，促进经济的发展。它是由农业生物、生存环境、农业技术、资源输入、产品输出、人类生产活动和社会经济条件等多种因素所组成的高效的人工生态系统。因此，它包括的内容十分复杂。根据养殖业生产环境的不同，可以把养殖业生态工程分为陆地养殖业生态工程、水体养殖业生态工程和水陆复合养殖工程三大类，每大类又包括若干种模式。不管是哪一种具体模式，一般都包括以下 5 项重要组成部分。

（1）农业生物　以家养动物为中心，包括与之匹配的农作物、饲料作物、牧草、鱼类及其他经济动物。

（2）生存环境　包括自然条件和社会经济条件。

（3）农业技术　包括动物饲养、繁殖及疫病防治，总体结构优化与布局管理等。

（4）资源输入　包括劳动力、资金输入，农用工业及能源、农业科技投入等。

（5）产品输出　包括多种农畜产品及加工产品输出。

养殖业生态工程的分类体系如下。

① 陆地养殖业生态工程

a. 综合养畜生态工程　以牛为主的综合养殖模式、以羊为主的综合养殖模式、以兔为主的综合养殖模式、以猪为主的综合养殖模式、以貂等经济动物为主的综合养殖模式等。

b. 综合养禽生态工程　以鸡为主的综合养殖模式、以鹅为主的综合养殖模式、以鸭为主的综合养殖模式、以鸽或鹌鹑等特种禽类为主的综合养殖模式、畜禽结合模式等。

② 水体养殖业生态工程

a. 常规鱼混养类型　以草鱼为主体的鱼混养模式，以滤食性鱼为主体的鱼混养模式，以青鱼、草鱼为主体的鱼混养模式，以鲤鱼为主体的鱼混养模式，以鲮鱼为主体的鱼混养模式等。

b. 常规鱼与名特水产养殖种类综合养殖　鱼鳖混养模式、鱼虾混养模式、鱼蟹混养模式、鱼蚌混养模式、家鱼与鳜鱼混养模式、家鱼与乌鳢混养模式、家鱼与革胡子鲶混养模式、家鱼与美国鲷混养模式、鱼与水生植物综合类型、鱼/水草模式、鱼/芡实/菱/藕模式等。

③ 水陆复合养殖工程

a. 渔、农综合类型　基塘渔业、桑基鱼塘、果基鱼塘、草基鱼塘、蔗基鱼塘、花基鱼塘、杂基鱼塘、鱼/草结合、种草养鱼、鱼草轮作、鱼/稻结合、稻田养鱼、鱼稻轮作等。

b. 渔、牧综合类型　鱼禽结合（鱼/鸭模式、鱼/鹅模式、鱼/鸡模式）、鱼畜结合（鱼/猪模式、鱼/牛模式、鱼/羊模式、鱼/兔模式）等。

c. 牧、渔、农综合类型　三元综合模式（菜猪鱼综合、猪草鱼综合、草鸭鱼综合、鸡猪鱼综合）、多元综合模式（鸡/猪/蛆/鱼综合、鸡/猪/沼气/鱼综合、草/猪/蚓/鱼综合）等。

3. 养殖业生态工程与传统养殖业的区别

养殖业生态工程是农、牧、渔有机结合的人工生态系统，其本身包括传统养殖业的饲养养育内容，特别是成功的单项饲养技术和新思路、新方法的筛选与应用等。其主要区别在于：

（1）从基础理论看，养殖业生态工程除动物饲养、繁育等配套性的专业学科理论之外，其突出点在于以生态学、生态经济学、系统科学与生态工程原理等为主导理论基础。

（2）从内容上看，养殖业生态工程涉及的领域比较广泛，除畜牧业本身之外，还包括了种植业、林果业、草业、渔业、农副产品加工业、农村能源、农村环保等多学科的综合应用技术，而传统养殖业则突出单一学科的技术应用。

（3）从布局上看，养殖业生态工程把种植、养殖、加工业等合理地设计在一个系统的不同空间，既增加了生物种群和个体的数目，又充分利用了土地、水分、热量等自然资源，更利于保持生态平衡。

（4）从资源利用上看，养殖业生态工程强调自然资源的挖掘、合理配置，以及能量开发与转换，使其生产的成品与"废品"相互间通过合理利用与转化增值的过程，把低值资源转为高值、无残毒的成品，从而把增值提高到最高限，把无效损失降低到最低限。

（5）从效益、目标上看，传统养殖业着重于单一学科经济效益目标的实现；而养殖业生态工程则考虑综合的经济效益、生态效益、社会效益三大效益及目标的并重实现，谋求技术的综合配套应用和生态与经济的相互统一，从而提高其多种经营效益。

三、旱地农牧结合生态工程

旱地农牧结合生态工程是旱地农业工程的重要组成部分，是农业和畜牧业有机结合的产物，它是应用生态工程原理和旱地种植业及畜牧业工程原理，再将应用生态学的过渡带生态理论应用于旱地农业工程的一门应用科学。

1. 旱地农牧结合种植制度

（1）农牧结合的概念　种植业与畜牧业的关系是对立统一的关系，二者相互依赖、相互促进而又相互制约。农牧结合是在土地、种植业、畜牧业三位一体的农业生产系统中，综合利用自然资源，提高资源利用率和产出率，促进种植业与畜牧业协调发展的根本途径；是求得最佳经济效益、社会效益和生态效益，增加农民收入，改善人民生活，实现资源永续利用和乡村经济持续发展的重要途径。

种植业是利用植物生理机能通过人工培育把土壤中的养分和太阳能转化成农产品的社会生产部门。它可以为人们提供粮食、蔬菜、水果等食品，为轻工业提供粮、棉、油、麻等原料，并为畜牧业提供饲草、饲料。畜牧业是利用动物的生理机能，通过饲养繁殖把饲料（饲草）转化成畜产品或役用牲畜的社会生产部门。它可以为人们提供肉、蛋、奶等食品，为轻工业提供皮、毛、羽、骨等原料，并以畜力和有机肥料支援农业。由此可见，农牧结合的形成与发展，取决于饲料、肥料和役力，也可以说饲料、肥料、役力以及农畜产品交易之间的经济关系是联系种植业与畜牧业的基本链条，而其中最主要的则是饲料和肥料。从生产角度上说，肥料充足则五谷丰登，饲料充足则六畜兴旺；反之则农牧业两败俱伤，系统功能趋于衰竭。饲料和肥料是连接种植业与畜牧业的桥梁与纽带，是农牧之间的一个结合部，是农牧结合的核心。

（2）旱地农牧结合种植制度的意义　我国旱地农牧结合种植制度是与我国有限

的旱地农业资源状况直接相联系的。也就是说，由于我国人口多，人均占有农业资源较少，就需要利用现有的有限资源，在保证主要粮食与经济作物生产的同时，还要为畜牧业的发展提供足够的饲料来源。旱地农牧结合种植制度的目的也就是要在保持并提高旱区主要作物生产的同时，为养殖业提供足够的饲料来源。这种种植制度的合理实施，对于稳定旱区主要作物的生产，同时对旱区畜牧业的规模化发展起到十分重要的作用。

旱地农牧结合种植制度的实施对于旱区农业生态系统与农业资源的保护也有着不可估量的作用。这种种植制度是以生物物质的产量作为生产系统的一个重要指标，而旱区生物物质产量低，生物物质循环利用效率极低，因此，对于以植物为主要食物来源的动物与微生物而言，也就失去了基础。因而造成旱区有机物来源少，土壤肥力降低，植物的生存与生活环境得不到改善，结果形成恶性循环，一方面影响到动物产品的生产，另一方面则造成水土流失趋于严重。这种情况又进一步影响到农业的发展和生态环境的改善。

（3）旱地农牧结合种植制度相关问题　　稳定并提高旱地主要粮食作物与经济作物的产量是实施旱地农牧结合种植制度的基本问题。在我国旱区粮食作物与经济作物生产水平低且不稳定的情况下，从事农牧结合种植仍要注意探索提高并稳定其产量的途径，要考虑到牧草作物的生产对主要作物的影响，进而采取相应的对策。

旱地农牧结合应当加强养殖业生产，探索使之形成规模化生产的途径，提高饲草作物及作物秸秆的利用率。没有养殖业的配套，农牧结合是无法实现的。随着我国人民生活水平的普遍提高，旱区人民的消费也会向动物产品倾斜，我国旱区人均耕地面积相对来说比较大，这为养殖业的发展提供了适当的场所与饲料生产基地，因此发展养殖业大有潜力。

在农牧结合种植制度的实施中，应探索种植与养殖的结合途径，要考虑种植业与养殖业在农户间的专业化生产，以提高生产效率。

2. 实施旱地农牧结合种植制度的关键技术环节

在旱地农牧结合种植制度的实施中，关键的技术环节严格地讲包括主要作物的生产、牧草的生产与动物养殖，但从种植业角度讲仅包括前两部分。因此，处理好主要作物与饲草作物的关系是实施旱地农牧结合种植制度的核心内容。其关键因素包括以下几个方面。

（1）水肥运筹　　主要作物的播种出苗是保证主要作物稳产的关键。在雨养条件下，饲草作物与主要作物存在的争水问题易导致干旱年份主要作物播种时土壤干旱，不利于保苗。严重干旱年份，饲草作物特别是夏播作物由于当时气温高、光照强，水分条件不易得到满足。饲草作物一般适应性较强，对土壤养分的要求也不是很严格，但作为主要作物的前茬同样要消耗土壤养分，这一方面说明饲草作物施肥的必要性，从另一方面讲，与单一种植相比，主要作物的生长发育则要适度增加肥料用量。针对这些情况，应采取相应的措施，做好抗旱保墒、节水灌溉及合理施肥等工作。

（2）土壤管理　多作情况下，由于前作的种植，收获时土壤紧实，既不利于保墒，土壤养分活化也不充分，因此会出现后作不发苗的情况。应该从土壤管理上下功夫，采取的措施主要包括增施有机肥、及时中耕等。

（3）品种选用　一年两作对作物除了基本的产量要求外，还要早熟和适应晚播，这样才能解决两作之间在积温要求方面出现的矛盾，保证作物的高产与稳产。

（4）播种技术　由于多熟种植在时间上的要求很严格，在播种方面的要求主要是抢时及早播种，播量上也要适当加大，以保证有足够的苗数。另外，还可采用地膜覆盖技术，以加快作物的生育进程并提高水分利用率。

四、农村庭院生态工程

农村庭院是我国人类社会的一个重要组成部分，它具有独特的生态环境，特定的自然景观，多产业的经济活动和风俗、伦理、文化等的发展与更迭，它和广大城镇一起组成了我国"人类居住地"大系统。

农村庭院的构成虽然一家一户分散而零乱，但是，它却包含了农、牧、副、渔、工、商、交通、建筑、金融、文化、教育、法律、社会服务、风俗、伦理等全部人类社会活动的内容。当然，这些活动都带有本系统的明显个性。

由于历史和经济的原因，长期以来，我国农村居民的居住环境问题一直未引起人们的足够重视。但随着经济的发展和人民生活水平的提高，农村居民对自己居住环境改造的需求更加迫切，由此也带动了环境改造生态工程的发展。正如传统生态工程实践在我国有着悠久的历史一样，以庭院建设为主体的我国农村生态建设开展的时间也比较早，而且大部分效益都比较好，主要体现在农户庭院的立体开发及综合利用，一般称为庭院生态农业。庭院生态农业由生态系统和经济系统两个基本部分组成，二者相互耦合而成为一个复合系统。它充分合理地利用庭院各种自然资源和社会经济技术条件，形成生态经济合力，产生生态功能和效益。它不仅可以生产出一定数量的经济产品，而且可以改良庭院生态环境，增强农民身心健康。

1. 庭院生态工程的概念和特点

庭院生态工程是我国生态农业工程体系中的一个重要组成部分。建设好村镇庭院，是当前乃至未来农村建设与开发的重要课题，是我国农村市场经济发展和净化农村生态环境的需要。庭院生态工程把生态学、生态经济学等基本原理应用在村镇庭院的种植、养殖、加工、住宅建筑、园林化等多业的有机结合上，形成了不同循环类型的村镇庭院生态系统。它具有以下两个特点：

（1）灵活性　即实行以家庭生产经营为主的小型生产，可及时根据市场需要调整产品的产量和品种。

（2）规模性　居住在一起的农户同时生产同一种产品，便可以积少成多，形成较大规模，对振兴农村经济有重要意义。

2. 发展庭院生态工程的重要意义

（1）提高土地资源的利用率　庭院生态系统土地资源的高效利用主要是延长了庭院土地的利用时间，且加大了土地的利用空间。

在庭院生态系统内，土地每年可利用时间由建设前的 131～158 天（无霜期）增加到 365 天，每年土地可利用时间增加 207～234 天。同时利用系统培植种苗，向系统外移植，在采用塑料薄膜保温的条件下，可增加土地利用时间 120 天。由于增加了土地利用时间，可使系统内土地生产增加一期，收入由每平方米 2 元增加到每平方米 15.76 元；系统外利用保温、移植种苗措施可提前一个半月，收入由每平方米 2 元增加到每平方米 8.5 元。

（2）饲料资源的高效利用　庭院生态系统对饲料资源的高效利用，主要表现在对农副产品的直接利用、就地转化和高效的饲料转化利用率。

庭院生态系统中鸡、猪、牛、羊等所需饲料的主要组分多来源于自家农田，可实现就地利用增值，有效节省饲料运输费用和购销损失，从而降低了饲料的成本。另外，饲料的高效利用率还表现在：饲料经鸡、猪利用后，其粪便还可多级利用，这是庭院生态系统能保持低投入、高产出的关键因素之一。鸡饲料可经鸡—猪—微生物—植物四个利用转化过程；猪饲料可经猪—微生物—植物三个利用转化过程。可以说，每增加一步利用，都使饲料利用率得到进一步提高。利用步骤越多，饲料的有效利用率就越高，这就是长生物链比短生物链生产效率高的基本依据。

（3）劳动力资源的高效利用　庭院生态系统工程正常运行所需劳动力强度并不大，所需时间也不长，但其运行管理具有经常性和不间断性的特点。同时，因庭院生态系统涉及养殖、种植业等多领域技术应用问题，故需有一定的种养业基本技术。庭院生态系统的这些特点，决定了其对劳动力可高效利用的两个优势：①剩余劳动力和剩余时间的利用。庭院生态系统的运行管理便于家庭非主要劳动力参与，这样，家庭妇女、闲散劳力、男女老幼，甚至包括中小学生等具备初步劳动能力的人员都可以利用起来。所以说庭院生态系统建设是充分利用家庭剩余劳力资源的最佳途径之一。②促进主要管理者智力开发。庭院生态系统的生产效率与主要管理者的技术水平呈正比关系。因此，每个庭院生态系统的主要管理者为了提高管理技术水平都需不断地钻研有关的种、养技术，参加培训班的科学技术活动。目前，已有许多优秀的庭院生态系统管理"专家"从众多的管理者中涌现出来。

（4）时间资源的高效利用　庭院生态工程的建设可有效地延长时间资源的利用。①利用业余时间参与管理。庭院生态工程能够较充分地利用家庭各位成员的业余时间，使其参与管理，提高时间利用率。②寒季农闲时间的充分利用。在北方地区，寒季近半年时间农民无活干，实施庭院生态工程建设，可以使冬闲变冬忙。因为冬季庭院生态系统内外温差大，防寒管理、换气时间等要求比较严格，需要精心管理。

（5）信息资源的高效利用　庭院生态系统涉及养殖、种植、微生物学多方面应用技术，开发的新成果都可以对该系统生产率的提高起促进作用。近年来，科学养鸡、养猪及瓜果蔬菜新品种培育等成果的应用，大大提高了庭院生态系统的生产率和经济效益。例如：微生物发酵技术的应用使沼气池产气效率提高；沼液喂猪的实验成果为更科学地利用沼液提供了新途径，也使猪的饲料消耗降低、利用率提高。

除高效利用科技信息外，庭院生态系统还可根据市场信息，调整系统内养殖、种植结构，生产出市场上的短缺产品，丰富市场商品，提高社会效益。因此，庭院生态系统和信息密切相关，一个优秀的庭院生态系统必须是一个高效的信息利用系统。

（6）能源高效利用　庭院生态系统对能源的高效利用主要表现在两个方面：第一是能源多级利用；第二是能源利用的协同作用（图 9-1）。

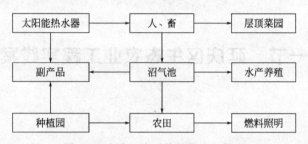

图 9-1　庭院生态系统的能流、物流
（引自杨京平《农业生态工程与技术》，2004）

庭院生态工程中，种植业和养殖业均以合理调控生物种群结构为其核心内容。在庭院生态工程设计与建设过程中，如何巧妙地搭配组成生物种群，最大限度地发挥生物种群间的共生互补关系，最大限度地减弱和克服拮抗作用，组成和谐高效的人工生态系统，是建造庭院生态工程的关键。

第十章

北京市生态农业工程实践案例

第一节　延庆区生态农业工程实践案例

一、概况

延庆区位于北京市西北部，距北京城区 74 千米，东邻怀柔，南接昌平，西与河北怀来接壤，北与河北赤城为邻，京张高速、110 国道、大秦铁路穿境而过，是连接首都北京与河北、山西、内蒙古等西北区域的交通要道。延庆区地处居庸关和八达岭要塞，约在六七千年前就有人类生活和繁衍，自古以来就是北方游牧民族和汉族融合交争的地方。春秋战国时期，延庆属燕国，两千多年来先后建有居庸县、缙山县、龙庆州和延庆县等。1948 年 5 月 19 日，延庆县城解放，属察哈尔省；1952 年，延庆县划归河北省张家口地区；1958 年 10 月，延庆县从河北省划归北京市。

延庆区总面积 2000 平方千米，其中山区 1320 平方千米，占 66%。全区辖 15 个乡镇，376 个行政村，总人口 28.6 万人，其中农业人口 17.8 万人，占 62.2%。

延庆地处北京上风上水，自然条件独特，生态环境优良，旅游资源丰富。延庆三面环山，一面临水（官厅水库），妫河是官厅水库的水源之一，流经区内的白河是密云水库的重要水源。延庆盆地平均海拔比北京城区高 500 米，气候冬冷夏凉，年平均气温 8℃，是著名的避暑胜地，有北京"夏都"之美誉。区内旅游资源丰富，名胜古迹众多，是京郊旅游大区，已开放旅游景区、景点 30 余处。以八达岭、龙庆峡为龙头的旅游产业发展迅速，每年一度的消夏避暑节和冰雪旅游节的影响力和知名度不断扩大，获得"中国优秀旅游名县"和"中国最佳生态旅游县"等荣誉称号。2007年全区接待游人1250万人次，旅游综合收入达到14.64亿元。2008年1~9月份，因受景区改造和奥运会影响，延庆区旅游人数和旅游收入同比有所下降，但奥运会后全区旅游市场迅速回升，"十一"黄金周全区接待游人113.9万人次，同比增长29.2%，实现收入6122.6万元，同比增长20.7%，旅游人数和收入增速均创近年新高。

在北京市城市总体规划中，延庆区是北京重要的生态屏障和水源保护地，是保证北京可持续发展的关键区域。2005年，市委、市政府将延庆等五个区县定位为北京生态涵养发展区。在市政府批复的《延庆新城规划》中提出：到2020年努力使延庆成为首都生态涵养重地、国际旅游休闲名区、现代生态宜居新城。多年来，延庆区委、区政府坚持"生态立县"，把加强生态建设作为突破口，加强生态环境保护和能源资源节约，不断提高延庆可持续发展能力。实施蓝天、碧水、绿地工程，环境质量持续改善，全县林木绿化率每年提高2个百分点，2007年达到70%，被命名为"全国绿化模范县"和首批"国家园林县城"。全面提高环境管理水平，2005年年底在全国率先成为整个行政区通过ISO 14001环境管理体系认证的县。加大农村环境保护工作力度，成为我国北方地区唯一的控制农村面源污染示范区。加大生态环境建设力度，全面实施妫河生态休闲走廊、官厅水库生态库滨带、北山生态观光带、龙庆峡下游森林走廊等四大生态景观走廊建设。加大新能源项目的建设力度，积极开发利用生物质能、太阳能、地热能、风能等可再生能源。官厅10万千瓦风力发电站一期工程（5万千瓦）全部实现并网发电；积极推广地热采暖，深层和浅层地热累计供热面积达47万平方米，占区城供暖面积的9%。2000年，延庆县被命名为首批国家级生态示范区，2008年又被评为国家级生态县。

几年来，延庆区把发展生态经济、循环经济作为主攻方向，重点发展都市型现代生态农业、生态友好型工业和旅游休闲产业，经济保持健康较快发展。延庆区大力调整农业产业结构，加快发展有机、绿色、无公害农业，努力打造延庆农产品的生态品牌，全区58个农产品获得无公害食品认证，17万亩粮食作物、2.6万亩果树、5000亩蔬菜获得绿色食品认证，归原牌有机奶、前庙有机葡萄、大庄科有机蜂蜜和旧县有机蔬菜陆续投放市场。延庆区的蔬菜出口量、奶牛存栏量、无公害农产品数量居全市第一。延庆区积极发展生态友好型都市工业，重点发展农产品加工、服装加工和新能源产业等低消耗、无污染的工业项目，三年来工业产值年均递增25%以上，入库税收年均递增35.5%，两个开发区入区企业质量和效益明显提高。2007年，延庆区地区生产总值52.5亿元，地方财政收入6.6亿元，同比增长65%；地方财力30.5亿元，固定资产投资27.7亿元，城镇居民人均可支配收入17921元，农民人均纯收入8304元，同比分别增长7.3%和9%。

延庆区是国家级生态示范区，北京市生态涵养区，同时也是北京市重要的农副产品基地和出口菜生产基地。这就决定着延庆区的农产品生产必须有利于生态环境的发展，在生产农产品的同时必须能保护或改善生态环境，发展环境友好型农业生产是其必然趋势。发展绿色、有机农产品是深化延庆生态示范区建设内涵的重要手段，是发展循环经济的最佳途径。

延庆区自然和社会经济条件优越，大气、水的质量均达到国家一、二类标准，全区整体土壤环境质量优良，95%的平原地区土壤质量达到国家一级环境质量标准。农业经济基础相对较好，环境友好型农业具有一定的规模，土壤、水源、生物资源和劳动力资源丰富，近年来地方政府积极倡导发展有机农业、生态农业。此外，延庆区位于首都郊区，且民俗旅游业发达，随着健康农产品理念的深入人心，延庆区发展环境友好型农业具有较大的市场优势。

二、环境友好型农业发展状况

延庆区近年来重点实施了农作物秸秆综合利用工程、环境友好型肥料推广工程、病虫害综合防治工程、畜禽粪便资源化利用工程、面源污染检测评价系统工程、农村环境综合治理工程和组织宣传技术培训工程七大生态循环农业工程。通过这些示范工程建设，改善了农业生态环境，促进了环境友好型农业的发展。

1. 减少有害物质的投入，降低了能耗，减少了环境污染

截至2008年，累计推广缓释肥42万亩次，肥料利用率提高到50%，每亩平均节肥10千克，累计减少化肥投入4200吨；累计推广生物物理病虫害综合防治技术25万亩，减少化学农药用量40%以上，累计减少农药用量48吨；安装太阳能高压杀虫灯210盏。大大减少了土壤、大气及水体的化肥、农药污染，有效控制了食用农产品农药残留及硝酸盐含量。

2. 农业废弃物初步得到无害化处理，能源得到资源化高效利用

为推进国家生态示范县和绿色能源示范县建设，近年来延庆区结合社会主义新农村建设进行了大规模的生物质能源开发利用。建成了一批秸秆气化和大型沼气集中供气工程、秸秆成型燃料加工厂等生物质能源项目，推广应用了吊炕、户用沼气池、"四位一体"和"一池三改"模式等多项生态富民技术，使延庆区的玉米秸秆、畜禽粪便等生物质能得到了充分利用，煤、液化气等化石能源的使用导致的环境风险得以降低，极大地改善了广大农村人民群众的生活环境，提高了他们的生活水平，为延庆区生态建设和社会主义新农村建设做出了重要贡献。

目前，已建设生物质气化站26处，推广生物质气化炉1万余台，建设秸秆饲料加工点34个，青贮玉米面积达到8万亩，采用以上综合措施，年处理秸秆16万吨，秸秆资源化利用率达到64%以上；建设沼气工程2.8万立方米，建成年处理鲜粪3万吨能力的畜禽粪便处理厂一座，年总可消纳畜禽粪便5.4万吨，粪便处理率达到14%；形成了以大榆树东桑园、西杏园、岳家营、延庆镇小河屯等为代表的新能源示范村。

3. 生态环境得到明显改善

实施生态环境治理，推广药、草生物覆盖和玉米留茬免耕，使覆盖率达到90％以上，有效地防止了大气扬尘；延庆区水、土、气生态环境质量得到了明显改善；妫水河污染物入库量呈逐年下降趋势。控制农村面源污染示范工程连续被列入北京市第十、第十一阶段大气污染治理折子工程，延庆城区大气二级和好于二级的天气数不断增加，连续四年获得全市第一。生态环境的改善为延庆区发展循环经济，实现经济、社会、生态环境良性循环和协调发展打下了坚实的基础。

4. 提高了农产品品质，种养结合的循环经济已见雏形

延庆区形成了以蔬菜、果品为代表的无公害绿色食品产业。万亩出口蔬菜基地取得了 ISO 14001 认证和英国皇家 UKS 认证；有 20 多万亩干鲜果品，鲜食葡萄在国内多次获得金奖。全区现有 33 个企业的 45 个农产品获得农业农村部无公害食品认证，17 万亩粮食作物、5000 亩蔬菜、26300 亩果树获得绿色食品认证。康庄镇的北京归原农业生态发展有限公司的"归原牌"有机奶获全国第一家有机认证，成为我国第一个通过国家有机认证机构认证的有机牛奶。延庆区松湖果园、北京市延庆区张山营镇前庙葡萄产销协会、北京市延庆区张山营镇玉佛果园、北京市延庆区大庄科乡蜂业产销协会、北京市兴利鹏奶牛养殖中心、北京市绿富隆菜蔬公司、北京祥康和生态农业科技有限公司、北京白羊农场、北京荆条花蜂产品技术开发中心九家农产品生产企业先后又获得了有机食品认证，其中北京市绿富隆菜蔬公司东龙湾基地成为奥运蔬菜基地。初步形成以紫花苜蓿、青贮玉米-小黑麦栽培模式为主的饲草及饲用玉米产业和以奶牛为代表的畜禽养殖产业，种养废弃物得到无害化处理，并形成沼气、生物质气等清洁能源，种养结合循环经济模式已见雏形。

5. 有机农产品生产现状

（1）有机奶基地　全国第一家有机奶——"归原"有机奶产地位于延庆区康庄镇兴利鹏养殖场。2004 年，王占利在中国农业大学教授的指导下，利用当地的资源优势，对原有的 800 头奶牛进行转化。2005 年 12 月，基地获得北京陆桥质检中心颁发的"有机食品转换认证"，由于奶牛属于活性个体，新陈代谢比较快，6 个多月的时间便转换完成。2006 年 7 月，北京归原生态发展有限公司获得全国第一个在奶牛业方面的"有机食品认证"证书，成为全国唯一一家通过认证的有机奶生产基地。2006 年 10 月，"归原"有机奶上市，填补了国内液态有机奶的空白。有机奶供应首都各大使馆，进入北京燕莎、家乐福等超市，销往山西、上海等地，短短 4 个月，有机奶销售 12 万千克，收入 200 万元。

（2）有机蜂蜜基地　至 2006 年底，大庄科乡 18 万亩蜜蜂养殖基地及 87 吨蜂产品获得了有机认证，张山营镇荆条花蜂产品技术开发中心 9 万亩基地及 404 吨蜂蜜和蜂王浆获得了有机认证。

（3）有机葡萄基地　前庙村是延庆区葡萄种植专业村，主要有红地球、里扎马

特等 10 余个品种，近年来一直被称为绿色无公害食品基地。从 2004 年开始，村里瞄准了有机食品的市场前景，开始了有机转换工作，准备打造北京市有机葡萄基地。2006 年 9 月 2 日，前庙村 700 多亩红地球葡萄获得了国家有机产品认证证书，成为名副其实的有机葡萄基地。

　　(4) 有机蔬菜基地　到目前为止，延庆区已有 1200 亩蔬菜生产基地，生产的 30 余种反季节蔬菜获得有机转换认证（图 10-1）。

图 10-1　延庆有机蔬菜生产基地

　　(5) 有机苹果基地　2006 年年底，张山营镇松湖、玉佛两个苹果园共 320 亩基地获得有机转换认证。2008 年，八达岭里炮苹果园、香营辛庄堡杏园和旧县三里庄杏园等观光园和重点果园也申报了有机转换认证。

三、生态循环农业示范基地建设

　　延庆区有机农业、生态农业基地近年来发展很快。迄今为止，延庆区已经形成有机农业基地 4 个，有机转化基地 6 个，主要集中在旧县镇、张山营镇、康庄镇、沈家营镇和大庄科乡 5 个乡镇，遍及山前平原和盆地等不同地形区，成为首都重要的蔬菜，葡萄、苹果等干鲜果品，牛奶等有机农产品的产地。2004 年，延庆区被原农业部认定为"全国无公害农产品（蔬菜）生产基地"，被市政府确定为"首都北菜园"。

　　北京绿富隆农业股份有限公司是延庆区发展有机蔬菜生产的重点企业之一，公司成立于 2002 年，注册资金 3300 万元，是由北京绿富隆菜蔬公司等单位发起设立的现代股份制企业，实行总经理负责制，以蔬菜种植、加工、销售、出口作为公司主营业务。公司下属企业有：蔬菜批发市场、蔬菜出口加工厂、农产品超市、特产展销中心、蔬菜包装厂、蔬菜花卉研究所等。公司所属东羊坊有机农业示范园 1000 亩基地和东龙湾有机农业基地（图 10-2、图 10-3），已经获得有机转化认证和有机认证，正在进行有机蔬菜生产。公司已通过 ISO 9002、ISO 14001 认证，被认定为"北京市农业产业化重点龙头企业"，连续被评为"北京京郊外贸出口先进企业"，被原国家外经贸部认定为"全国园艺产品出口示范企业"，"绿富隆"商标被认定为"北京市著名商标"，被国家商务部授予外贸进出口经营权，是 2008 年北京奥运会奥运蔬菜供应企业之一。

图 10-2 绿富隆公司东羊坊有机农业基地   图 10-3 绿富隆公司东龙湾有机农业基地

2008 年 10 月，绿富隆公司东羊坊有机农业示范基地开始规划建设生态循环型农业基地示范园，示范基地占地面积约 120 亩，于 2009 年 3 月动工建设。该基地以循环经济的"3R"（即减量化、再利用和资源化）为基本原则，以生态循环为主线，对环境友好型农业的各种技术进行集成与示范，促进首都有机农业、生态农业、循环农业发展技术的集成和整合，为全社会发展生态循环农业提供实践经验，收到良好的社会效益。

延庆区有机生态循环型农业基地循环模式如图 10-4 所示，示范区划分为有机农业种植区、节水技术示范区、沼气与堆肥工程区、林下经济展示区、集水技术景观展示区、蚯蚓养殖区以及科普展示区等。有机农场内产生的畜禽粪便通过基地内的沼气工程和堆肥工程进行处理，产生的沼气主要供给日光温室的冬季采暖和园区餐饮作为燃料，沼液和沼渣、作物秸秆、畜禽粪便、废弃菌棒、蚯蚓粪等进行堆肥化处理，生产有机肥作为肥料供给园区内的果园、蔬菜等种植区使用。初步形成一个良性循环的生产系统，从而在有机农业基地内最大限度地实现物质循环、养分循环和能量的高效利用。图 10-5 是示范基地规划图。

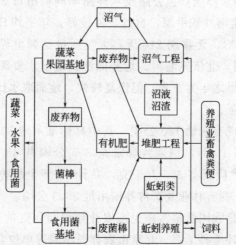

图 10-4 延庆区有机生态循环型农业基地循环模式

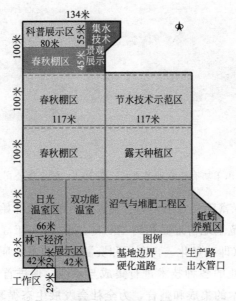

图 10-5　延庆区有机生态循环型农业基地规划

第二节　北京留民营生态农业实践案例

一、概况

北京留民营生态农场位于北京市大兴区长子营镇留民营村，交通便利，距北京市区 25 千米，其北距京津唐高速公路及六环路马驹桥出口 3 千米，南距 104 国道 4 千米。该地地处永定河冲积平原，自然条件较好，年平均日照时数为 2771.32 小时，平均气温为 11.5℃，无霜期 210 天，大气质量达到世界卫生组织标准。该地海拔 19 米，南邻凤河，北依凤港河，地势低洼，地下水资源丰富，常年地下水埋深在 1.5 米左右，大旱之年为 5 米，但恢复较快，地面取水比较方便。基地土壤为二合土，保肥能力较强。

留民营生态农场现有土地 120 公顷，其中高标准菜地 33.3 公顷，含温室蔬菜 6.4 公顷共 96 栋（图 10-6），钢架大棚蔬菜 3.3 公顷共 45 栋，现代化联栋温室 1800 米²，年产各类优质蔬菜 300 万千克，共计 60 多个品种。此外，基地还种植粮食作物 53.3 公顷，拥有林业及畜禽养殖用地 33.3 公顷。

留民营生态农场是我国最早实施生态农业建设与研究的试点单位。自 1982 年以来，先后与北京市环境科学院、北京市农林科学院等单位合作，大力发展生态农业，按照生态学原理，通过调整生产结构，开发利用新能源，实现经济效益、环境

图 10-6　留民营有机蔬菜温室

效益和社会效益的协调发展，不但形成了以沼气为中心，串联农、林、牧、副、渔的生产系统（图 10-7），而且还建成了一种、二养、三加工、产供销一体化的生产系统。留民营是第一个获得国际生态学界和联合国环境规划署正式承认的中国生态农业村，是京郊地区乃至全国农村的涉外窗口。

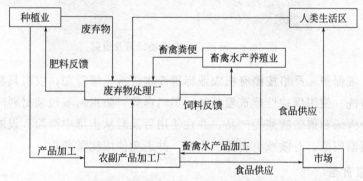

图 10-7　留民营环境友好型农业生产体系

　　当地政府及农场非常重视环境友好型农业生产。1995 年，留民营开始发展安全食品并逐步推动有机食品的生产，形成生态循环农业链条。现在畜禽养殖和农产品都达到了安全食品的标准，蔬菜产品得到了有机产品认证，是北京地区有机食品认证最早、面积最大的有机农业生产基地。为了进一步推动有机农业的发展，2004年起，在当地政府的倡导下，留民营生态农场与北京市农林科学院植物营养与资源研究所合作，共建有机农业示范区，在更大范围内发展有机生态循环型农业。该示范基地建设了有机农业示范核心区、有机农业生物能源转换区、农业有机废弃物生物处理区、有机果树观光采摘区、有机农业体验区等 7 个功能区，具备有机食品生产、生态环境旅游观光和有机农业示范培训等多个功能。

二、有机农业实践

　　北京留民营生态农场在有机农业生产中将有机认证标准作为技术管理的依据，

在蔬菜栽培、植保、土肥等方面采用了许多结合本地特色的技术措施。

1. 环境保护措施

（1）对基地的水源环境进行改造　基地有机蔬菜栽培水源为地下水，为此，铺设地下管网 1500 米，打专用农用机井，建机井房，确保水源保护不受污染的同时把基地建成节水型农业基地。

（2）保护大气环境　主要措施是对基地的田间道路进行修整，先后共铺设水泥路面 7800 米^2（图 10-8），避免各种车辆行驶的扬尘污染；禁止烧荒。

图 10-8　留民营生态农场绿篱及道路

（3）土壤保护　严格按照有机农业标准要求进行土壤管理；农机具耕作前，进行严格的清洗；使用保护性建筑覆盖物、塑料薄膜、防虫网等包装材料时，只选择聚乙烯、聚丙烯和聚碳酸酯类产品，并在使用后及时从土壤中清除；设施栽培条件下，进行高温闷棚，有效减少病源、虫源，并避免使用化学药物。

2. 健康育苗

培育无病虫害、健康壮苗是有机栽培的基础。该基地采用基质进行穴盘育苗（图 10-9）。穴盘经 0.2% 高锰酸钾进行消毒后使用，所有基质采用远郊山区无污染的草炭土，并配合部分蛭石、沼渣等混配而成，创造良好根际理化条件及肥力基础。育苗所有种子经温汤浸种后播种。

图 10-9　留民营有机蔬菜基地穴盘基质育苗

3. 植保措施

首先，选用抗病品种。基地按要求购进优质籽种，种子质量符合有机产品国家标准要求，避免假冒伪劣及转基因种子流入基地，保证种子的纯度及环境适应性。此外，采用经过高温消毒的基质进行育苗，防止蔬菜作物苗期病虫害的发生。

其次，禁止使用化学农药。不仅建立了相应的规章制度、奖惩措施，还从进药到使用切实落实到人并加以科学指导。现在基地全部使用生物农药和生物菌药。另外，为提高病虫草害的防治效果，基地还采取了高压汞灯（图 10-10）、防虫网、黄板等措施，取得了良好的效果。

图 10-10　留民营生态农场高压汞灯

4. 废弃物循环利用和土壤肥料、 水分管理措施

20 世纪 80 年代初，留民营开始实行统一供气，农场养殖场产生的粪便投入沼气池，实现系统内的循环（图 10-11）。目前留民营年产沼渣、沼液 5000 米^3，是有机蔬菜生产的主要肥源，其中沼渣既可用作底肥，也可以作追肥，而沼液主要用作追肥。此外，产生的沼气供给农户使用，省电、省煤，节约了能源。为了提高有机肥的易用性及实现当地养殖废弃物的全面处理，2005 年，留民营生态农场又建成了一座年处理能力 1 万吨的有机肥厂，丰富了蔬菜的有机肥源。为了实现肥料的科

图 10-11　留民营农场沼气发酵设备

学应用，基地与北京市农林科学院合作，测土施肥，进行有机肥料的精量应用。采用北京市农林科学院植物营养与资源研究所的养分速测专利技术，快速获得土壤、植株的养分状况信息，当场给出施肥建议。

为了创造良好的土壤结构和提高灌溉效率，滴灌技术在留民营生态农场得到全面推广。2009年，通过与北京市农林科学院植物营养与资源研究所合作，留民营有机农业示范区建成一套滴灌能力 60 米³/小时的沼液灌溉系统（图 10-12），通过沼液滴灌（管灌）施用，实现沼液的资源化利用并解决有机农业的追肥难题。该灌溉系统采用工程过滤与过滤器相结合的方法成功将沼液与沼渣分离，并应用相关技术解决了沼液的无堵塞过滤难题。应用该技术后，沼气工程排放的大量沼液可经处理后通过灌溉施肥应用到蔬菜种植中，不但可以减轻因沼液排放造成的环境污染，还可以提高有机蔬菜的产量和品质，提高水肥的利用效率。

图 10-12　留民营沼液灌溉系统

5. 轮作及间作措施

该生态农场蔬菜种植面积大、种植品种多，有利于蔬菜轮作和间作技术的实施。全园区种植计划由基地技术指导员统一安排，充分考虑每一个温室、大棚以及露地的上下茬作物情况，做到不重茬，即使是类型相近的蔬菜上下茬也不安排在同一块菜地上种植。某些果茶与速生叶菜的间作也得到了普遍推广。

三、效益分析与推广应用前景

北京留民营生态农场发展有机蔬菜多年来，积累了丰富的生产、管理经验，同时也获得了显著的经济效益、社会效益及生态效益。

1. 经济效益

留民营基地生产的有机蔬菜绝大部分进入超市销售，其价格为常规蔬菜的 3～4 倍。而蔬菜的产量由于受到肥料养分供应、植保措施等方面的局限略有下降，通常减少 10% 左右。肥料、病虫害防治等的成本也增长 30%～40%。综合而言，扣除成本增长、产量下降等影响，整体效益还是较常规栽培有显著增长。当然，在特殊条件下，也存在着局部病虫害难以控制而导致作物提前拉秧的现象，产量下降较多。但整体而言，其发生概率所占比率较低，通常低于 5%，所以，有机栽培的经济效益显著高于常规栽培。当地从业村民的收入也有较大幅度的提高，公司职工年人均收入达到了 2 万元。

2. 社会效益

除经济效益外，北京留民营生态农场的社会效益也很好，主要表现在 3 个方面。①带动当地旅游事业的发展：基地提供有机蔬菜采摘的服务，到留民营生态农场参观考察的游客常年络绎不绝。②促进有机农业科普工作的开展：基地通过向学生、游客、市民及参观考察人员介绍有机蔬菜栽培加工技术和有机生态循环型农业理念，促进了有机农业科普工作的开展，提高了社会各阶层人士对有机农业的认识，激发了环境保护的热情，并增加了消费者食用有机产品的信心。③是有机栽培技术的重要示范基地：留民营农场的沼气站、有机肥厂、系列有机植保设施及其运作现场，给来留民营交流学习的人员提供了很好的示范场所和环境。

3. 生态效益

发展有机蔬菜，使留民营的养殖废弃物得到了充分的资源化再利用，避免了废弃物对环境的污染。实行严格的有机蔬菜生产，更进一步创造了良好的生态环境，推动了留民营有机、生态、循环农业的发展。最近的调查研究发现，留民营有机蔬菜基地土壤硝酸盐的累积量尚不到常规蔬菜栽培基地的 1/5。这些不仅为产地当地老百姓提供了良好的生活环境，同时也为有机蔬菜的质量提供了有力的环境保障。

4. 推广应用前景

北京留民营生态农场的发展取得了成功。这种以公司为主导，将有机蔬菜服务于国内市场市民需求的模式在我国尚有较大的发展空间。首先，公司（企业）是市场反应最敏感、迅速的单元，可以快速地反馈市场行情，从而更好地有针对性地组织蔬菜生产和加工。其次，随着生活水平的提高和宣传力度的加大，我国居民对有机食品的认知度也在逐渐增强，国内市场空间也在不断扩展过程中。当前国内有机食品的消费量还较少，即使在北京这样的大城市，一些超市销售的蔬菜中有机蔬菜所占份额还较小，因此潜在市场较大。

第三节　北京蟹岛生态农业实践案例

一、概况

北京市蟹岛绿色生态度假农庄位于北京市朝阳区金盏乡，占地 200 余公顷

（3000余亩）。其中，90％左右的土地用于有机农业生产，10％左右的土地用于发展旅游业。为了寻求最大的经济效益，公司自成立以来，始终坚持可持续发展理念，以有机农业为依托，以休闲度假为手段，开创了"前店后院"和"农游合一"的蟹岛特色，构建了种植、养殖、旅游和休闲为一体的循环发展模式（图10-13），实现了资源高效利用、生态保护与经济发展的共赢，构建了一个生态结构比较完善的复合生态系统和综合性农业产业化基地，生产的产品获得有机食品认证。北京蟹岛先后被中国环境科学学会授予"北京市绿色生态园"和"北京市农业产业结构调整重点试点示范单位"，被全国工农业旅游示范点评定委员会授予"全国农业旅游示范点"荣誉称号。

(a) 游客嬉戏荷花池　　　　　　　　　(b) 富有特色的瓜菜长廊

(c) 林地养鸡　　　　　　　　　　(d) 游客采挖花生

图10-13　观光农业、有机农业于一体的蟹岛模式

作为一家以生态农业观光旅游为依托，致力于发展有机农业、循环农业，以持续发展为目的的生态环保型企业，蟹岛自创建伊始就自发地确立了经济增长与环境保护同步发展的战略思想，始终坚持"有机、环保、可持续"的经营理念，并依靠科学技术，采取各种有效措施与手段，改善生态环境、提高资源利用率，发展生态农业，努力转变导致资源过度消耗、环境不断恶化的传统生产方式，建立了较为完整的循环经济模式。公司在发展建设过程中，深刻体会到只有发展循环经济，建立物种多样化，才能降低农业的生产投入，充分利用各种资源，节约不可再生资源的利用。

二、生态循环农业模式

蟹岛的产业化模式是以生态农业为轴心，依据生物链原理，把园区中的种植业、养殖业、水产业、微生物工程、再生能源、水资源利用、农产品加工与销售、餐饮住宿、旅游会议等产业构建成为相互依存、相互转化、互为资源的循环系统，实现了作物、动物、微生物之间的生态平衡，建立了一个比较完善的循环经济产业模式，是一个环保、高效、和谐的经济生态园区。此外，蟹岛绿色生态度假农庄不仅在农业生产系统内部形成了物质循环综合利用的模式，而且建立起了农业生产与旅游服务业之间相互依存的互动模式，形成了独具特色的循环经济模式。

蟹岛环境友好型农业模式不同于普通的观光农业，在发展中始终坚持循环经济的理念。蟹岛农业生态系统以其自然地域范围为系统边界，包括农田系统、养殖业系统、沼气池、污水处理系统、旅游食宿五个亚系统。图10-14是蟹岛环境友好型农业系统结构，农田系统作为初级生产者分别为初级消费者（畜禽养殖、水产养殖）和次级消费者（人）提供饲料和食物，消费者排出的废物又通过分解者（沼气发酵）的作用为农田提供有机肥料，同时获得沼气能源。这样的循环结构充分利用了生产者的植物性资源，提高了系统内部废物的循环利用率，同时也加强了各亚系统之间的联系，增强了系统的稳定性。

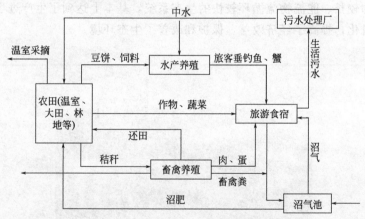

图 10-14　蟹岛环境友好型农业系统结构

1. 城乡循环

蟹岛改变了传统农业将农产品输出到城市地区销售的模式，建立了农业生产与农业观光联动的经营模式，吸引城市居民到蟹岛进行消费。消费者（城市居民）在蟹岛度假村不仅可以欣赏农村的田园风光，而且能够参与农事活动，体验农家风情，品尝蟹岛生产的有机农产品，享受蟹岛的优质服务，可以说是一次内涵丰富的农业观光休闲之旅。而对生产者（乡村）来说，这种将消费与生产环节紧密联系的经营模式，不仅可以减少农产品的运输成本，通过加工和服务提高农产品的附加价值，而且可以增加就业岗位，提高农民收入。企业还可以在接待游客的过程中有效地接受消费者对农产品生产、加工乃至服务环节的消费反馈意见，改进生产，提高服务质量，增加经营效益。这种城乡互利的经营模式从某种意义上讲也实现了城乡物质文明和精神文明的互动，实现了城乡协调、共同发展的良性循环。

2. 产业链循环

蟹岛将种植业和养殖业结合起来，将生产、加工和消费结合起来，以农业生产为基础，发展农副产品加工业和农业旅游服务业，建立资源高效利用的生态型产业循环链。

3. 以沼气为纽带的物质循环

在吸收传统农业精华和现代农业先进技术的基础上，蟹岛广泛开展农业资源综合利用，通过沼气技术（图 10-15）带动粮食、蔬菜、果业、畜牧业、渔业等各产业的发展。它以度假村养殖场畜禽粪便、农作物秸秆、度假区人粪尿以及可利用的垃圾等为原料，生产沼气为旅游业提供清洁能源，为污水处理提供发电动力，生产沼肥为种植业提供肥源和杀虫剂、杀菌剂。同时，以农产品为饲料发展养殖业和渔业，从而达到物质资源多级利用的目的，是集能源、生态、环保及农业生产为一体的综合性利用形式，实现了产气积肥同步、种植养殖并举，建立起生物种群较多、食物链结构较长、能流物流循环较快的生态系统，基本上达到了生产过程清洁化和农产品有机化，提高了经济效益，保护和改善了生态环境。

图 10-15　蟹岛沼气发酵设备

4. 水资源循环

蟹岛旅游度假区的污水日平均产生量约为 800 米^3，节假日旅游旺季，蟹岛每天的污水排风量在 1200 米^3 左右。为实现水资源的循环利用、减少污水对周边环境的影响，蟹岛生态度假村积极主动采取措施对污水进行无害化处理并实现资源化利用（图 10-16）。根据度假村的环境容量和发展规划的要求，2002 年蟹岛生态度假村建设了一个日处理污水 2000 米^3 的污水处理厂，采用悬挂链曝气污水处理工艺，度假村产生的生活、生产污水全部都在此进行处理。

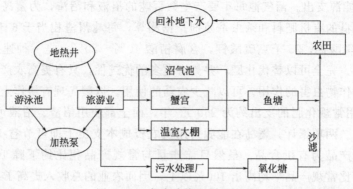

图 10-16　蟹岛水资源循环利用

经过污水处理厂处理后的中水排放到 170 亩的氧化塘中。在氧化塘中，藻类、芦苇和其他水生植物等通过摄取处理后污水中过量的有机污染物和营养物质进行生产；各种浮游动物、鱼、蟹、鸭等食用藻类和其他水生植物，使得各种营养物质如有机磷等在食物链中逐级传递、迁移和转换，降低了水中的 COD 及 BOD（生化需氧量）含量，防止水体富营养化；而细菌和真菌等分解者将有机污染物、动植物废弃物等分解为各种无机元素。通过这种食物链中各营养级的联系和传递，达到进一步净化污水的作用。

从氧化塘出来的水经灌溉明渠引入长 80 米、宽 50 米、厚 50 厘米的沙床再次进行过滤，过滤后的水已完全符合农田水质灌溉标准和渔业用水标准，用于灌溉农田、菜地、林地等，补充地下水，实现水资源的循环利用，营造了一个安全卫生的自然环境。

5. 地热资源多级循环

蟹岛生态度假村充分利用现有的地热资源的优势，在度假区打有两眼 2400 米深的地热井，出水温度约 67℃，出水量共 100 米³/小时。地热水分为两条主线，一条供应游泳池和洗浴中心，另一条供应度假村冬季取暖，代替空调和城市集中供暖。当地热水温度降为 40℃ 左右时，则分为三部分：一部分通过管道输入到沼气池，作为发酵增温使用；还有一部分输入到蟹宫；最后当地热水温度降为 20℃ 左右时，地热资源已经得到充分利用，但地热水还可以作为水资源排放到农业生态系统，用于鱼塘养鱼和农田灌溉。这样，蟹岛生态度假村对地热资源进行了多级利用，取代了使用燃煤或燃油锅炉供热供暖，节约了同样热值的不可再生资源，为蟹岛经济效益和生态效益的协调发展打下了基础。

三、效益分析与推广应用前景

目前，蟹岛建立了完整的循环系统，所以经济效益是综合的，包括沼气池的效益、农产品的效益等。沼气通过管道作为度假区餐厅的燃料，一年可为度假区节省 100 万元的能源支出。沼气池每年要产生数百吨的沼液和沼渣，为蟹岛生产有机食品提供了优良的有机肥料和杀虫杀菌剂。据测算，每吨沼渣相当于 6 千克硫酸铵，100 千克过磷酸钙，25 千克硫酸钾，含腐植酸 10%～20%，是一种速效和迟效兼备的有机肥，完全可以替代化肥，并具有更多的优越性，具有提高农产品的品质和产量、抑制作物虫害的作用，可以减少农药的使用。以蟹岛现有耕作土地计算，每 667 米^2 使用常规化肥的支出约为 250 元/年，而全部使用沼渣、沼液可节省 60 余万元的支出。两项累计，蟹岛在能源费用及农资成本支出上即可节省 160 余万元。由于生产的产品为有机食品，虽然目前产量与常规产品相比约下降 10%～20%，但其价格却比常规产品平均高出 100% 以上，因而农业的总收入提高了 80% 左右。

蟹岛将农业与旅游度假、可再生能源的开发与废弃物的综合利用、农业污染防治与有机农业生产以及农业生产与农产品加工等有机结合起来，减少了废弃物的排放，取得了良好的环境效益。开发有机食品是劳动密集型产业，可以解决劳动力就业问题。同时，利用粪便等废弃物作沼肥，可以杀死粪便中的病原菌、寄生虫，防止了粪便恶臭对环境的影响和对人畜健康的危害，确保农产品的健康，增强土壤的保水、保肥能力，既保证了基地有机肥料的来源，又避免了因使用化学肥料而降低土壤的质量。

根据循环农业思想并结合当地实际，蟹岛通过各种环保基础设施建设、运作模式创新、指导理念转变，逐步建立了一整套科学、完善的促进农业可持续发展的循环经济体系。公司在政府的支持下，将发展循环经济纳入了长期发展战略，不仅实践和完善了宏观循环经济理论，而且大大增强了企业的竞争力。2004 年，公司接待游客 100 万人次，实现产值 2 亿元人民币，其中 85% 的原料来自系统内部，极大地节约了系统外来物质带来的消耗，构建了完整的有机农业体系，使农业的生产成本降低了 35%。实践证明，蟹岛生态循环农业体系的建立不仅使蟹岛取得了显著的经济效益，而且在农业观光旅游中也形成了鲜明的特色。推广实施后，对全国资源利用、环境保护和经济发展都具有重要的促进作用，其显著的社会效益值得肯定和借鉴。

第四节　德青源以沼气为纽带的循环经济建设

一、德青源万户绿色燃气供气工程

北京德青源农业科技股份有限公司是国内领先的生态农业企业，年产鸡蛋 5 亿枚以上，是国内最大的品牌鸡蛋生产企业。

德青源公司成立于 2000 年 7 月，从创立至今一直秉承"以德为先，质量为本，生态农业，品质生活"的经营理念，开创可持续发展的生态农业模式，引领农业产业化，为消费者提供高品质的绿色食品。

公司建在北京市延庆区张山营镇的生产基地——德青源（北京）生态园，是一个集种植、养殖、食品加工、能源工业为一体的循环经济示范园。它不仅是世界一流、亚洲最大的现代化蛋鸡养殖生产基地和蛋品加工基地，而且有亚洲最大的沼气发电项目，也是第一个将沼气发电并网国家电网运行的项目。公司的生产实现了真正的零排放：每年产生的 7 万多吨鸡粪、20 万吨污水全部被收集起来生产沼气。这不仅解决了鸡粪和污水可能造成的环境污染问题，而且减少了 8.4 万吨二氧化碳的排放。公司以鸡粪为原料生产的沼气可供园区本身和周边 500 个农户取暖和做饭，沼气发电还能够提供 1400 万度电力并入华北电网使用。发酵后的沼渣、沼液又是宝贵的肥料，用于种植有机蔬果和玉米。通过这样的循环农业模式，德青源实现了整个生产过程中资源的最优配置和最低成本投入：前一环节的废弃物作为后一环节的原料，不产生需要外排处理的废弃物。同时，循环过程又提高了产品的产量和品质。在此基础上，公司形成了一条集"生态养殖—食品加工—清洁能源—有机肥料—有机种植—订单农业"于一体的完整的循环经济产业链。

德青源北京生态园先后被评为国家高新技术产业化现代农业示范基地、国家"十五"科技攻关示范基地、全国农业标准化生产综合示范区、国家星火计划示范基地、北京市农业标准化示范基地。公司通过了 ISO 9001、ISO 14001、HACCP 质量食品安全环境体系认证，并被评为全国食品安全示范单位、农业产业化国家重点龙头企业、北京农业现代化先进龙头企业和中关村科技园区百家创新型试点企业。

作为我国最大的蛋品生产企业、中国蛋品第一品牌，公司每年向北京、香港、上海、深圳等城市提供 5 亿枚高品质鸡蛋和 200 万只蛋鸡，解决了 200 万消费者对高品质鸡蛋的需求。德青源在鸡蛋生产的每一个环节都实施高标准的国际质量管理体系，所出品的每一枚鸡蛋都经严格检测合格后方可上市，因此深得广大消费者信任和青睐。根据 AC 尼尔森 2009 年 9 月市场研究结果，德青源生态鸡蛋在北京品牌鸡蛋市场占有率高达 68%，是消费者最信赖的鸡蛋品牌。

凭借其优秀的产品品质和卓越的市场表现，2008 年 9 月 18 日，德青源一举夺得世界蛋品行业最高奖——"全球水晶鸡蛋奖"，成为当之无愧的蛋品世界冠军。同时，作为北京 2008 年奥运餐饮供应基地，德青源承担了 2008 年北京奥运会 4 个主场馆——鸟巢、水立方、奥运村、新闻中心以及所有奥运协议酒店的蛋品供应工作，圆满地完成了奥运会和残奥会蛋制品供应任务。

2010 年 3 月，德青源被北京市工商业联合会和北京市商会等联合授予"二零零九年度绿色企业"，这说明德青源所秉承的循环农业模式越来越受到社会的认可。

作为一个负有社会责任感的企业，德青源不仅为消费者提供高品质的绿色食品，保证食品安全，更是绿色生态循环经济的倡导者和引领者，是以科技倡导健康生活并推动社会进步的先行者。

近年来，社会主义新农村的建设已成为全国社会生活中的焦点，2007年初中央发布了《关于积极发展现代农业扎实推进社会主义新农村建设的若干意见》，提出农业对国民经济的意义已经不再是传统的农产品供给，更反映在环境保护和人与自然的和谐发展方面，体现在农业的多功能性上。2006年还出台了《国家农村小康环保行动计划》，国务院也出台了《关于落实科学发展观加强环境保护的决定》，指出在农业生产中大力应用科技的力量，大力发展循环经济，发展现代生态农业，建设社会主义新农村，提高农民收入，实现可持续发展。2007年7月，农办计〔2007〕37号文件，原农业部办公厅和国家发改委办公厅在"养殖小区和联户沼气工程试点项目建设方案的通知"中明确提出发展沼气工程是治理养殖场畜禽粪便污染的关键环节。

德青源公司的沼气发电项目，在其已经结束的一期工程中，年产沼气10万立方米，并伴随产生沼渣约1万立方米/年，沼液9万立方米/年。在其规划的二期工程当中，拟利用北京德青源生态园大型沼气工程产生的已有沼液，添加入秸秆（主要是玉米秸秆）作为原料进行二次发酵制沼气，每年可产气460万立方米，处理秸秆16425吨，新增沼渣1万余立方米。因此，两期工程共计可每年产生沼渣2万余立方米，沼液9万余立方米。

张山营镇地处延庆区西北部，背靠国家级自然保护区松山，1998年，张山营镇被确定为国家级生态示范区。以张山营镇的德青源养殖示范基地为中心，利用其沼气发电工程产生的附属产物沼渣和沼液，给周边的果园进行施肥灌溉，建设标准化的有机果品生产基地。此举沼渣、沼液的综合利用不仅有利于促进农业增效、农民增收，而且在改善生态环境方面也有极其重要的作用。

德青源北京生态园是我国最大的蛋鸡养殖场之一，存栏蛋鸡近300万只。这些蛋鸡，每年可以产生7万多吨鸡粪。形象点说，如果堆积起来，可以把一个标准足球场堆高10米。利用这数量庞大的鸡粪，德青源建设了大型沼气发电和沼气纯化供气母站，成为我国农村清洁能源的一个典范工程。原联合国秘书长潘基文考察后亲笔题词："再生能源，促进可持续发展。"

在建设300万只蛋鸡养殖场时，德青源就将循环经济体系列入重要的考虑内容中。在鸡舍内，全部安装了全自动机械清粪系统，实现了鸡粪日产日清。清理出鸡舍的鸡粪，则通过纵贯全场的地下密闭中央清粪带，将每天的212吨鸡粪直接输送到沼气发电厂。

除了蛋鸡养殖，德青源还进行蛋品加工。在加工中还会产生一些废水（约300吨），主要是壳蛋分级包装车间中的洗蛋废水和液蛋加工过程中清洗管路的废水。这些废水由于含有蛋液等有机质，是非常好的发酵调制水。

沼气发电厂是德青源循环经济体系的核心。它主要包括4座3000米^{3}的主发酵罐，1座5000米³的二级发酵罐，安装了2台1063千瓦的沼气发电机组，实现了热、电、气、肥的联供。每年的产量为700万立方米沼气，用这些沼气发电1400万度，回收相当于标煤4500吨的余热，此外还为当地500农户提供生活用燃料73万立方米，实现了热、电、气、肥联供。

发酵剩余的沼液和沼渣，则用于当地建设万亩有机水果基地和绿色玉米基地。同时，通过订单农业模式，每年可以消纳当地绿色玉米6万吨，使当地农户因此获得收入1亿元。

2011年，德青源又在此基础上开发了沼气纯化供气模式（二期工程）。二期工程主要以一期的沼液，混合基地附近5千米区域内玉米秸秆为原料，每天生产沼气10000米³，经膜提纯后生产高纯度沼气约6000米³。提纯后的沼气，加压到4兆帕，使用压缩天然气（CNG）运输车定期加注到村级气柜中，再从村级气柜通过村级管网输送到当地张山营镇、康庄镇的10100户农村家庭中，使农户足不出户用上热值更优于化石天然气的"生物天然气"。

这种模式的优点在于投资较低，且产品气用途广泛。延庆农村大多属于山区、半山区，地形崎岖，如果直接铺设燃气管道，要完成39个村庄的联通投资需要近百亿元，而采用纯化压缩供气模式，只需要铺设或由现有村级燃气管网和气柜即可实现供气，即使偏僻区域，只要通路就可以通气。而且产品气，其主要成分是纯度≥95%的甲烷，符合国家对天然气设置的标准，不仅农村可用，还可以给CNG汽车或厂矿企业使用，甚至直接并入城市管网，其经济价值与发展潜力都要远远高于发电或直接提供沼气。

该技术也已在江西等地进行了推广应用，部分设备也已在美国试用。

工程总投资1.43亿元，每天消耗45吨秸秆等混合原料，生产沼气（纯度60%）12600米³，经脱硫、脱水储存在气柜中，之后经加压至1兆帕进入两级膜处理系统脱碳后，可制成纯度97%以上的生物甲烷气（CBG）7560米³。CBG气体经二次加压到4兆帕进入中压储气柜。气柜内的中压CBG气，每天灌装到CNG槽车中，利用槽车输送到各村，经减压后灌注到村级气柜中，经村内管线输送到各家各户。CNG槽车运输时采用4兆帕中压运输，一次可输送2000米³燃气。村常压气柜容积一般为200~300米³，灌满一次可满足村民3天左右的用气。项目的设计是可满足延庆区张山营镇、康庄镇39个村庄10100户30000农民的生活用气。

项目主要建设内容：

① 以秸秆、餐厨、粪便等生物质废弃物为原料的沼气工程。包括4座大小各异的发酵罐，可以使用秸秆、餐厨、粪便等生物质废弃物发酵制备沼气，设计日产沼气12600米³。

② 沼气纯化制取高甲烷含量生物燃气。常规沼气经加压进入合力清源甲烷膜提纯装置，该装置高度集成脱水、脱硫、除尘和甲烷提纯等功能，以集装箱形式可实现降低土建费用、安装操作简便、可移动等特点，分离出的甲烷气体纯度可达到

97%以上。

③ 中压压缩运输。提纯后的生物燃气加压，灌装到专用 CNG 运输车内。CNG 运输车为专业燃气运输车，有效容积 2240 米³，一次灌装可满足 2～3 个村庄 3 天的用气。

④ 村镇农户管道供气。在各村分别建设常压气柜和村内燃气管道系统，运输槽车运来生物燃气后，经减压后存入村级气柜（常压），再经由村内燃气管道输送到各家各户。每次送气可满足全村 2～3 天使用。此种模式不需建设大量集中输气管道，且不受山区、半山区地形影响，通车即可通气，大大扩大了集中供气区域。燃气通用性好，既可以供农村户用，又可以满足附近企业、度假村用气，还可以并入城市管网，或者作为 CNG 车用燃料。

二、特大型养殖场以沼气为纽带循环经济模式示范

从蛋鸡养殖开始，包括"生态养殖—食品加工—清洁能源—有机肥料—订单农业—有机种植"六个主要环节。

沼气产出后经脱硫、脱水后储存在 2150 米³ 常压气柜中，由 2 台 1063 千瓦的沼气发电机组转化为电力，经 10 千伏高压线并入国家电网，电效率约 40%。发电尾气导入余热锅炉回收热量并转化为 90℃ 热水储存、利用，提热后的尾气仍有 130～140℃，被导入有机肥厂用于有机肥干燥。沼气的综合电热效率约 90%，每年可发电 1400 万度，回收相当于标煤 4500 吨的余热，此外还可为当地 500 农户提供生活用燃料 73 万立方米。项目每年可实现二氧化碳减排 8.4 万吨，是我国最大的农业 CDM 项目之一。

主要工程内容包括：

① 以纯鸡粪为原料的沼气并网发电工程。以纯鸡粪为原料，经鸡粪自动收集、水解、除砂、匀浆、发酵等过程生产沼气，沼气经脱硫、储存、压缩、发电、并网等过程向华北电网供电。

② 沼液、沼渣有机肥种植试验示范区。包括 8 座蔬菜温室，约 100 亩苹果、樱桃、桃、山楂、梨、李子、枣等北方常见水果。

示范区的建设，主要是考虑当地农户此前未使用过沼液，因此作为一个培训基地使用。示范区内的水果蔬菜均通过了有机认证。

③ 户用沼气工程。张山营镇水峪新村，约 500 户，距离约 500 米，在德青源沼气工程建设后附近拆迁、搬迁过去的，使用德青源管道直通沼气作为炊事燃料、洗澡。

④ 沼液有机肥管道灌溉系统。利用"德青源沼气发电厂"产生的沼液，通过铺设地下管网将其输送到张山营镇西五里营及前庙等村。修建储存池 23 座，铺设沼液管道 9455 米，可以让农户直接使用有机液体肥种植果蔬和玉米面积 7000 亩。玉米经订单收购后返回养殖场作为饲料原料使用，从而实现了一个循环。

⑤ 发电机余热回收利用烘干沼渣生产有机肥。发电机尾气经余热锅炉后，温

度仍有 150℃以上，这部分热烟气，经管道导入有机肥生产车间，作为有机肥烘干用的热源使用。

三、粪污处理资源化——蛋鸡场粪污处理与利用技术案例

北京德青源农业科技股份有限公司成立于 2000 年 7 月，其北京生态园（图 10-17）坐落于北京市延庆区张山营镇水峪新村北 500 米，距北京市中心约 100 千米，存栏海兰褐后备鸡 60 万只，产蛋鸡 200 万只，全部使用层叠高密度笼养模式，是我国最先使用层叠高密度笼养技术的规模化蛋鸡养殖公司。德青源日产鸡粪约 220 米³，鸡粪主要利用完全厌氧混合反应器，集合高浓度中温厌氧发酵技术进行沼气和有机肥生产利用。

图 10-17　德青源北京生态园

1. 蛋鸡场粪污处理与利用技术工艺

（1）利用鸡粪生产沼气技术工艺　德青源利用鸡粪生产沼气技术主要包括鸡舍清粪、鸡粪运输、匀浆水解除砂、倒料、厌氧发酵、二次发酵、沼气脱硫脱水、储气等工艺流程。

① 鸡舍清粪。德青源蛋鸡养殖采用八层层叠高密度笼养模式，每层笼下装有传送带 [图 10-18（a）]，传送带宽 110 厘米，长 90 米。传送带从前到后运行时间约 40 分钟，清粪时可以同时开启 4 层。

② 鸡粪运输。德青源 19 个蛋鸡舍和 13 个后备鸡舍后边均设有鸡粪传送带 [图 10-18（b）]，鸡粪可以从鸡舍直接通过传送带输送到沼气发电厂水解池 [图 10-18（c）]。

③ 匀浆水解除砂。匀浆水解除砂工艺主要在匀浆水解池 [图 10-18（d）] 内进行，匀浆水解池直径 16 米，深 5 米，有效容积 1000 米³。生产及生活污水进入集水池中，根据鸡粪量，配比相应的污水量，进入匀浆水解池后，加水将匀浆水解池内鸡粪浓度稀释到 10%。匀浆水解池内设有除砂装置，鸡粪中砂含量约 10%，通过除砂装置可以除去鸡粪中 90% 以上的砂。

④ 倒料。倒料的主要作用是将水解池中的砂粒除去，并将稀释好的鸡粪转移到进料池，通过进料池进料一方面保证物料的稳定性，另一方面确保连续生产。进料池直径 10 米，深 5 米，有效容积 300 米³。

⑤ 厌氧发酵。厌氧发酵主要发生在厌氧发酵罐（图 10-19）中，厌氧发酵罐有 4 座，直径 15 米，高 18 米，每座容积 3000 米³，鸡粪在厌氧发酵罐内存留的时间大约是 30 天。

图 10-18　鸡粪运输系统

图 10-19　厌氧发酵罐

⑥ 二次发酵。二次发酵主要发生在二次发酵罐中，二次发酵罐直径 25 米，高 8.5 米，有效容积 4000 米³，顶部为膜顶结构，其气体容积 1000 米³。鸡粪二次发酵时间为 7 天，通过二次发酵可以使沼气的生产率提高 10%。

⑦ 沼气脱硫脱水。沼气脱硫脱水主要发生在生物脱硫塔（图 10-20）中，脱硫塔分为两级。一级脱硫塔有 4 座，每座高 12 米，直径 2 米；二级脱硫塔 1 座，高 12 米，直径 4 米。脱硫塔内含有大量无色硫杆菌，沼气通过脱硫塔时在无色硫杆

菌作用下，氧化态的含硫污染物先经生物还原作用生成硫化物或 H_2S，然后再经生物氧化过程生成单质硫，通过两级生物脱硫工艺，沼气中的 H_2S 由 2000×10^{-6} 毫升/米^3 降至 100×10^{-6} 毫升/米^3 以下。

⑧ 储气。通过脱硫脱水后的沼气被储存在双膜储气柜（图 10-21）中，双膜储气柜呈球形，容积约 2150 米^3。双膜储气柜内部储存沼气，内外膜之间与外界大气相通，利用鼓风机鼓气，一方面使储气柜保持一定的形状，另一方面使沼气输出过程中具有稳定气压。

图 10-20 一级、二级生物脱硫塔　　　　　　图 10-21 双膜储气柜

（2）沼气利用技术工艺　目前德青源沼气利用主要有 2 个途径：一是直接用作生活燃气；二是通过内燃机发电。

① 直接提供生活燃气。目前，公司园区员工家属区和附近的新村铺设沼气输送管道 1500 多米，通过沼气输送管道给附近村庄提供生活燃气，同时园区部分生产、生活以及冬季取暖均采用沼气。

② 通过内燃机发电。沼气发电厂（图 10-22）与华北电网联网，沼气通过内燃机所发的电直接输入华北电网，发电厂年发电量约 1400 万千瓦·时。发电机尾气经余热锅炉回收大部分热能后，导入有机肥车间用于沼渣烘干。回收的余热，经二

图 10-22 沼气发电厂发电机房

次热交换转化为 90℃热水，用于发酵罐系统保温、温室大棚保暖及部分办公室的冬季供热。

（3）沼液、沼渣利用技术工艺

① 沼液利用。由于沼气发电厂区域比附近的农田高出百米，沼液可以利用高差直接流到农田附近的沼液池供农户使用，远途可使用车辆运输。每立方米沼液原液中 N、P、K 价值约相当于 44 元的化肥。

② 沼渣利用。鸡粪通过发酵生产沼气后剩余的沼渣通过发电机组尾气余热烘干后，生产有机肥料（图 10-23）。

图 10-23　有机肥料及其生产

2. 组织管理形式与效益

沼气发电厂、有机肥料厂均属于德青源的两个部门。沼气发电厂厂长 1 人，工程师 2 人，其他员工 12 人。有机肥料厂厂长 1 人，其他员工 6 名。德青源每年产沼气约 700 万立方米，发电 1400 万千瓦·时，生产有机肥料 6000 吨。电价按 0.5元/度计；1400 万度电约 700 万元；有机肥料按 600 元每吨计约 360 万元。合计营收 1060 万元。人工成本平均工资按 4000 元/月计，20 人年总工资约 80 万元。如果直接卖鸡粪，鸡粪按照 40 元每立方米计，年销售鸡粪约 320 万元。

第五节　北京海华百利能源科技有限公司循环经济模式

一、北京海华百利能源科技有限公司基本情况

项目牵头单位北京海华百利能源科技有限公司，成立于 2015 年 9 月，注册资金 1000 万元，位于北京市密云区河南寨开发区，是一家从事种养殖业废弃物及城

市餐厨、镇村生活垃圾等有机废弃物资源化处置的大型企业（图10-24）。

图10-24 有机肥生产基地

公司现有员工53名，其中具有大专以上学历专业技术管理人才20人。公司设立办公室、财务部、综合经营管理部、生产部、规划设计部、工程部、市场营销部等职能部门，运转高效。同时，公司有较强的废弃物处理及资源化利用研究团队，在基础科技和工程管理方面具有丰富的经验。公司资产财务状况良好，截止到2016年12月31日，公司资产总额6500万元，净资产6500万元，资产负债率63.34%，2016年实现产值10038.69万元，实现利税总额198.43万元。

公司总占地220亩，其中下设三个沼气场站，日处理废弃物1240吨，日产气量达31600米³，年产有机沼肥5737.5万吨，是北京地区具有较大规模与影响力的致力于循环农业发展的企业。

（1）西康各有机物处置中心 中心于2015年12月29日取得区发改委立项批复，投资6557.25万元，占地约100亩，日处理有机废弃物1000吨。现已建成6300米³厌氧罐2座，3000米³厌氧罐2座，总容积18600米³；6000米³双膜储气柜1座，有机肥生产线及污水处理设施。日处理牛粪尿600吨，日产工业级沼气25000米³，年发电量900万度，日产沼渣138米³，日产沼液480吨，年产有机沼肥3000吨，日处理污水600吨，达到国家排放标准。

（2）河北庄有机物处理中心 中心于2015年11月26日取得区发改委立项批复，占地约20亩，总投资1993.52万元，日处理有机废弃物180吨，总容积3000米³。现已建成3000米³厌氧罐1座，1500米³双膜储气柜1座。日产工业级沼气5000米³，日产沼渣19吨，日产沼液62吨，年产有机沼肥1825吨。

（3）两河有机物处理中心 中心投资1000万元，占地约30亩，日处理有机废弃物60吨。现已建成400米³厌氧罐2座，800米³厌氧罐1座，总容积1600米³；1500米³双膜储气柜1座。日产工业级沼气1600米³，日产沼渣11吨，日产沼液39吨，年产有机沼肥912.5吨。

北京海华百利能源科技有限公司通过以有机废弃物生物处理技术为纽带，建立一个涵盖有机种植—生态养殖—清洁能源—农产加工—有机种植环节的循环农业体系。公司顺应信息时代共享经济发展趋势，发挥企业优势并最大限度协同外部资源，协同国内废弃物处理、利用的优势科研机构共同研究循环农业发展的新模式、新思路、新方法，力争将企业打造为一个由众多利益相关者共同创造和分享价值的有机系统。其中：

① 协同北京农林科学院共同研制了沼液灌溉施肥系统，并研究制定了以沼渣为基肥，以沼液灌溉施肥的沼肥综合利用技术体系。将其作为土壤的有机营养剂，有效地提高了土壤肥力，改善了土壤质量，促进了作物优质、高产。

② 协同农业农村部科学研究所，共同开发了沼气高效厌氧发酵系统，提升了沼气产量与质量，并实现了沼气生产的自动化控制。

③ 协同北京联合大学，共同研制了生物菌及植物灭虫灭菌剂以替代化肥、农药，推动国家减肥、减药政策的实施，促进我国农业绿色、生态、有机发展。

同时，公司还致力于开发林下经济种植及有机绿色生态有机产品，并在京津冀地区得到了广泛的推广应用。

二、项目区域面临的生态环境问题分析

项目建设地点位于北京市密云区西田各庄镇，目前奶牛养殖存栏达到10000头（折合存栏10万头猪当量），日产粪便500吨。牧场粪便产量大，过于集中，如处理不当，容易造成土壤及地下水污染。目前，奶牛粪污通过公司三个有机处理中心的厌氧消化装置得到了有效的处理，并且产生的沼气可以并网发电和供给周边农家烧饭，实现了农业废弃物的清洁化、能源化利用，但是因此产生了大量的沼渣、沼液（年产20万吨）。沼肥作为一种优质的有机肥源，具有良好的肥效，如果处理不当容易造成二次污染，经调研目前区域拥有林地、农田等4万亩，由于长期施用化肥已经造成土壤环境质量下降，农产品产量、质量较低，急需提升土壤肥力。目前，区域缺乏针对以沼肥的高效生产与利用为核心的关键技术与装备的研究，难以实现区域生态环境改善与循环经济发展的目标。

三、生态循环模式设计

本项目以密云西田各庄镇牧场产生的牛粪为处置对象，基于区域已建立的沼气发酵工程，重点研发和完善牛粪沼渣、沼泥和沼液的资源化利用技术和工程，并开展区域的技术推广和示范。项目主要包括以下内容：①牛粪沼渣垫料回用工程；②沼泥好氧发酵堆肥工程；③沼液浓缩液体肥技术；④沼液灌溉施肥系统；⑤沼液污水处理工程。通过以上工程和技术的研发和集成，再结合配套的种植区域秸秆和蔬菜废弃物的堆肥辅料利用，形成"牛粪—沼气发酵—废弃物肥料化还田"的生态循环模式（图10-25），提升区域农业废弃物的资源化利用效率，减轻环境污染。

四、建设目标

通过完善沼泥堆肥生产线，改造沼渣垫料回用生产线与厌氧发酵设备设施，铺

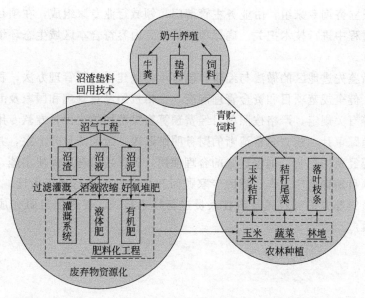

图 10-25　生态循环模式

设沼液输送管道，建立沼液灌溉施肥系统等工程，实现畜禽粪便、秸秆、农产品加工剩余物等资源化利用率达到 90％以上，大田作物使用畜禽粪便、沼渣、沼液和秸秆等有机肥氮替代化肥氮达到 30％以上，农产品实现增值 10％以上，农民增收10％以上，农业生产标准化和适度规模经营水平明显提升，实现资源节约、生产清洁、循环利用、产品安全。

五、建设内容与规模

完善沼泥堆肥生产线一条（年生产有机肥 1 万吨），改造沼渣垫料回用生产线一条（回用率达 50％），改造厌氧发酵设备设施（提高厌氧产气率 20％，年产气量达 700 万立方米），铺设沼液输送管道 5 千米，建立沼液灌溉施肥系统 10 套（管灌5 套，滴管 2 套，小管出流 3 套），灌溉覆盖面积达 2 万亩，建立沼液浓缩有机肥生产线一条，年生产液体浓缩肥 3000 吨。

项目区域总面积 23700 亩，其中耕地 10000 亩（春玉米 9000 亩、蔬菜 1000亩），林地 13000 亩，养殖用地 600 亩，固体废弃物处理中心 100 亩。科技培训农技人员及农民 1000 人次。

六、运行管理机制创新

项目实行责任法人制，项目承担单位法人负责工作计划和实施方案制订，以及解决实施中出现的重大问题，把握研究重点和技术创新，认真组织项目工程安排，及时跟进项目工程进度，保质保量完成预期目标。

项目成立咨询专家组，由业务主管部门、领域行业专家组成，在项目实施、检查、考核过程中进行技术把关，确保项目的研究内容符合本区域生态环境改善和实现项目目标。

　　注重借鉴先进地区的做法与经验，制订示范区建设运行管理办法，积极推行项目化管理，健全规范项目和资金管理制度，严格按照经费管理和国家及北京市相关资金管理等有关规定，严格按照项目经费预算安排费用的支出，专款专用，加强资金使用的追踪审计。建立完善清晰的财务明细账表，定期统计并上报，并按要求落实企业自筹经费的配套，确保资金的合理使用，确保项目有序保质实施。

　　做好项目培训推广工作，借助专家顾问和技术骨干进行现场指导、科技讲座、分发技术资料等方式对农民及科技人员进行技术培训，促进项目研究成果有效转化、快速推广。

▶ 第十一章

生态循环农业的使用技术

第一节　畜禽粪便综合利用技术

一、畜禽粪便堆肥化技术

堆肥化是在微生物作用下通过高温发酵使有机物矿质化、腐殖化和无害化而变成腐熟肥料的过程，在微生物分解有机物的过程中，不但生成大量可被植物利用的有效态氮、磷、钾化合物，而且又合成新的高分子有机物——腐殖质，它是构成土壤肥力的重要活性物质。

畜禽粪便是一种排放量很大的农业废弃物，其有机质含量丰富，且含有较高的N、P、K及微量元素，是很好的制肥原料。畜禽粪便可以用来制造有机肥料和有机-无机复混肥。利用畜禽粪便和农作物秸秆进行高温堆肥是处理畜禽粪便的主要途径之一，是减轻其环境污染、充分利用农业资源最经济有效的措施。各类不同动物粪便有不同的特性。

猪粪尿是一种使用比较普遍的有机肥，氮、磷、钾的有效性都很高。在积存时要加铺垫物，北方常用土或草炭垫圈，南方一般垫褥草。提倡圈内垫圈与圈外堆制相结合，做到勤起、勤垫，既有利于猪的健康，又有利于粪肥养分腐熟。禁止将草木灰倒入圈内，以免引起氮素的挥发流失。

牛粪的成分与猪粪相似，粪中含水量高，空气不流通，有机质分解慢，属于冷性肥料。未经腐熟的牛粪肥效低。牛粪宜加入秸秆、青草、泥炭或土等垫物，吸收尿液；加入马粪、羊粪等热性肥料，促进牛粪腐熟。为防止可溶性养分流失，在堆肥表外抹泥，加入钙、镁、磷矿质肥料以保氮增磷，提高肥料质量。牛粪在使用时宜作基肥，腐熟后才可施用，以达到养分转化和消灭病菌、虫卵的作用，不宜与碱性物质混用。

鸡粪养分含量高，全氮是牛粪的4倍，全钾是牛粪的3倍。鸡粪应干燥存放，施用前再沤制，并加入适量的钙、镁、磷肥起到保氮作用。鸡粪适用于各种土壤，因其分解快，宜作追肥，也可与其他肥料混用作基肥。因鸡粪养分含量高，尿酸多，施用量每平方米不宜超过3千克，否则会引起烧苗。

马粪纤维较粗，粪质疏松多孔，通气良好，水分易于挥发；含有较多的纤维素分解菌，能促进纤维分解。因此，马粪较牛粪和羊粪分解腐熟速度快，发热量大，属热性肥料，是高温堆肥和温床发热的好材料。在使用时应注意：多采用圈外堆肥方式；在不用肥的季节应采取紧密堆积法，以免马粪在堆内好氧分解，使养分流失；与猪粪和牛粪混合堆积，能促进猪粪、牛粪的腐熟速度，也有利于马粪的养分保留；一般不单独使用，可作发热材料；冬季施用马粪，可提高地温；适合作基肥和追肥，但必须彻底腐熟；适合各种作物。

畜禽粪便中养分含量依畜禽种类有较大变化，表11-1数据可供参考。

表 11-1　新鲜畜禽粪便中的养分平均含量[①]　　　　　　　　　　单位：%

养分种类	水分	有机物	N	P_2O_5	K_2O
鸡粪	50	25.5	1.63	1.54	0.85
鸭粪	56.6	26.5	1.10	1.40	0.62
鹅粪	77.1	23.4	0.55	0.50	0.95
猪粪	82	15.0	0.56	0.40	0.44
牛粪	83	14.5	0.32	0.25	0.15
马粪	76	20.0	0.55	0.30	0.24
羊粪	65	28.0	0.65	0.50	0.25

①引自李国学《固体废物堆肥化与有机复混肥生产》，2000。

堆肥是将畜禽粪便和秸秆等农业固体有机废物按照一定比例堆积起来，调节堆肥物料中的碳氮比，控制适当水分、温度、氧气与酸碱度，在微生物作用下，进行生物化学反应而将废弃物中复杂的不稳定有机成分加以分解，并转化为简单的、稳定的有机物质成分。根据处理过程中微生物对氧气要求的不同，堆肥可分为好氧堆肥和厌氧堆肥。前者是在通气条件下借助好氧微生物活动使有机物得到降解，由于好氧堆肥的温度在50～60℃，极限可达80～90℃，所以又称为高温堆肥；后者是利用微生物发酵造肥，所需时间较长。

堆肥不仅仅是堆制材料的腐解和满足作物养分需求，通过堆沤还可达到无害化处理的目的。堆肥过程中的主要管理措施有以下几点。

（1）遮蔽　堆肥应避免风吹雨淋。如果堆肥未建在一个永久性的覆盖物下，可用塑料布或稻草来遮蔽肥堆。若用塑料布作遮蔽物，肥堆只能盖10～14天。在第一阶段发生剧烈发热过程，如遇晴天，要揭开塑料布，以便肥堆透气。稻草能有效地挡雨，用稻草毡遮盖肥堆是个好办法。

（2）腐熟　堆肥腐熟的时间一般为4～6天，腐熟后，如有必要，随时可以撒到田地里。好的堆肥应能被作物轻松吸收且不像未腐熟粪肥那样妨碍根的生长和发育。测试堆肥是否腐熟可使用水芹的种子做发芽试验，如果肥料还未腐熟，水芹就不会发芽。

（3）翻堆　堆肥过程中，需定期进行翻堆，这有助于堆肥过程的再一次进行，可以用机器翻动肥堆（图11-1）。如果没有专门的翻堆设备，翻堆也可用前后装货机和撒粪机操作。

图 11-1　堆肥机械翻堆

（4）场所　最好的堆肥场所是在农家院里或邻近院子的地方。在堆肥以前，原物质没什么气味，要运输的量也很大，而堆肥后只有很少的量。在农家院里堆肥能使肥堆中的流失物很容易再利用。水泥地虽然以最好的方式防止养分流失到地下，但是水泥地价格很贵。如果建立一个永久的地基，就得考虑隔离汇集的雨水，以便使需要保存的流水的量最小。要注意任何操作都不要过多地使用机器。半渗透性的混凝土也能作为堆肥的好地基，这种地基可以减少污染。

（5）污染问题　近年来，由农业生产引起的污染问题已经引起了人们的关注。堆肥所产生的养分流失，加剧了这种污染。粪肥堆应建立在院外，并用覆盖物盖上以防雨淋，最好是地面不透水并能将流出的粪水收集在一个槽内。

堆肥的方法有很多，常用的方法有以下几种。

（1）高温堆肥　在好氧条件下，将秸秆、粪尿、动植物残体、污水、污泥等按照一定比例混合，再混入少量的骡马粪或其浸出物，然后进行堆积。堆积可在地势较高的堆肥场上进行，地下挖几条通气沟，以10厘米（深）×10厘米（宽）较为合适。沟上横铺一层长秸秆，堆中央再垂直插入一些秸秆束或竹竿以利于通气。然后，将已切碎的秸秆等原料铺上，宽3米，长度不限，厚度为0.6米左右，在秸秆上铺上骡马粪，洒上污水或粪水，铺上其他牲畜家禽粪便，然后撒上些石灰或草木灰，如此一层一层往上堆积，使其形成 2～3 米高的长梯形大堆。最后在堆表面覆盖一层 0.1 米的细土，或用稀泥封闭即成。一些农村已建立了专门的堆肥库、堆肥仓，这种设施不仅操作方便、保存养分，而且对环境卫生也十分有利。在堆后 3～5 天，堆内温度显著上升，高者可达 60～70℃，能维持半个月，可保证杀灭其中所有危害人体健康和作物正常生长的病原菌、寄生虫卵、杂草种子。

（2）活性堆肥　在油渣、米糠等有机质肥料中加入山土、黏土、谷壳等，经混合、发酵制成肥料，这是日本从事有机农业生产最常用、最普遍的堆肥方式。

活性堆肥的原料包括有机质、土和微生物材料。有机质可分为动物有机质和植物有机质两大类。从组成的材料来看，原料以氮素原料和磷素原料为基础，氮素成分以油渣为主，磷素以骨粉和米糠为主。米糠的作用除了增加磷素外，更大的价值在于作为发酵的促进剂，其所含的各种成分较为平衡，可很好地促进有益微生物的繁殖，是制造活性堆肥不可缺少的原料。

堆肥原料的比例要根据作物的种类和栽培季节而定。对于氮素量要求大的黄瓜，应多使用油渣与鸡粪；对氮素量要求较少、磷素量要求较多的番茄要少用油渣，多用鱼粉和骨粉；对于要求具有良好口味的草莓等，可多用鱼粉、骨粉等动物有机质。

土是活性堆肥的一个重要原料，在堆肥时混入土，可使活性堆肥产生综合效果。加入土的标准量是全量的 50% 左右。土以保肥力强的山土最为理想。在一般情况下，山地、林地的处女土均可作为堆肥土的来源。禁止使用菜地土、病菌多的土、pH 值在 3 以下的强酸土和混有砂的土。

堆肥主要是用作基肥，一般要配合施用一些偏氮的速效肥料如厩肥、新鲜绿肥、腐熟的畜禽粪便等，施用量一般为每亩施 1～2 吨。用量多时，可结合耕地犁翻入土，全耕层混施。用量少时，可采用穴施或条施的方法。腐熟的堆肥也可与磷矿粉混合用作种肥。无论采用何种方式施用堆肥，都要注意只要一启封，就要及时将肥料施入土中，以减少养分的损失。

二、畜禽粪便饲料化技术

畜禽粪便含有大量营养物质，如未消化的蛋白质、B 族维生素、矿物质元素、粗脂肪和一定的碳水化合物，同时也含有一些潜在有害物质，如重金属、抗生素、激素以及大量病原微生物或寄生虫。所以，畜禽粪便在作饲料时需控制用量或进行加工处理，以保证畜禽的安全。

（1）新鲜粪便直接作饲料　新鲜粪便直接作饲料主要用在那些复合养殖场中，如新鲜的鸡粪直接用来喂鱼、猪和牛。鸡的消化道比较短小，对食物吸收较少，所食饲料中 70% 左右的营养成分并未被吸收而排出体外，故鸡粪中含有丰富的营养物质，可代替部分精料来喂鱼、猪和牛等。鸡粪的成分比较复杂，含有病原微生物和寄生虫等，使用时可用一些化学试剂进行处理。

（2）畜禽粪便加工后作饲料　畜禽粪便不但含有大量的病菌，而且还有大量的水分和极大的臭味，所以必须对其进行灭菌、脱水和除臭处理，以便可以更好地利用。

① 青贮法　畜禽粪便可单独或与其他饲料一起青贮。这种方法经济可靠，投资少或不需投资。该方法能有效地利用畜禽粪便、秸秆和干草等农村废弃物，处理费用低，能源消耗少，产品无毒无味，适口性强，蛋白质消化率和代谢率都能显著提高，间接地节约了饲料费用。青贮后的鸡粪可以喂牛，约 25％、40％ 的牛粪可经青贮法处理后重新喂牛。青贮法中以鸡粪青贮效果最好，猪粪次之，牛粪最差。

② 加曲发酵法　此法是用畜禽粪便和米糠、麦麸等加酒曲和水混合密封制成饲料。如用新鲜鸡粪 70％、麦麸 10％、米糠 15％ 与酒曲 5％，加入适量的水，充分混匀，入窖密封 48～72 小时即成饲料。

③ 干燥法　干燥法是一种简单处理畜禽粪便的方法。此法处理粪便的效率高、设备简单且投资少。干燥法处理后的粪便易于储存和运输，并达到灭菌与除臭的效果。干燥法主要包括自然干燥、高温快速干燥和低温烘干等。

④ 分离法　目前，许多畜牧场采用冲洗式的清扫系统，收集的粪便都是液体或半液体的。如果采用干燥法、青贮法处理粪便，则能源消耗太大，造成能源的浪费。采用分离法，就是选用一定规格的筛和适当的冲洗速度，将畜禽粪便中的固体部分和液体部分分离开来，可以获得满意的结果。过筛的猪粪含 11％～12％ 粗蛋白质，近 75％ 是氨基酸，50％ 的能量是消化能，46％ 是代谢能，近 17％ 的粗蛋白质可被母猪消化。在母猪怀孕期日粮中至少 60％ 的干物质可被这种饲料代替。用这种饲料喂牛，其中的干物质、有机物、粗蛋白质和中性化纤维比高质量的玉米青贮饲料中相应成分的消化率高。

⑤ 分解法　分解法是利用优良品种的蝇、蚯蚓或蜗牛等低等动物分解畜禽粪便，达到既提供动物蛋白又能处理畜禽粪便的目的。此法能得到较好的经济效益和生态环境效益，但前期灭菌、脱水处理和后期的蝇蛆收集以及温度等都较难控制，不易普及。

⑥ 沸石生物处理　沸石生物处理是将有益微生物厌氧发酵技术和添加饲用沸石物理吸附技术相结合，首先让大量的微生物驻扎在多孔沸石中，形成有益微生物占主导地位的沸石生物处理剂。沸石生物处理的饲料各项卫生指标均符合国家有关饲料卫生标准，可达到除臭、灭菌、无害化的饲料要求，并提高了蛋白质含量。

第二节　秸秆综合利用技术

一、秸秆能源化技术

秸秆的碳含量很高，如小麦、玉米等秸秆的含碳量达到 40％ 以上；小麦、玉米秸秆的能源密度分别为 13 兆焦/千克、15 兆焦/千克。秸秆作为农村的主要生活燃料，其能源化用量分别占农村生活用能的 30%（小麦）、35%（玉米）。现行的秸秆能源化利用技术主要有秸秆直燃供热技术、秸秆气化集中供气技术、秸秆发酵制沼技术、秸秆压块成型及炭化技术等。

（1）秸秆直燃供热技术　作为传统的能量交换方式，直接燃烧具有简便、成本低廉、易于推广的特点，在秸秆主产区可为中小型企业、政府机关、中小学校和比较集中的乡镇居民提供生产、生活热水和用于冬季采暖。目前，英国、荷兰、丹麦等国家已采用大型秸秆锅炉用于供暖、发电或热电联产。我国秸秆直燃供热技术起步较晚，适合我国农村使用，运行费用低于燃煤锅炉的小型秸秆直燃锅炉的研究正在进行之中。

（2）秸秆气化集中供气技术　秸秆气化是高效利用秸秆资源的一种生物转化方式。原料经过适当粉碎后，在缺氧状态下不完全燃烧，并且采取措施控制其反应过程，使其变成一氧化碳、甲烷、氢气等可燃气体。燃气经降温、多级除尘和除焦油等净化和浓缩工艺后，由罗茨风机加压送至储气柜，然后直接用管道供给用户使用。秸秆气化集中输供系统通常由秸秆原料处理装置、气化机组、燃气输送系统、燃气管网和用户燃气系统等 5 个部分组成，供气半径一般在 1 千米以内，可以供百余户农民用气。秸秆气化经济方便、干净卫生。然而，大规模推行秸秆制气还需解决气化系统投资偏高、燃气热值偏低以及燃气中 N_2 与焦油含量偏高等问题。

（3）秸秆压块成型及炭化技术　秸秆的基本组织是纤维素、半纤维素和木质素，它们通常可在 200℃、300℃下被软化。在此温度下将秸秆软化粉碎后，添加适量的黏结剂，并与水混合，施加一定的压力使其固化成型，即得到棒状或颗粒状"秸秆炭"。若再利用炭化炉可将其进一步加工成为具有一定机械强度的"生物煤"。秸秆成型染料容重为 1.2～1.4 克/厘米³，热值为 14～18 兆焦/千克，具有近似中质烟煤的燃烧性能，且含硫量低、灰分小。其优点表现为：制作工艺简单、可加工成各种形状规格、体积小、储运方便；利用率较高，可达到 40% 左右；使用方便、干净卫生，燃烧时污染极小；除民用和烧锅炉外，还可用于热解气化产煤气、生产活性炭和各类"成型炭"。

二、秸秆肥料化技术

农作物秸秆中含有丰富的有机质和氮、磷、钾等营养元素，以及钙、镁、硫等微量元素，是可利用的有机肥料来源。秸秆肥料化技术的关键是还田。秸秆还田技术有利于秸秆内营养成分的保存、增加土壤的有机质、培肥地力、提高作物产量、减少环境污染，是增效、增肥、改土的有效途径。

秸秆还田技术按粉碎方式可分为人工铡碎法和机械粉碎法两种：①人工法是将秸秆铡碎后与水、土混合，堆沤发酵、腐熟，均匀地施于土壤中；②机械法是在田间直接粉碎还田，在人工摘穗或机械摘穗的同时，用配套的粉碎机切碎秸秆，撒铺于地表，然后再用旋耕耙两遍，再次切碎茎秆，随之入土，此法工效高，质量好，适于大面积推广。

随着生态工程原理在农业上的深入应用，传统的秸秆还田技术也不断得到改进，由秸秆直接还田（一级转化）逐步转变为"过腹"还田（二级转化）和综合利用后还田（多级转化），使秸秆的物质和能量得到充分合理的利用，生产效益、经济效益和生态效益明显提高。

秸秆直接还田，即一级转化，又可分为秸秆就地翻压和制作秸秆堆肥。秸秆就地翻压还田的技术要求有：①秸秆还田要及时，应选择秸秆在青绿时进行，以便加快秸秆腐烂；②采用联合收割机收获时，如果秸秆成堆状或条状，应采取措施将秸秆铺撒均匀，以免影响秸秆还田的效果；③在机械作业前，应施用适量的氮肥，以便加速秸秆的腐烂；④要及时耕地灭茬和深耕；⑤要浇足塌墒水，防止架空影响幼苗生长。制作秸秆堆肥还田的具体做法是把铡碎的秸秆与适量的粪、尿、土混拌，经过有氧高温堆制，或直接圈成土杂肥。高温堆肥是根据不同的地区和不同的季节，分别用直接堆沤、半坑式堆沤、坑式堆沤的方法进行堆置；自然发酵堆肥是将秸秆直接堆放在地面上，踩紧压实后，在上面泼洒一定数量的石灰水或粪水，用稀泥或塑料布密封，使其自然发酵，该法简便易行，缺点是发酵过程缓慢，时间较长。秸秆直接还田是把原来的废料转化为植物能够利用的原料，尽管对秸秆的生产能力是最低限度的发挥，但在一定程度上可缓和土壤缺肥的矛盾。

秸秆过腹还田，即二级转化，是将秸秆作为饲料，经过动物利用后，排出粪便用于还田。过腹还田不仅提高了秸秆的利用效率，而且避免了秸秆直接还田的一些弊端，尤其是调整了施入农田有机质的碳氮比，有利于有机质在土壤中的转化和作物对土壤中有效态氮的吸收。

秸秆过腹还田的方法大体上有三种：直接饲喂、氨化后饲喂、微生物发酵处理后饲喂。氨化处理简称秸秆氨化，指将切碎的秸秆填入干燥的壕、窖或地上垛压实，处理后的秸秆，浇过氨水，氨化后的秸秆柔软、较适口，且秸秆吸收了一定的氨，对瘤胃动物补加了一定的无机氮，有利于其生长。微生物处理秸秆的方法较多，有秸秆发酵、微贮、糖化等，都是在一定的温、湿条件下，接种一定的菌种，使秸秆进行了厌氧（或好氧）发酵后饲喂牲畜。微生物处理秸秆，提高了秸秆的营养价值，有利于养分的转化，适口性好，价格低，且不污染环境。

秸秆综合利用后还田，即多级转化。随着生态工程研究的发展，秸秆综合利用后还田的途径越来越多，一般的循环流程是：秸秆先用来培育食用菌，菌渣作畜禽饲料（即菌糖饲料）、养蚯蚓，蚯蚓喂鸡；畜禽粪便养蝇蛆喂鸡，粪渣用来制取沼气，沼渣用来培养灵芝；最后的废料再作肥料施于农田。

三、秸秆饲料化技术

秸秆作为一种牲畜粗饲料，其可消化的干物质含量占 30%～50%，粗蛋白含量占 2%～3%。由于秸秆中含有蜡质、硅质和木质素，不易被消化吸收，因此，秸秆直接作饲料的有效能量、消化率和进食量均较低，必须经过适当处理以改变秸秆的组织结构，提高牲畜对秸秆的适口性、消化率和采食量。

1. 秸秆微贮饲料技术

秸秆微贮技术是将微生物高效活性的菌种——秸秆发酵活杆菌加入到秸秆中，密封储藏，经过发酵，增加秸秆的酸香味，变成草食动物喜欢食用的主饲料。该技术的特点是：①秸秆微贮饲料成本低、效益高。在微贮饲料中，每吨秸秆干物只需 3 克秸秆发酵活杆菌。其生产成本只有氨化秸秆成本的 17%，并且饲喂效果好于氨化秸秆。②秸秆微贮饲料消化率高。秸秆微贮后，消化率提高 21.14%～43.77%，有机物消化率提高 29.4%。③秸秆软化，且有酸香味，增加家畜食欲，可提高采食速度 40%，食量增加 20%～40%。

2. 秸秆热处理技术

秸秆热处理技术是指采用热喷技术和膨化技术，对秸秆进行热处理。

(1) 热喷技术　热喷技术是指用由锅炉、压力罐、卸料罐等组成的热喷设备对饲料进行热喷处理。经过热处理的秸秆饲料，其采食量和利用率有所提高，秸秆的有机物消化率可提高 30%～100%，其中，湿热喷精饲料比干热喷粗饲料消化率高 10%～14%。如果用尿素等多种非蛋白氮作为热喷秸秆添加剂，其粗蛋白水平和有机物消化率将有所提高，氨在瘤胃中的释放速度将降低。

(2) 膨化技术　膨化技术是将原料经过连续地调湿、加热、捏合后进入制粒机主体，由于螺杆、物料、脱气模与套筒间不断产生挤压、摩擦作用，使机内的气压与温度逐渐提高，处于高温、高压状态下的物料经模孔射出时，因机内气压和温度与外界相差很大，物料水分迅速蒸发，体积膨胀，使之形成膨胀饲料。其特点是：适口性好，容易消化，饲料转化率高；膨化制粒后，体积增大而密度变小，保型性好；灭菌效果好，在膨化制粒过程中物料经高温、高压处理，能杀灭多种病菌；膨化料含水率较低，通常为 6%～9%，可长期保存。

3. 秸秆青贮技术

将青绿秸秆切碎成长度为 1～3 厘米的碎块后，放入窖中，当装至 20～25 厘米厚时，人工踏实。以此类推，直至装满（高出窖面 0.5～1 米），然后严密封顶。其要求：切碎长度要严格一致，添加尿素和食盐要拌均匀，踏实不留空隙，封顶不许有渗漏现象。一般经过 50～60 天便可饲喂。其优点是青贮饲料营养成分含量高，软化效果好，含水量一般在 70% 左右，质地柔软、多汁、适口性好、利用率高，是反刍动物在冬、春季的理想青饲料。

4. 秸秆氨化技术

秸秆氨化技术指利用氨的水溶液对秸秆进行处理。氨化时，预先将含水量在

35％～40％的秸秆切成 2 厘米左右的长度，均匀地喷洒氨水或尿素溶液，然后用无毒塑料膜盖严密。经过氨化处理的秸秆，其纤维素、半纤维素与木质素分离，使细胞壁膨胀，结构松散；秸秆变得柔软，易于消化吸收；饲料粗蛋白增加，含氮量增加一倍。

四、秸秆材料化技术

秸秆不仅可以用来生产保温材料、纸浆原料、菌类培养基、各类轻质板材和包装材料，还可用于编织业、酿酒制醋和生产人造棉、人造丝、饴糖等，或提取淀粉、木糖醇、糖醛等。这些综合利用技术不仅把大量的废弃秸秆转化为有用材料，消除了潜在的环境污染，而且具有良好的经济效益，实现了自然界物质和能量的循环。

（1）生产可降解的包装材料　用麦秸、稻草、玉米秸、棉花秸秆等生产出的可降解型包装材料，如瓦楞纸芯、保鲜膜、一次性餐具、果蔬内包装袋衬垫等，具有安全卫生、体小质轻、无毒、无臭、通气性好等特点，同时又有一定的柔韧性和强度，制造成本与发泡塑料相当，但是大大低于纸制品和木制品。在自然环境中，可降解型包装材料在一个月左右即可全部降解为有机肥。

（2）生产建筑装饰材料　将粉碎后的秸秆按照一定的比例加入黏合剂、阻燃剂和其他配料，进行机械搅拌、挤压成型、恒温固化，可制得高质量的轻质建材，如秸秆轻体板、轻型墙体隔板、黏土砖、蜂窝芯复合轻质板等，这些材料成本低、重量轻、美观大方，而且生产过程中无污染。目前，秸秆在建材领域内的应用已相当广泛，由于产品附加值高，且能节约木材，具有发展前景。

（3）生产工业原料　玉米秸、豆荚皮、稻草、麦秸、谷类秕壳等经过加工所制取的淀粉，不仅能制作多种食品与糕点，还能酿醋酿酒、制作饴糖等。如玉米秸含有12％～15％的糖分，其加工饴糖的工艺流程为：原料—碾碎—整料—糖化—过滤—浓缩—冷却—成品。

（4）用作食用菌的培养基　秸秆营养丰富、成本低廉，适宜作为多种食用菌的培养料。目前国内外用各类秸秆生产的食用菌品种已达 20 多种，不仅包括草菇、香菇、凤尾菇等一般品种，还能培育出黑木耳、银耳、猴头、毛木耳、金针菇等名贵品种。一般 100 千克稻草可生产平菇 160 克；而 100 千克玉米秸秆可生产银耳或猴头、金针菇 50～100 千克，可产平菇或香菇等 100～150 千克。上海农学院一项测定证明，秸秆栽培食用菌的氮素转化效率平均为 20.9％左右，高于羊肉（6％）和牛肉（3.4％）的转化效率，是一条开发食用蛋白质资源、提高居民生活水平的重要途径。

（5）用于编织业　秸秆用于编织业最常见、用途最广的就是稻草编制草帘、草苫、草席、草垫、草编制品等。

第三节 沼气工艺及其综合利用技术

沼气是一些有机物质（如秸秆、杂草、树叶、人畜粪便等废弃物）在一定的温度、湿度、酸度条件下，隔绝空气（如用沼气池），经微生物作用发酵而产生的可燃性气体。沼气是气体的混合物，其中含甲烷最多（占 60%～70%），其次是二氧化碳（占 25%～35%），此外还有少量其他气体，如水蒸气、硫化氢、氮气和一氧化碳等。不同条件下产生的沼气，成分有一定的差异。沼气综合利用是指将沼气及沼气发酵产物（沼液、沼渣）运用到生产过程中，是农村沼气建设中降低生产成本、提高经济效益的一系列综合性技术措施。沼气工程不仅促进了农业废弃物的综合利用，而且为农业生产和农民生活提供了能源，实现了沼液的综合利用，减轻了环境污染。

沼气法是一种多功能的生物技术，能够营造良好的生态环境，治理环境污染，开发新能源，并为农户提供优质无害化的肥料，取得综合效益。沼气法不但适用于畜禽的工厂化大规模生产，而且适用于家庭小规模养殖。沼气综合利用是随着沼气的应用和研究的不断深入而逐步发展起来的，中国发展沼气可追溯到 20 世纪 30 年代。

一、沼气发酵工艺

沼气处理系统主要由前处理系统、厌氧消化系统、沼气输配及利用系统、有机肥生产系统和后消化液处理系统五部分组成。前处理系统主要由固液分离、pH 调节、料液设计等单元组成，作用在于除去粪便中的大部分固形物，按工艺要求为厌氧消化系统提供一定量、一定酸碱度的发酵原料。厌氧消化系统的作用是在一定温度、一定时间内将输送的液体通过甲烷细菌的分解进行消化，同时生成沼气的主要成分——甲烷。发酵温度一般分为常温（变温）、中温和高温。其中，常温发酵不需要对消化罐进行加热，投资小、能耗低、运行费用低，但沼气的产量低，有机物的去除和发酵速率也较慢，适用于长江以南地区。高温发酵需对消化罐进行加热，温度一般为 55～60℃，具有产气量大、发酵周期短及环卫效果好的优点，缺点是投资大、耗能高和运行费用高，目前主要用于处理城市粪便。中温发酵可根据我国南北气候的变化对发酵罐进行适当加热，温度控制为 28～35℃。由于中温发酵兼有常温发酵和高温发酵的一些优点，是目前大多数畜禽粪便处理优先采用的一种方法。沼气输配及利用系统主要包括沼气净化系统（脱硫、脱水）、沼气储存和运输管道、居民生活或生产用燃气等单元组成。有机肥生产系统是将前处理分出的粪渣和消化液沉淀的有机污泥混合，然后加工成商品有机肥料。该系统主要有腐熟、烘干、造粒、包装等单元，可以根据有机肥料市场的某些环节进行适当筛选。后消化液处理系统是保证厌氧发酵后的消化液最终能达到国家和地方的排放标准，或者能在一定的范围内自行受纳利用，对外实现零排放。

根据目的不同，沼气处理系统可分为生态型和环保型两种，这两种模式的工艺流程分别见图 11-2、图 11-3。

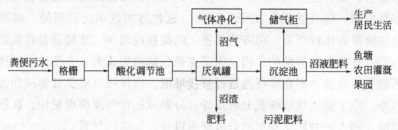

图 11-2　生态型模式工艺流程

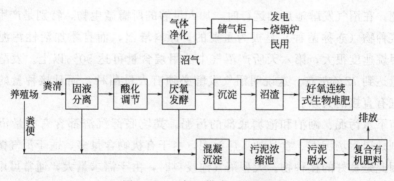

图 11-3　环保型模式工艺流程

（1）发酵原料　人工制取沼气所利用的主要原料有畜禽粪便污水，食品加工业、制药和化工废水，生活污水，各种农作物秸秆和生活有机废物等。从是否溶于水来看，沼气发酵原料可分为固形物和可溶性的原料。

（2）沼气发酵原料的配比　沼气发酵原料配比选择的原则：①要适当多加些产甲烷多的发酵原料；②将消化速度快与慢的原料合理搭配进料；③要注意含碳素原料和含氮素原料的合理搭配。鲜粪和作物秸秆的质量比为 2：1 左右，以使碳氮比为 30：1 为宜。原料的碳氮比过高（30：1 以上），发酵不易启动，而且影响产气效果。农村沼气发酵原料的碳氮比以多少为宜，目前看法不一。有些学者认为在沼气发酵中，原料的碳氮比要求不很严格。根据我国农村发酵原料是以农作物秸秆和人畜粪便为主的情况，在实际应用中，原料的碳氮比以（20～30）：1 搭配较为适宜。

（3）原料堆沤　原料（包括粪和草）预先沤制进行沼气发酵，可使沼气中甲烷含量基本上呈直线上升，加快产气速度。秸秆堆沤的方法如下。

①高温堆沤　可根据不同地区和不同季节的气候特点，采用不同的高温堆肥方式。在气温较高的地区或季节，可在地面进行堆沤；在气温较低的地区或季节，

可采用半坑式的堆沤方法；在严寒地区或寒冬季节，可采用坑式堆沤方式。这一方法是一种好氧发酵，需要通入尽量多的空气和排除二氧化碳。坑式或半坑式堆沤应在坑壁上从上到下挖几条小沟，一直通到底，插几个出气孔。

②直接堆沤　这是农村常采用的方法，将秸秆直接堆在地面上踩紧，然后泼石灰水和粪水，最好是沼气发酵液，并用稀泥或塑料布密封让其缓慢发酵（在发酵初期是好氧发酵，随后逐渐转入厌氧发酵）。这种方法效果比较缓慢，需要较长的时间，分解液流失比较严重，但方法简便，热能损耗较少，比较适合目前农村的实际情况，而且有富集发酵菌的作用。为了克服分解液的流失，有些地方对这种堆沤方式做了进一步改进，即在堆沤池进行直接堆沤。这样可以避免分解液的流失，原料损失很小，除了固体物能够充分利用外，分解液的产气速度也更快。在沼气池产气量不高时，加入一些堆沤池里的分解液可以很快提高产气量。

（4）接种物　有机废物厌氧分解产生甲烷的过程，是由多种沼气微生物来完成的。因此，在沼气发酵池启动运行时，加入足够的所需微生物，特别是产甲烷微生物作为接种物（亦称菌种）是极为重要的。原料堆沤，而且添加活性污泥作接种物，产甲烷速度很大，第六天所产沼气中的甲烷含量可达50%以上。发酵33天，甲烷含量达到72%左右。这说明沼气发酵必须有大量菌种，而且接种量的大小与发酵产气有直接的关系。

城市下水污泥、湖泊和池塘底部的污泥、粪坑底部沉渣都含有大量沼气微生物，特别是屠宰场污泥、食品加工厂污泥，由于有机物含量多，适于沼气微生物的生长，因此是良好的接种物。大型沼气池投料时，由于需求量大，通常可用污水处理厂厌氧消化池里的活性污泥作接种物。在农村，来源较广、使用最方便的接种物是沼气池本身的污泥。对农村沼气发酵来说：采用下水道污泥作为接种物时，接种量一般为发酵料液的10%～15%；当采用老沼池发酵液作为接种物时，接种数量应占总发酵料液的30%以上；如以底层污泥作接种物时，接种数量应占总发酵料液的10%以上。使用较多的秸秆作为发酵原料时，需加大接种物数量，其接种量一般应大于秸秆质量。

二、沼气的产生

1. 建池

沼气池的建设是沼气产生的第一步。沼气池的种类很多，按储气方式划分为：水压式沼气池、气袋式沼气池和分离浮罩式沼气池。水压式沼气池较适于农村庭院的布局和管理，是目前推广较为普遍的池型。沼气池按结构的几何形状划分为：圆柱形、球形、扁球形、长方形、拱形、坛形、椭球形、方形等。其中圆柱形沼气池最为普遍，其次是球形和扁球形。沼气池按埋设位置划分为：地上式、地下式、半地下式。一般农户均采用地下式。沼气池按建池材料划分为：砖、石材料；混凝土材料；钢筋混凝土材料；新型材料，即所谓高分子聚合材料，例如聚乙烯塑料、红泥塑料、玻璃钢等；金属材料。沼气池按发酵工艺流程划分为：高温发酵（一般为50～55℃）、中温发酵（35～38℃）、常温发酵（10～28℃）、连续发酵、半连续发酵、两步发酵、单级发酵。按使用用途划分为：用气型、用肥型、气肥两用型、沼气净化型。沼气池按池内布水、隔墙构造划分为：底出料水压式沼气池、顶返水压式沼气池、强回流沼气池、曲流布料水压式沼气池、过滤床式水压沼气池。

2. 投料

新池或大换料的沼气池，经过一段时间养护，试压后确定不漏气、不漏水，即可投料。发酵原料按要求做好"预处理"，并准备好接种物。接种物数量以相当于发酵原料的10％～30％为宜。将准备好的发酵原料和接种物混合在一起，投入池内。所投原料的浓度不宜过高，一般控制在干物质含量的4％～6％为宜。以粪便为主的原料，浓度可适当低些。

3. 加水封池

发酵池中的料液量应占池容积的85％，剩下的15％作为气箱。加水后立即将活动盖密封好。

4. 放气试火

当沼气压力表上的水柱达到40厘米以上时，应放气试火。放气1～2次后，由于产甲烷菌数量的增长，所产气体中甲烷含量逐渐增加，所产生的沼气即可点燃使用。

三、沼气池的管理与保养

1. 进出料

为保证沼气细菌有充足的食物和进行正常的新陈代谢，使产气正常而持久，要不断地补充新鲜的发酵原料、更换部分旧料，做到勤加料、勤出料。

（1）进、出料数量　根据农村家用池发酵原料的特点，一般以每隔5～10天进、出料各5％为宜。对于"三结合"的池子，由于人畜粪尿每天不断自动流入池内，平时只需添加堆沤的秸秆发酵原料和适量的水，保持发酵原料在池内的浓度。同时也要定期小出料，以保持池内一定数量的料液。

（2）进、出料顺序　进、出料顺序为先出后进。出料时应使剩下的料液液面不低于进料管和出料管的上沿，以免池内沼气从进料管和出料管跑掉。出料后要及时补充新料，如一次发酵原料不足，可加入一定数量的水，以保持原有水位，使池内沼气具有一定的压力。

（3）大出料次数　一年应大出料一次或两次。大换料前20～30天，应停止进新料。大出料后应及时加足新料，使沼气能很快重新产气和使用。出料时以沉淀和难以分解的残渣为主，同时必须保留20％左右的沼液作为接种物，以便进新料后能及时产气。

2. 搅拌

经常搅拌可以提高产气率。农村家用池一般没有安装搅拌装置，可用下面两种方法进行搅拌：从进、出口搅拌；从出料间掏出数桶发酵液，再从进料口将次发酵液冲到池内，也起到搅拌池内发酵原料的作用。

3. 发酵液 pH 值的测定和调节

沼气细菌适宜在中性或微碱性环境条件下生长繁殖（pH 6.8～7.6），酸碱性过强（pH 值小于 6.5 或大于 8）都对沼气细菌活动不利，使产气率下降。可以用 pH 试纸测量池内的 pH 值，当沼气池内的 pH 值小于 6 时，可以加入适量的澄清石灰水或草木灰来加以调节，提高沼液的 pH 值；当沼气池内的 pH 值大于 8 时，必须及时取出一定数量的沼液，重新投料启动。

4. 数量的调节

沼气池内水分过多或过少都不利于沼气细菌的活动和沼气的产生。若含水量过多，发酵液中干物质含量少，单位体积的产气量就少；若含水量过少，发酵液太浓，容易积累大量有机酸，发酵原料的上层就容易结成硬壳，使沼气发酵受阻，影响产气量。

5. 安全管理与安全用气

① 沼气池的进、出料口要加盖，以免小孩和牲畜掉进去，造成人、畜伤亡。同时也有助于保温。

② 要经常观察水柱压力表。当池内压力过大时不仅影响产气，甚至沼气有可能冲开池盖。如果池盖被冲开，应立即熄灭附近的烟火，以免引起火灾。在进料和出料时也要随时注意观察水柱压力表的变化。在进料时如果压力过大，应打开导气管放气，并要减慢进料的速度。出料时如果水压表上出现负压则应暂时停止用气，等到压力恢复正常后才能用气。

③ 严禁在沼气池内出料口或导气管口点火，以免引起火灾或造成回火，致使池内气体猛烈膨胀，爆炸破裂。

④ 沼气灯和沼气炉不要放在衣服、柴草等易燃品附近，点火或燃烧时也要注意安全。特别应经常检查输气系统是否漏气和是否畅通。若有漏气，当揭开活动盖出料时，不要在池子周围点火、吸烟。在进入池内出料、维修和补漏时不能用明火。

四、沼气、沼液、沼渣的综合利用

沼气的综合利用不仅要重视沼气的利用，而且要将沼渣和沼液加以综合利用。

1. 燃料

沼气是一种综合、再生、高效、廉价的优质清洁能源。3～5 人的农户，修建一个同畜禽舍、厕所相结合的三位一体沼气池，人畜粪便自流入池发酵，每口沼气池年产沼气 300 多立方米。一年至少 10 个月不烧柴、煤，可节柴 1500～2000千克。

2. 生产

（1）储粮　将沼气通入粮囤或储粮容器内，上部覆盖塑料膜，可杀死为害粮食的害虫，有效抑制微生物繁殖，保持粮食品质，避免粮食储存中的药物污染。

（2）保鲜和储存农产品　沼气储存农产品是利用甲烷无毒的性质来调节储藏环境中的气体成分，造成一种高二氧化碳、低氧气的状态，以控制果蔬、粮食的呼吸强度，减少储藏过程中的基质消耗。沼气保鲜果品，储藏期可达 120 天，且好果率高、成本低廉、无药害。

（3）在大棚生产中的应用　沼气在蔬菜大棚中的应用主要有两个方面，一是燃烧沼气为大棚保温和增温，二是将沼气中的二氧化碳作为气肥促进蔬菜生长。

（4）燃烧发电　沼气燃烧发电是随着沼气综合利用的不断发展而出现的一项沼气利用技术，它将沼气用于发动机上，并装有综合发电装置，以产生电能和热能，是有效利用沼气的一种重要方式。

3. 沼肥

沼肥是制取沼气后的残留物，是一种速缓兼备的多元复合有机肥料，沼液和沼渣中含有 18 种氨基酸、生长激素、抗生素和微量元素，是高效优质的有机肥。一个 6～8 米^3 的沼气池可年产沼气肥 9 吨，沼液的比例占 85％，沼渣占 15％。沼渣宜作底肥，一般土壤和作物均可施用，长期连续使用沼渣替代有机肥，对各季作物均有增产作用，还能改善土壤的理化特性，积累土壤有机质，达到改土培肥的目的。沼液肥是有机物经沼气池制取沼气后的液体残留物，养分含量高于储存在敞口粪池中同质、同量原料腐解的粪水。与沼渣相比，沼液养分较低，但是沼液中速效养分高，宜作追肥（图 11-4、图 11-5）。施用沼肥可提高农作物品质，减少病虫害，增强作物抗逆性，减少化肥、农药用量，改良土壤结构。

图 11-4　沼液自动过滤、反冲洗、配比设备

图 11-5　田间沼液滴灌设施

沼气肥生产的关键技术：

（1）严格密闭　沼气细菌是绝对厌氧性微生物，在建池时一定要做到全池不漏水、气箱不漏气，给沼气细菌创造严格的厌氧条件。

（2）接种沼气细菌　初次投料时，要进行人工接种沼气细菌。菌种来源是产气好的老沼气渣、老粪池池渣及长年阴沟污泥。此外，在每次清除沼气渣作肥料时，应保留部分池渣作为菌种，以保证沼气池继续正常发酵。

（3）配料要适当　畜禽粪便、青草、秸秆、枯枝落叶、污水和污泥等有机物都可用作发酵原料，但各种原料的产气量和持续时间不同。在原料中要考虑沼气细菌的营养要求，既要供给充足的氮素和磷素，以利于菌体的繁殖，又要有充足的碳水化合物，才能够多产气。沼气的产量与原材料的碳氮比有关，据试验，碳氮比以调节在（30~40）：1较好，在投料时要因地制宜，适当搭配，合理使用。

（4）适量水分　水分是沼气发酵时必不可少的条件，但加水过多，发酵液中干物质少，产气量少，肥效低；水分过少，干物质多，易使有机酸积累，影响发酵，同时容易在发酵液面形成粪盖，影响产气。在南方，沼气池加水量约占整个原料的50%。

（5）温度　沼气池微生物的发酵一般为中温型，最适温度为25~40℃。

4. 沼液浸种

沼液浸种就是利用沼液中所含的"生理活性物质"、营养组分以及相对稳定的温度对种子进行播种前的处理。它优于单纯的"温汤浸种"和"药物浸种"。沼液浸种与清水浸种相比，不仅可以提高种子的发芽率、成活率，促进种子生理代谢，提高秧苗品质，而且可以增强秧苗抗寒、抗病、抗逆性能，对蚜虫和红蜘蛛有很好的防治效果，对蔬菜病害、小麦病害和水稻纹枯病均有良好的防治作用，具有良好的增产效果和经济效益。技术要点如下。

（1）对种子的要求　要使用上年生产的新种良种。浸种前对种子进行翻晒，通常需要晒1~2天。对种子进行筛选，清除杂物、秕粒，以确保种子的纯度和质量。

（2）对沼液的要求　应使用大换料后至少两个月以上的沼气池沼液。浸种前几天打开沼气池出料间盖板，在空气中暴露数日，每日搅动几次，使少量硫化氢气体逸散，并清除料间液面浮渣。

（3）浸种时间　根据不同品种、地区、土壤墒情确定浸种时间。要在本地区进行一些简单的对比试验后确定。

（4）操作　将要浸泡的种子装入透水性好的编织袋或布袋中，种子占袋容的2/3，将袋子放入出料间沼液中。

（5）种子沥干　浸好的种子取出用清水洗净，沥去水分，摊开晾干后用于催芽或播种。

5. 沼液养殖

（1）沼液喂猪　沼液喂猪并不是指用沼液替代猪饲料，而只是把沼液作为一种猪饲料的添加剂，起到加快生长、缩短肥育期、提高肉料比的目的。沼液中游离的氨基酸、维生素是一种良好的饲料添加剂，猪食后贪吃、爱睡、增膘快，较常规喂养增重 15% 左右，可提前 20～30 天出栏，节约饲料 20% 左右，每头猪可节约成本 30 余元。其技术要点如下：

① 沼气池正常产气三个月后取沼液，六个月后取沼渣。

② 沼渣配比　平均掺和沼渣（干物质含量）占饲料量的 15%～20%。

③ 湿度　拌和后手捏成团，松开即散。

④ 发酵时间　冬季 48 小时左右，夏季 4～6 小时，待沼渣中臭味已除，饲料呈酒香味时摊开饲料用于喂养。

（2）沼液养鱼　通常利用沼液、蚕沙、麦麸、米糠、鸡粪配成饵料养鱼。养鱼用的沼液不必进行固液分离处理，通常所含的固形物比用于叶面喷洒的沼液要多。沼液和沼渣可轮换使用。由于沼液有一定的还原性，放置 3 小时以上使用效果会更好。沼液施入池塘后可减少鱼饵消耗，也减少了鱼病。

技术要点如下：

① 配方中沼液为 28%、蚕沙为 15%、麦麸为 21%、鸡粪为 6%。配制方法是米糠、蚕沙、麦麸用粉碎机碎成细末，然后加入鸡粪，再加沼液搅拌晒干，在 70% 干度时，用筛子格筛，制成颗粒，晒干保管。

② 喂养比例：鲢鱼 20%、草鱼 60%、鲤鱼 15%、鲫鱼 5%。撒放颗粒饵料要有规律性，定地点，定饵料。

6. 沼渣栽培蘑菇

沼渣养分全面，其中所含有机质、腐植酸、粗蛋白质、全氮、全磷以及各种矿物质能满足蘑菇生长的需要。沼渣的酸碱度适中、质地疏松、保墒性好，是人工栽培蘑菇的良好培养料。沼渣栽培蘑菇具有成本低、效益高、省料等优点。技术要点如下：

（1）备料　选用正常产气并在大换料后 3 个月以上的沼气池。去除沼渣晾干，捣碎过粗筛后备用。新鲜麦草或稻草铡成 30 厘米长的小段备用。秸秆与沼渣的配比为 1∶2。

（2）培养料制作　将秸秆用水浸透发胀，与沼渣顺序平铺，并向料堆均匀泼洒沼液，直到料堆浸透为止。通常用料质量比为沼渣∶秸秆∶沼液＝2∶1∶1.2。堆沤 7 天后，测得料堆中部温度达到 70℃，开始第一次翻堆，并加入沼渣质量 3% 的硫酸氢铵、2.5% 的钙镁磷肥、6.3% 的油枯、3% 的石膏粉。混合后再堆沤 5～6 天，到料堆中部温度达到 70℃时进行第二次翻料。此时用 40% 的甲醛水稀释 40 倍后对料堆消毒，继续堆沤三四天即可移入苗床作为培养料使用。

第四节 其他农业废弃物利用技术

一、绿肥

绿肥是各种能够收集到的用于还田提高土壤肥力的青草、嫩树枝、树叶等,可分野生绿肥和栽培绿肥两大类。以新鲜的植物体就地翻压或经堆沤制肥为主要用途的栽培植物统称为绿肥作物。翻压绿肥的农艺措施叫压青。绿肥是被用作肥料的绿色植物,它含有氮、磷、钾等多种植物养分和有机质,它们的共同特点是属于偏氮有机肥料,是有机农业生产中一项非常重要的有机肥源。

我国绿肥作物资源丰富,常用的绿肥作物有 80 多种,其中大多数属于豆科。绿肥的主要种类有紫花苜蓿、紫云英、毛苕子、三叶草、黑麦草等。

绿肥还田的具体做法很多,但大体有两种形式:一是沤制还田;二是直接还田。沤制还田是将绿肥和粪肥混合后沤制腐熟,作为基肥翻压到土壤中,一般以野生绿肥为主;直接还田是将绿肥刈割后撒铺于地表,翻压在土壤中作基肥,一般以栽培绿肥为主。

绿肥还田的技术有各种形式,有的覆盖,有的翻入土中,有的混合堆沤。这里介绍效果比较好的绿肥配合秸秆还田的几种方法:①麦秸还田后复种绿肥。麦收后同时抛撒麦秸于地表,通过耙地灭茬与 0～10 厘米土层混拌,随后复种速生绿肥(如蓝豌豆等),至晚秋翻压绿肥。②小麦或玉米间种豆科绿肥(如草木樨等)。小麦高茬收割(以不影响绿肥生长为度);玉米采用人工摘棒后,单机粉碎秸秆抛撒,秋季同时翻埋秸秆和绿肥。③谷类秸秆还田后单种绿肥,秸秆粉碎耙茬还田后或浅翻深松还田,次年单种绿肥(以豆科为主),秋季再翻埋绿肥。

二、沤肥

沤肥是另外一种发酵形式,是利用秸秆、山草、水草、牲畜粪便、肥泥等就地混合,在田边地角或专门的池内沤制而成的肥料,其沤制的材料与堆肥相似,所不同的是沤肥是厌氧常温发酵,原料在淹水条件下进行沤制,以厌氧分解为主,发酵温度低,腐熟时间长,有机质和氮素的损失少,其有机物、全氮、全磷、速效氮的含量均比普通堆肥高。沤制好的沤肥,表面起蜂窝眼,表层水呈红棕色,肥体颜色黑绿,肥质松软,有臭气,不粘锄,放在田里不浑水。

沤肥主要用作基肥和追肥。用作基肥时,分深施和面施两种,每公顷施用量根据作物的种类和土壤肥力确定;作追肥时宜早用,沤制液与水的比例为 1:(1～2),在作物的行间开沟施用,每亩地的施用量为 1500 千克。

三、废旧农膜利用技术

塑料是一种高分子材料，散落在土地里会造成永久性污染，随着农用地膜用量的增加，残留在土地中的地膜也日益增多，仅北京地区的调查资料显示，土地中的地膜残留量即达 4000 多吨。研究指出，残留的地膜碎片会破坏土壤结构，使农作物产量降低。

1. 废旧农膜能源化技术

废旧农膜能源化技术主要是通过高温催化裂解，把废旧农膜转化为低分子量的聚合单体如柴油、汽油、燃料气、石蜡等。该法不仅可以处理收集的废旧农膜，而且可以获得一定数量的新能源。目前，中国石化集团公司组织开发的废旧塑料回收再生利用技术已通过鉴定，这项技术可把废旧农膜、棚膜再生为油品、石蜡、建筑材料等，既解决了环境保护问题，又提高了可再生资源的利用率和经济效益。在连续生产的情况下，把废弃农膜经催化裂解制成燃料的技术设备日处理废弃农膜能力强，出油率可达 40%～80%，汽油、柴油转化率高，符合车用燃油的标准和环境排放标准。

另一种废旧农膜能源化技术是利用其燃烧产生的热能。这方面的技术研究主要集中在废旧农膜早期处理设备、后期焚烧设备和热能转化利用设备等方面。焚烧省去了繁杂的前期分离工作，然而，由于设备投资高、成本高、易造成大气污染，因此，目前该方法仅限于发达国家和我国局部地区。

2. 废旧农膜材料化技术

在我国，废旧农膜回收后主要用于造粒。废旧农膜加工成颗粒后，只是改变了其外观形状，并没有改变其化学特性，依然具有良好的综合材料性能，可满足吹膜、拉丝、拉管、注塑、挤压型材等技术要求，被大量应用于生产塑料制品。我国有许多中小型企业从事废旧农膜的回收造粒，生产出的粒子作为原料供给各塑料制品公司，用来再生产农膜，或用于制造化肥包装袋、垃圾袋、栅栏、树木支撑、盆、桶、垃圾箱、土工材料、农用水管、鞋底等包装薄膜。

废旧农膜回收后还可以生产出一种类似木材的塑料制品。这种塑料制品可像普通木材一样用锯子锯，用钉子钉，用钻头钻，加工成各种用品。据测算，这种再生木材的使用寿命在 50 年以上，可以取代化学处理的木材。由于这种木材不怕潮、耐腐蚀，特别适合于有流水、潮湿和有腐蚀性介质的地方（如公园长椅、船坞组件等）代替木材制品。此外，废旧农膜回收加工后还可以用作混凝土原料的土木材料等。

废旧农膜回收、加工利用可以变废为宝、化害为利，达到消除污染、净化田间的目的。废旧农膜回收、加工利用是地膜新技术带来的新产业，原料充足，产品销路广，经济效益高，具有较为广阔的发展前景。

第五节 养分资源综合管理技术

一、概述

养分资源包括土壤、化肥、有机肥和环境所提供的所有养分。养分资源综合管理是从农业生态系统的观点出发，利用所有自然和人工的植物养分资源，通过有机肥与化肥的投入、土壤培肥与土壤保护、生物固氮、植物品种改良和农艺措施改进等有关技术和措施的综合运用，协调农业生态系统中养分的投入产出平衡、调节养分循环与利用强度，实现养分资源高效利用，使生产效益、生态效益、环境效益和经济效益协调发展。

农业生态系统中的养分循环以植物和动物生产过程及其产品利用的养分物质流为主线，在植物-动物生产体系中，土壤养分被直接（植物）或间接（动物）利用并成为获得农产品的物质基础，合理协调土壤养分的循环关系是养分资源管理的核心任务。

养分资源综合管理包括农田养分资源管理和农业生态系统养分资源管理两个层次。农田层次上强调在定量化农田生态系统养分流动的基础上，综合利用农田生态系统中所有自然和化工合成的植物养分资源，通过合理使用有机肥和化肥等有关技术的综合运用，挖掘土壤和环境养分资源的潜力，协调系统养分投入与产出平衡，调节养分循环与利用强度。农业生态系统层次上则强调从一个特定生态系统食物生产与消费系统出发，以养分资源的流动规律为基础，通过多种措施如政策及技术等的综合，优化食物传递链和环境系统养分传递，调控养分输入和输出，协调养分利用与社会、经济、农业、资源和环境的关系，实现生产力逐步提高和环境友好的目标。

目前人们常用的养分资源综合管理技术主要是针对农田的。

（1）农田养分资源投入技术　它依据不同养分的资源特征及土壤养分和肥料效应的时空变异规律，采用相应的养分管理模式。

（2）根际调控方法　根际是根系周围受到根系影响，物理、化学和生物性质不同于原土体的土壤，是作物与其生存环境之间物质和能量交换的界面，是养分调控的微域空间。通过根际调控可以调节根-土相互关系，改善作物营养，提高养分利用效率。

（3）挖掘环境养分资源的潜力　养分资源综合管理要求考虑以大气沉降、灌溉用水等为来源的养分。

（4）利用生物技术　挖掘作物高效利用养分的基因潜力除施肥及相关常规栽培

措施外，利用养分高效品种提高养分资源利用效率已被证明是一条可行之路。

植物所需要的 16 种养分元素中，碳、氢、氧是非矿物质元素，来自空气和水。其余 13 种为矿物质元素，来自土壤，主要是以肥料的形式施用被作物吸收利用的。植物养分 60%～70%是从土壤中吸收，作物的产量和品质与土壤养分状况关系密切。进入 21 世纪，我国农业虽面临更大挑战，我国人口的持续增长对粮食和其他农副产品的生产提出了新的要求；另外，化肥的大量盲目和不合理施用给环境带来一些不利影响。因此，科学合理地对土壤养分进行综合管理，提高肥料的利用效率显得十分重要。以下简要介绍养分资源管理中的配方施肥技术：磷、钾和微量元素监测应用技术和植物-土壤互作调控技术。

二、配方施肥技术

配方施肥是在生态学原理的指导下，遵循生态系统物质循环和能量转化的规律，以维护土壤生态系统养分收支平衡、生产力持续稳定发展为目的，采用的一套科学的施肥方法体系。具体来说，就是根据作物需肥规律、土壤供肥性能与肥料效应，在以有机肥为基础的条件下，提出氮、磷、钾和微肥的适宜用量和比例，以及相应的施肥技术。

由此可知，配方施肥的内容包括配方和施肥两个程序。配方的核心是肥料的计量，在农作物播种之前，通过各种手段确定达到一定目标产量的肥料用量。不仅要回答"获得多少粮、棉、油，该施多少氮、磷、钾等"问题，而且要考虑土壤肥力稳定持续发展，实现用地养地相结合。施肥的任务是肥料配方在生产中的执行，保证目标产量的实现。

根据配方确定的肥料用量、品种和土壤、作物、肥料的特性，合理安排基肥、种肥和追肥比例，以及施用追肥的次数、时期和用量等。

配方施肥的方法可按基础分析和定量目标两种类型进行分类。

1. 按基础分析分类

（1）肥料效应函数法　这是建立在肥料田间试验和生物统计基础上的方法。将农作物产量视为肥料的生产函数，在有代表性的地块上设置一元、二元或多元肥料效应试验，获得与各施肥量（或组合）相应的农作物产量，用回归统计方法配置出一元二次、二元二次或多元二次肥料回归方程式，然后用导数法算出最高产量施肥量、最佳施肥量和最大利润率施肥量等配方施肥参数。

（2）测土施肥法　这是在土壤肥力化学基础上发展起来的配方施肥技术。通过对土壤有效养分的测定，判定地块养分丰缺程度，提出施肥建议。

（3）农作物营养诊断法　这是建立在植物营养化学基础上的施肥技术。判定土壤基质中营养物质丰缺，最准确的指标应该是农作物本身的反应。由此发展起来的植株组织液速测和植株组织全量养分临界值诊断技术指标，就可作为是否需要施肥的依据。

2. 按定量目标分类

（1）地力分区（级）配方法　这类方法是按土壤肥力高低分成若干等级，或划出一个肥力均等的田片，作为一个配方区，利用土壤普查资料和过去的田间试验结果，结合群众的实践经验，估算出这一配方区比较适宜的肥料用量和配方。

（2）目标产量配方法　这类方法是为实现一定目标产量（或计划产量）确定氮、磷、钾施用量。因农作物需要的养分由土壤和肥料两个方面供给，具体应用养分平衡公式进行计算，也就是由目标产量、农作物单位产量需肥量、土壤供肥量、肥料利用率和肥料中有效养分含量五大参数计算而得。养分平衡式如下：

肥料施用总量＝（农作物单位产量需肥量×目标产量－土壤供肥量）÷（肥料中有效养分含量×肥料利用率）

（3）肥料效应函数法——养分丰缺指标配方法　建立在田间肥效试验基础上的肥料效应回归方程式，以及由相关研究-校验研究-肥料效应试验系统研究的养分丰缺指标，因其科学性和严密性而使其结果达到优化水平，施肥量及其配方也最为准确。

三、磷、钾和微量元素监测应用技术

在缺磷、钾土壤上施用磷、钾肥，一般可收到增产的效果。除了加大有机肥的施用和推广旱地作物秸秆还田可以补充土壤磷、钾元素以外，施用化学磷肥和钾肥是补充土壤磷素和钾素、供给作物磷素和钾素营养最直接、最有效的办法。对于磷素和钾素可以采用恒量监控技术对其进行监测，其基础依据是土壤磷、钾水平是作物是否施磷、钾以及施磷、钾数量的关键因素。关键技术主要包括：①以作物相对产量为参比标准，筛选与其相关性最好的土壤速效养分的提取测定方法。②确定土壤某一养分含量的丰缺指标。首先测定土壤速效养分含量，然后在不同肥力水平的土壤上进行多点试验，取得全肥区和缺素区的相对产量，用相对产量的高低表达养分丰缺状况。通常以相对产量在50％以下的土壤养分含量为"极低"，50％～70％为"低"，70％～95％的为"中等"，大于95％的为"高"，从而确定土壤养分的丰缺指标。土壤磷、钾水平较低时，施磷、钾的目标为获得期望产量与增加土壤磷、钾库；土壤磷、钾水平较高时，施磷、钾仅仅是为了达到更好的产量水平，磷、钾施用数量也较少；土壤磷、钾超过临界值时，可以不施用磷、钾肥。

农作物对硼、锌、钼等微量元素的需要量虽然很小，但施用后一般都可收到增产、提高品质的作用。果树等属于喜硼作物，对硼元素十分敏感，缺硼将会导致"花而不实""蕾而不花"，严重影响作物产量。果树等施硼一般采用基施的方式，每亩0.5～1.0千克；也可采用叶面喷施的方式，亩用硼肥100～200克，兑水40～50千克喷雾。水稻、小麦、玉米施锌一般用锌肥1.0～1.5千克作基肥施用。

花生用钼肥拌种，一般掌握一亩种子用钼肥 12 克即可。

四、提高养分利用效率的植物-土壤互作调控技术

依据植物-土壤相互作用原理，提高土壤养分资源利用效率的关键是要提高养分的时空有效性和养分的生物有效性，并促进土壤无效养分的高效活化。与植物-土壤相互作用的根际生态调控有关的技术措施主要有促根壮根技术、间套作种植和轮作、营养高效育种、根系分泌作用调节、植物冠根调节、根际微生物调控、农艺措施调控等。

1. 调控根系生长

调控根系生长是养分资源高效利用的重要途径。通过促进根系生长和壮根技术，可以显著提高根系活力，增加根系可影响的土壤体积，扩大根际土壤占土体的比例，进而增加根系占有土壤养分资源的数量。根系调控的途径主要有：①增加根系数量、扩大根系分布，促进根系下扎，提高土壤下层养分的利用效率；②提高根系活力、扩大根际范围。

2. 调控作物的种植搭配

间作套种也是提高养分空间有效性的重要措施。在间作系统中，至少有两种作物在一定生长期内共生在一起，种间必然发生相互影响。不同植物的根系形态及其在土壤中的分布不同，因此，不同根系特点的作物轮作或间、套作能相互取长补短，提高养分的空间有效性。

3. 利用根分泌物的活化作用

通过根系分泌作用的调节可以提高土壤养分的生物有效性。根分泌物是植物在生长过程中通过根的不同部位向生长介质中分泌的一组种类繁多的物质。这些物质中含有低分子量有机物质、高分子量黏胶物质、根细胞脱落物及其分解产物、气体、质子和养分离子。在营养胁迫下，根分泌物的数量大大增加，光合作用固定碳的 $25\%\sim40\%$ 可以通过根系分泌作用进入根际。这些根分泌物是维持根际生态系统活力的重要因素，也是根际生态系统中物质循环的必需组分。根系分泌物或通过改变根际 pH 值和氧化还原条件，或通过螯合作用和还原作用来增加某些养分元素的溶解度和移动性，从而促进植物体对这些养分的吸收和利用。此外，根分泌物还可促进根际微生物活性，从而间接影响矿质养分的有效性。专一性根分泌物是植物适应环境胁迫，特别是矿质养分胁迫的重要标志。植物通过自身的生理调节与环境胁迫抗争，以期在竞争与不利环境的考验下生存下来。由于根分泌物与矿质养分的胁迫关系密切，因而必然对种群的分布和群落结构产生影响。由上可见，根分泌物对于养分资源的高效利用具有重要的意义。

4. 调控根际微生物的活性

根际微生物的调控可以活化土壤无效养分。在生态系统中，植物根系和土壤密

切接触，形成了变异性很大的土壤微生物区系。在这里，许多微生物包括真菌、细菌、放线菌、原生动物和线虫等极其活跃，同时也存在着厌氧或好氧的微域，微生物利用根系分泌的和根际土壤中存在的各种有机物质进行代谢活动，使根际微生物的数量远远超过原土体。微生物的数量和种群主要取决于根分泌物的种类、数量以及土壤性质和环境因素等生态条件。因此，根系除了从环境中吸收养分和水分之外，还通过与微生物的相互关系影响自身的生长发育和周围的生态环境，进而影响养分的吸收和利用。正因为如此，应用植物生长的促生菌和接种菌根真菌的技术能显著改善作物的生长状况，提高抗病能力及其对养分的吸收利用效率。

5. 合理施肥和其他农艺调控措施

除了以上生物学调控措施以外，外部的施肥和其他农艺调控措施也是提高养分利用效率的重要途径。通过合理施肥调控根系生长和发育，可以协调根层养分供应和作物需求之间的矛盾，使作物根系发挥最大的养分利用效率；改变氮肥形态或铵态氮与硝态氮的比例也可改变根际 pH 值，从而显著影响土壤微量元素的有效性；土壤改良能促进养分的活化。

第六节　节水工程技术

节水农业是充分利用自然降水和灌溉技术的农业，其目的是尽可能提高作物水分利用效率。节水农业包括节水灌溉技术、农田水分保墒技术、节水栽培、适水种植的作物布局，以及节水材料和节水制剂的选用、抗旱作物品种选育和节水管理系统。节水农业的关键在于减少灌溉水从水源到农田直至被作物吸收利用这个过程中的无效损失。

从水源到作物产量的形成，水的无效损失可包括三个部分：第一部分为水源到田间入口过程中的输水损失，包括渗漏和蒸发；第二部分为田间储水损失，包括深层渗漏和田面蒸发；第三部分为作物蒸腾损失，包括作物产量形成过程中的无效蒸腾。为了减少第一部分损失，一般采用渠道防渗或管道输水；减少第二部分损失可采用喷灌、微灌、膜上灌或波涌灌等新灌溉技术，也可平整土地、划小畦块、短沟或细流沟灌等，为了减少蒸发可进行田间覆盖、培肥改土等；减少第三部分损失可选用耐旱作物品种、采用节水灌溉制度或喷施蒸腾抑制剂等。另外，为了节约用水，在这三部分中都要将节水技术、节水管理贯穿在整个用水过程中。

一、节水灌溉工程技术

1. 低压管道输水灌溉工程技术

低压管道输水灌溉（简称"管灌"）是利用低压管道代替土渠（明渠）输水到

田间地头，进行沟（畦）灌溉的一种地面灌水技术。

（1）低压管道输水灌溉的优点

① 节水　管道输水可减少渗漏和蒸发损失，输水的利用率可达 95%～97%，比土渠输水节约水量 30% 左右，比硬化（或其他类型衬砌）渠道节水 5%～15%。同时，若配套地面移动闸管系统和先进的地面灌水方法，综合省水可达 30% 以上。

② 节能　低压管道灌溉，通过提高水的利用率，节约了灌溉用水量，提高水泵动力机械的装置效率，从而降低了消耗，一般可节能 20%～50%。

③ 省地　以管代渠在井灌区一般可比土渠少占地 2% 左右，提高了土地利用率。

④ 输水快、省工、省时　管道水速度快，渗漏少，供水及时，浇地快，从而缩短了灌水周期，节省了灌水用工。据测试，灌溉效率可提高 1 倍，可节省灌溉用工 1/2 左右。

⑤ 适应性强，便于管理　低压管道输水灌溉不仅适合于井灌区，也适合于扬水站灌区和自流灌区。用压力管道输水，可以越沟、爬坡和跨路，不受地形限制，适合于当前农业生产责任制形式，便于单产和联产经营管理。主干管埋在地下，便于田间机耕和运输。地面配套移动软管，可解决零散地块的浇水问题。

（2）低压管灌系统的组成与分类　低压管道系统一般由水源、水泵及动力机、连接保护装置、输水管道、给配水装置及其他附属设备（如量水设备、排水阀、逆止阀和田间灌水设施）等部分组成。

低压管灌系统的类型一般可分为移动式、固定式和半固定式三种。

① 移动式　该型除水源外，机泵和输水管道都是可移动的，特别适合于小水源、小机组和小管径的塑料软管配套使用。其优点是一次性成本低，适应性强，使用比较方便。缺点是软管使用寿命短，易被草根、秸秆等划破，在作物生长后期，尤其是高秆作物灌溉比较困难。

② 固定式　此型包括机泵、输配水管道、给配水装置等建筑物都是固定的，水从管道系统直接进入沟畦进行灌溉。

③ 半固定式　这种系统的机泵、干（支）管和给水装置等地埋固定，而地面灌管是可移动的。它通过埋设在地下的固定管道将水输送到计划灌溉的地块，然后通过给水栓供水给地面移动管进行灌溉。它具有以上两种形式的优点，是国内外低压管灌较常用的一种形式。

2. 渠道防渗工程技术

灌溉渠道在输水过程中只有一部分水量通过各级渠道输送到田间被作物利用，而另一部分水量却从渠底、渠坡的土壤孔隙中渗漏到沿渠的土壤中，不能进入农田被作物利用，这就是渠道渗漏损失。研究表明，没有衬砌的土渠，其渗漏损失约占总引水量的 30%～50%，有的高达 60%，即如果渠道不衬砌，灌溉用水的 50% 以上将在渠道输水途中被渗漏掉。渠道防渗工程技术就是减少渠床土壤透水性或建立不易透水的防护层而采取的各种工程技术措施。

常用的渠道防渗工程技术措施如下：

（1）减少渠床土壤透水性的防渗措施

① 压实法　用人工或机械夯实渠底及边坡，破坏土壤原有结构，使土壤密实，减小其透水性。最适用于黏性土壤（黑土、壤土、黄土等），对砂性土壤效果较小。

② 人工淤填法　使水中所含的黏粒或细淤泥借水流下渗，进入并堵塞原有土壤空隙，减小透水性，适用于透水性较大的砂质土壤。

（2）混凝土 U 形渠道的修建

① 采用机械开挖 U 形土槽　利用机械挖 U 形土槽并用衬砌机浇筑混凝土，能保证衬砌厚度均匀，有利于提高衬砌质量和施工效率。

② 混凝土配合　水泥可用普通硅酸盐水泥、矿渣硅酸盐水泥或火山灰硅酸盐水泥，以普通硅酸盐水泥为好，水泥标号与混凝土强度的比值以 2～3 为宜。石子的最大粒径为衬砌板厚度的 1/2，超径的数量不大于 5%。砂要用中砂或细砂，细度模数一般不应小于 0.2。混凝土的配合比和水灰比，应经试验确定，一般机械施工水灰比为 0.55～0.6，人工施工为 0.65 左右。

③ 衬砌施工　通常采用现场浇筑和预制安装两种形式，一般渠道以现场浇筑施工较好，填方渠道和斗渠以下的小型渠道可用预制施工。预制施工可在工厂实行机械化生产预制件，然后运至现场砌筑。现场浇筑也可机械施工，可供选择的机械有：滑行式衬砌机，适用于流量 1 米³/秒以下的小型渠道；轨道式衬砌机，适用于流量 2～3 米³/秒的支渠；喷射混凝土衬砌，适用于大、中型渠道。

3. 喷灌工程技术

喷灌是喷洒灌溉的简称，它是利用专门的设备（动力机、水泵、管道等）把水加压或利用水的自然落差将有压水送到灌溉地段，通过喷洒器（喷头）喷射到空气中散成细小的水滴，均匀地散布在田间进行灌溉。

喷灌系统分为固定式、半固定式和移动式三种。固定式喷灌系统各组成部分在整个灌溉季节中（甚至长年）都是固定不动的，或除喷头外，其他部分固定不动。半固定式喷灌系统除喷头和装有许多喷头的支管可在地面移动外，其余部分固定不动。支管和干管常用给水栓快速连接。移动式喷灌系统除水源工程（塘、井、渠道等）固定外，动力水泵、管道、喷头都可移动。

固定式喷灌系统操作方便、生产效率高、占地少，易于实现自控和遥控作业，但建设投资较高，适用于蔬菜和经济作物灌区。移动式喷灌系统结构简单，投资较低，使用灵活，设备利用率高，但移动时劳动强度较大，路渠占地较多，运行费用相对较高，比较适用于抗旱灌溉的地区，是我国目前发展最多的喷灌形式。半固定式喷灌系统的特点介于上述两者之间，是我国今后应提倡发展的主要喷灌形式。

喷灌和地面灌溉相比，具有节约用水、节省劳力、少占耕地、对地形和土质适应性强、能保持水土等优点，因此被广泛应用于大田作物、经济作物、蔬菜和园林草地等。喷灌可以根据作物需水的状况，适时适量地灌水，一般不产生深层渗漏和地面径流，喷灌后地面湿润比较均匀，均匀度可达 0.8～0.9。由于用管道输水，输水损失很小，灌溉水利用系数可达 0.9 以上，比明渠输水的地面灌溉省水 30%～50%。在透水性强、保水能力差的土地，如砂质土，省水可达 70% 以上。由于喷灌可以采用较小的灌水定额进行浅浇勤灌，因此能严格控制土壤水分，保持肥力，保护土壤表层的团粒结构，促进作物根系在浅层发育，以充分利用土壤表层养分。喷灌还可以调节田间小气候，增加近地层空气湿度，在高温季节起到凉爽作用，而且能冲掉作物茎叶上的尘土，有利于作物呼吸作用和光合作用，故有明显的增产效果。

喷灌几乎适用于灌溉所有的旱作物，如谷物、蔬菜、果树等，也适用于透水性弱的土壤。喷灌不仅可以灌溉农作物，也可以灌溉园林、花卉、草地，还可以用来喷洒肥料、农药，同时具有防霜冻、防暑、降温和降尘等作用。据统计，我国适宜发展喷灌的面积约 0.2 亿公顷。但为了更充分发挥喷灌的作用，取得更好的效果，应优先应用于以下地方或地区：

① 经济效益高，连片、集中管理的作物；

② 地形起伏大或坡度较陡、土壤透水性较强，采用地面灌溉比较困难的地方；

③ 灌溉水资源不足或高扬程灌区；

④ 需调节田间小气候的作物，包括防干热风和防霜冻的地方；

⑤ 劳动力紧张或从事非农业劳动人数较多的地区；

⑥ 水源有足够的落差，适宜修建自压喷灌的地方；

⑦ 不属于多风地区或灌溉季节风不大的地区。

4. 微灌工程技术

微灌是一种新型的节水灌溉技术，包括滴灌、微喷灌、涌流灌。它根据作物需水要求，通过低压管道系统与安装在末级管道上的特制灌水器，将水和作物所需的养分经较小的流量均匀、准确地直接输送到作物根附近和土壤表面或土层中。与传统的地面灌溉和全部面积都湿润的喷灌相比，微灌常以少量水湿润作物根区附近的部分土壤。

微灌的优点和适用范围：

（1）省水　因全部由管道输水，基本没有沿程渗漏和蒸发的损失，灌水时一般实行局部灌溉，不易产生地表径流和深层渗漏，水的利用率比其他灌水方法高，可比地面灌省水 50%～70%，比喷灌省水 15%～20%。

（2）节能　在 50～150 千帕的低压下运行，工作压力比喷灌低得多，又因省水显著，对提水灌溉来说节能也更为显著。

（3）灌水均匀　能有效地控制压力，使每个灌水器的出水量基本相等，均匀度可达 80%～90%。

（4）增产　能为作物生长提供良好的条件，较地面灌溉一般可增产 15%～30%，并能提高农产品的品质。

（5）适应性强　适用于山丘、坡地、平原等地形灌溉，不需平整土地。可调节灌水速度以便适应不同性质的土壤。

（6）可利用咸水　能用含盐量 2～4 克/升的咸水灌溉，但在干旱或半干旱地区咸水灌溉的末期应用淡水进行灌溉洗盐。

（7）省工　不需要平地、开沟打畦，可实现自动控制，不用人工看管。由于常用作局部灌溉，相当部分土地在灌溉时不被湿润，杂草不易生长，减少除草工作量。

微灌的灌水器孔径很小，最怕堵塞。故对微灌的用水一般都应进行净化处理，先经过沉淀除去大颗粒泥沙，再进行过滤，除去细小颗粒的杂质等，特别情况还需要进行化学处理。由于微灌只湿润作物根区部分土壤，会引起作物根系因趋水性而集中向湿润区生长，造成根系发育不良，甚至发生根毛区堵塞灌水器出孔的情况，故在干旱地区微灌果树时，应将灌水器在平地上布置均匀，并最好采用深埋式。为防止鼠类咬坏塑料输水管，应将管道埋入鼠类活动层以下约距地面 80 厘米处。

微灌适用于所有的地形和土壤，特别适用于干旱缺水的地区，我国北方和西北地区是微灌最有发展前景的地方。南方丘陵区的经济作物因常受季节性干旱也很适宜微灌。北方的苹果宜采用滴灌、微喷灌和涌流灌；北方和西北的葡萄、瓜果采用滴灌最理想；南方的柑橘、茶叶、胡椒等经济作物及苗木、花卉、食用菌等宜采用微喷灌；大田作物如小麦、玉米等宜采用移动式滴灌。

根据不同的作物和种植类型，微灌系统可分为固定式和移动式两类。固定式全部管网固定在地表或埋入地下，灌溉时不再移动，常用于宽行作物，如果树、葡萄等。移动式的干、支管固定，田间毛管可在数行作物中移动，灌完一行，移至另一行再灌，常用于密植的大田作物和宽行瓜类等作物。

根据管网安装方式不同，微灌系统又可分为地表式和地埋式两种。地表式一般支管和毛管铺设在地面上，安装方便，便于检修，但有碍耕作且易老化损坏。地埋式可避免地表式的缺点，但不便检修。

5. 渗灌工程技术

渗灌是利用修筑在地下的专门设施（管道或者鼠洞）将灌溉水引入田间耕作层，借毛细管作用自下而上湿润作物根区附近土壤的灌水方法，也称地下灌水方法。

渗灌具有落水质量高，能很好地保持土壤水分，节约灌溉水量，少占耕地，便于机耕，并可减少杂草和害虫繁殖；灌水效率高，并可利用地下管、洞加强土壤通气等优点。但渗灌容易产生深层渗漏，使水量损失多，并抬高了地下水位，在盐碱地上容易助长土壤盐碱化；渗灌管道或鼠洞容易淤塞，且管理检修困难，造价较高。

渗灌系统的主要组成部分是地下管道网，一般可以分为输水管道和渗水管道两个部分。输水管道的作用是连接水源，并将灌溉水输送到田间的渗水管道，它可以是明渠，也可以采用暗渠、暗管。

渗水管材料可按因地制宜、就地取材的原则，利用各种材料制造。一般有管道和鼠洞两种。目前，应用较多的管道材料是黏土烧管、多孔瓦管、多孔水泥管、竹管以及波纹塑料管等。其中，应用较多的多孔瓦管每节长 30～50 厘米，直径 10～15 厘米，管上部分布有直径 1～2 厘米的出水孔，间距 5～10 厘米，呈梅花形布置。渗水鼠洞是拖拉机牵引的专门的鼠洞犁耕层土壤开挖出来的土洞，它只适用于比较黏重的土壤。

渗灌技术主要包括埋深、间距、长度和管坡度等项内容。渗水管埋深依土壤性质、耕作要求及作物种类等条件而定。黏性土毛管上升高度大，可较砂性土埋深大些，管道的上缘应紧靠作物根系集中层，并使埋深大于农业机械深耕的深度，且不会被机械行走压坏，一般埋深 40～60 厘米。管道间距主要决定于土壤质地、管内水头压力、管道埋深以及管材的透水性能。土壤黏重、管内水压较大、埋深大且管材透水性能良好时，间距可以大些；反之，间距宜小些。渗水管长度与管道铺设坡度、管内水流压力、流量以及管道渗水性能等有关。适宜的渗水管长度应使管道首尾两端土壤能湿润均匀，而深层渗漏损失最小。我国采用的无压渗水管长度为 20～50 米。管道铺设坡度与地面坡度基本一致，一般取 0.001°～0.005°。

6. 地面灌溉节水技术

（1）畦灌法　实施畦灌，要注意提高畦灌技术。理想的畦灌技术应当是，在一定的灌水定额情况下，灌溉水由畦首流到畦尾的同时，从地表向下的垂直入渗也将该定额水量全部渗完，并在整个畦田的纵横两个方向上入渗水量分布均匀，浸润土层均匀，且不造成部分畦田田面积水与部分畦田土层湿润不足或发生深层渗漏与产生泄水流失。为达到上述要求，就必须选择合理的灌水技术要素。

畦灌灌水技术要素主要指畦长、畦宽、入畦单宽流量和放水入畦时间等。影响这些要素的因素主要有土壤渗透系数、畦田坡度、畦田糙率与平整程度以及作物种植情况，它们之间的关系极其复杂。在相同土质、地面坡度与畦长情况下，入畦单宽流量的大小主要与灌水定额有关。一般是：入畦单宽流量愈小，灌水定额愈大；入畦单宽流量愈大，灌水定额愈小。因此，可在不同条件下引用不同的入畦单宽流量，以控制灌水定额。地面坡度大的畦田，入畦单宽流量可小些，坡度小的入畦单宽流量可大些；砂土地渗透快，入畦单宽流量应大；土质黏重或壤土渗透慢，入畦单宽流量宜小。地面平整差的，入畦单宽流量可大些；地面平整好的，入畦单宽流量可小些。

（2）沟灌法　沟灌法的灌水沟一般均沿地面坡度方向布置，即基本上垂直于地面等高线。若地面坡度过大时，也可使灌水沟与地面坡度方向呈锐角布置，以使灌水沟获得适宜的比降。适宜于沟灌灌水沟的地面坡度一般为 $0.005° \sim 0.02°$。坡度过大，水流速度快，易使土壤入渗不均匀，且达不到预定的灌水定额。

由于灌溉水沿灌水沟向土壤中入渗同时受着两种力的作用，重力作用主要使沿灌水沟流动的灌溉水垂直下渗，而毛细管作用除使灌溉水向下浸润外，亦向周围扩散，甚至向上浸润。因此，沿灌水沟断面不仅有纵向浸润，同时也有横向浸润，其纵横向的浸润范围主要取决于土壤透水性能与灌水沟的深浅或水流的时间长短。

沟灌灌水技术要素之间的关系：在地面坡度小、土壤透水性强、土地平整较差时，应使灌水沟短一些，入沟流量大一些，以使沿灌水沟湿润土壤均匀，沟首不发生深层渗漏，沟尾不产生流失；当地面坡度大、土壤透水性弱、土地平整较好时，应使灌水沟长一些，入沟流量小些，以保证有足够的湿润时间。目前，我国灌水沟在一般情况下：土壤透水性强的砂性土壤，沟长为 $30 \sim 50$ 米；透水性弱的黏性土壤，沟长为 $60 \sim 100$ 米，最长不要超过 100 米。入沟流量一般为 $0.5 \sim 3.0$ 升/秒，为使入沟流量适宜，可根据输水沟流量大小，调整同时开口的灌水沟数量。沟灌灌水时间的控制，在生产实践中与畦灌法相同，可根据灌水定额、土壤透水性与灌水沟纵坡度等条件，采用七成、八成或九成封沟改水或满沟封口改水等办法。

为了与地膜覆盖栽培技术相结合，新疆一些灌区研究采用膜上沟灌法，比采用膜侧沟灌法节水效果显著，一般可节水 70% 左右。膜上沟灌可以保持土壤结构，表层土壤疏松不板结，可以充分发挥地膜热效应作用，地温稳定并维持增温效应；土壤水分分布均匀，土、肥不会被冲刷和流失，改善了土壤的水、气、热、肥的环境条件。

膜上沟灌是在地膜栽培的基础上，不再增加投资，把膜侧沟灌水流改为在膜上沟灌水流，以进一步利用地膜防渗输水，同时又通过放苗孔渗水，适时适量供水给作物，从而达到节水灌溉的目的。

膜上沟灌灌水技术除与一般沟灌灌水技术的要求相同外，对一定的地块，还应考虑每米膜长的灌水强度、膜沟长、膜沟宽、灌水时间、灌水定额和入膜沟流量等因素。

二、节水农艺技术

节水栽培的目标就是提高作物群体的水分利用率和产量。大量研究表明，作物和品种间的耐旱性、对水分条件的适应性和水分利用率是不同的，作物不同生育期对水分的需求和水分亏缺胁迫的敏感性各异。保证作物营养与合理施肥，可以促进根系生长，增强吸收功能，调节"作物-光合-水分"的关系；化学调控能提高作物抗旱力，改善光合蒸腾比率，提高水分利用率。作物对水分亏缺的适应是通过根系扩展和渗透调节这两条途径实现的。因此，提高作物群体的水分利用率和产量是可能的，且有巨大潜力。

1. 节水高产作物品种

节水高产作物品种是指具有节水、抗逆、高产、高水分利用率的作物品种。现在一般认为，作物水分利用率是一个可遗传的性状，既受遗传基因控制，又受环境因素和栽培条件的影响，而且随其变化而变化。不同光合途径类型和不同种类作物间，水分利用率也存在很大差异。

作物品种的水分利用率与其抗旱性有关，但非同一概念。抗旱品种的水分利用率不一定高，在正常供水条件下，抗旱品种全生育期总耗水量一般不比不抗旱品种少，但产量低，故抗旱力不一定增加。总之，作物品种水分利用率由本身遗传特性、形态和生理过程所决定，并在环境条件的综合作用下得以体现。通过引种和选种来提高作物水分利用率是确有潜力的。作物品种对水分亏缺的适应性和水分利用率的差异，则是对作物品种选择和布局搭配的重要依据。

作物品种选择的原则是：对水分条件适应力强、御旱性好、综合抗性好、稳定高产、水分利用率高。具体标准大致如下：种子吸水力强，叶片抗脱水力好，根系发达入土深、吸收活力高而稳定、后期活力衰降缓慢。

2. 土壤培肥、施肥与水分利用率

农田土壤的水分利用效率除与作物种类、品种有关外，还与土壤肥力的高低有着密切的关系。各地试验研究表明，在适度范围内，增施一定数量肥料，尤其是配方施肥，则作物的总耗水量虽相差不多，但产量可明显增长，从而使耗水系数大幅度下降，导致水分利用效率提高。

3. 覆盖栽培节水技术

我国覆盖栽培（地膜和秸秆覆盖）面积和作物种类已居世界首位。实践证明，覆盖栽培具有显著的保墒、增温、节水防旱，改善土壤理化性状，提高土壤肥力有效性，提高作物耗水比（蒸腾/蒸发），促进作物早熟和增产等特点，是一项高效应用降水和灌溉水的抗灾、节水、高产措施。地膜覆盖栽培广泛应用于粮、棉、油大田作物和蔬菜种植。秸秆覆盖在北方小麦、玉米和果树生产上大面积得到推广应用。

4. 节水抗旱化学调控技术

面对水资源缺乏的严峻挑战，长期以来寻找调节植物发育及内部代谢反应、促进根系扩展和减小蒸腾、提高水分利用率和抗旱性等化学物质及其调控技术，一直是农业生物学所关注并进行研究的热点，目前，各项技术已取得多项进展。

三、节水管理技术

1. 制定促进水资源合理利用的价格体系

目前世界上许多国家的"水法"中，都明确了征收水费的政策，以促进水的有效利用和加强工程的维护管理，从而提高水的利用效率。我国供水水费标准过低，用水管理尚未形成良性的市场机制，供水价格远远低于供水成本。

对水资源的严格管理，不仅要体现在灌溉系统的现代化方面，而且对用水户也应当实行严格的需求管理，对所有的用水户都要按量收费，并实行差别收费以及按计划供水和超用惩罚制度。

2. 重视农业与水利措施综合管理

国内外的试验研究和生产实践证明，只有采取农业与水利的综合管理措施，将节水型农业从水源到形成作物干物质时的水分转化和水分运行过程中各个环节的管理措施统一起来综合实施，才能实现农业的节水、高产、优质、高效。

3. 建立信息管理体系

灌溉信息管理是实现灌溉用水现代化、自动化及科学用水的基础。灌溉水信息管理系统主要由灌区用水信息管理中心、灌区用水信息采集传输系统、灌区用水数据库管理系统、灌溉计划用水管理系统、灌溉自动化监控系统组成。

第七节　农业生态环境保护与治理技术

一、农业污染防治技术

农业污染主要指化肥、农药的不合理使用造成的土壤污染，焚烧秸秆造成的环境污染及土壤中氮、磷、钾的缺乏，畜禽粪便对水体的污染，设施农业产生的塑料农膜等废弃物对环境的污染等。

1. 化肥污染防治技术

（1）化肥的合理施用

① 测土配方施肥技术　通过测土化验测量土壤养分，需什么养分施什么养分，需多少养分施多少养分，测定氮、磷、钾以及其他微量元素的合理施肥量及施肥方法，以使作物均衡吸收各种营养，还可以维持土壤肥力水平，减少对农产品以及水资源和土壤的污染，同时通过平衡土壤养分供应，可以提高农产品的品种档次和适口性。测土配方施肥技术工作面广、量大，现有的农技人员和技术设施数量有限，

无法适应整个面上的工作需要。因此，国家有关部门应加强基层农技队伍的建设，增加技术服务网点，配足、配好各种技术设施，尽快满足广大农民施、调、控肥的愿望，以解决化肥超标投入的问题。

② 扩大生物化肥和有机肥的施用　生物化肥和有机肥是解决化肥污染的一项重要措施，要合理施用化肥，增施有机肥，根据土壤的特性、气候状况和农作物生长发育特点，实行配方施肥，严格控制有毒化肥的使用范围和用量，扩大生物化肥和有机肥施用面积。生物化肥可以补充土壤有机质，在植物根际微生态系统内引殖大量的有益微生物，促使作物根际微生态系统处于良性循环状态，而且生物有机肥对水、土均不产生污染，是减轻化肥污染的较好替代品。北京中龙创科技有限公司依托军事科学院和中国农业科学院开发的"满园春"生物有机肥是以畜禽的粪便为原料，以作物的秸秆等有机废弃物为辅料，配以多功能发酵菌种剂，通过连续池式好氧发酵，使之在5～7天内除臭、腐熟、脱水，最终成为高效活性生物有机肥。有机肥不但营养全面，养分释放均匀持久，可以培肥地力，破除板结，改善土壤团粒结构，使土壤活性变好，增强土壤保肥、保水能力，而且可以刺激农作物生长，提高农作物的抗逆性。长期施用有机肥还可有效缓解重茬作物带来的危害。有机肥成本低廉，是减少化肥、农药投入、增加农民收入的有效途径。

③ 改进施肥方法　氮肥深施，主要是指铵态氮肥和尿素肥料深施。据农业农村部统计，在保持作物相同产量的情况下，深施节肥的效果显著：碳铵的深施可提高利用率31%～32%，尿素可提高5%～12.7%，硫铵可提高18.9%～22.5%。磷肥按照旱重水轻的原则集中施用，可以提高磷肥的利用率，减少对土壤的污染。

(2) "坡改梯"工程　平地的化肥利用率可达到35%以上，而坡地的化肥利用率却达不到20%，且坡度越大，化肥的利用率越低。我国山区面积占国土面积的69%，山区人口占全国总人口的56%，全国2100多个行政县（市）中有1500多个山区县。由于自然特点的限制，山区的耕地65%以上属坡地。山坡地没边没堰，在跑水跑土的同时，还严重跑肥。因此，搞好坡耕地的改造，是控制我国化肥流失、水体污染的一个重要措施。在坡耕地的改造方面，我国多年来沿用的是整修梯田的方式，即采用"等高，兼顾等距；大弯就势，小弯取直"的布设原则，建成有埂、有埝、有排灌设施的保水、保土、保肥的水平梯田，群众也叫"三保田"。实践证明，水平梯田不仅起到蓄水保土的效益，而且能促进土壤理化性质的改善。

(3) 改善土壤净化能力　增加土壤有机质含量，改善土壤团粒结构，增加和改善土壤胶体的数量和种类，增强土壤对污染物的吸附能力，减少污染物在土壤中的活性。同时利用微生物对污染物的降解能力，为微生物提供生长繁育的有利条件，增加有益微生物的种类和数量，达到提高土壤自身净化能力的目的。

(4) 重金属污染的防治　施用化学改良剂，采取生物改良措施防治化肥造成的重金属污染。在重金属轻度污染的土壤中施用抑制剂，可将重金属转化成为难溶的化合物，减轻农作物的吸收。石灰、碱性磷酸盐、磷酸盐和硫化物等抑制剂在一定的环境中改良效果显著。此外，小面积受污染土壤可以种植抗性作物或对某些重金属元素有富集能力的低等植物。

2. 农药污染控制技术

（1）农药的合理使用　合理使用农药，重点开发高效、低毒、低残留农药，减少农药对土壤的污染，经济有效地消灭病、虫、草害，发挥农药的积极效能。在生产中控制化学农药的用量、使用范围、喷施次数和喷施时间，提高喷洒技术，改进农药剂型，严格限制剧毒、高残留农药的使用，重视低毒、低残留农药的开发与生产。

防止有机磷农药污染，认真落实安全用药各项措施，合理使用有机磷农药。有机磷农药在蔬菜中的持续时间以及通过食物链的累积要比有机氯农药少得多，但条件不同，其残留期也有所变化。目前塑料大棚种植蔬菜发展很快，并且种植期相对缩短，这就增加了有机磷农药的残留量相对增高的可能性。因此，在使用有机磷农药时，要尽量选用残留期短的，并注意施药方式的合理性，减少对环境及人体的危害。

（2）生物修复　农药的生物修复就是充分利用土壤中微生物对农药的降解作用，并采用人工调试措施，调节微生物或酶的活性，强化其对农药的降解能力，从而加速农药的降解速度，以达到人们所期望的去除效果。

3. 畜禽粪便污染减控技术

畜禽粪便污染减控技术一方面是采用清洁生产技术，减少污染物排放；另一方面是畜禽粪便的资源化，包括沼气利用技术，粪便的饲料化、肥料化等。本节主要介绍清洁生产技术。

（1）清洁生产的概念　清洁生产是将污染防治战略持续应用于生产全过程，通过不断地改善管理和技术进步，提高资源利用率，减少污染物排放以降低对环境和人类的危害。这是 20 世纪 80 年代以来发展起来的一种新的、创造性的保护环境的战略措施，是防治畜禽粪便污染的较好方法，是实施可持续发展战略的重要措施。

（2）养殖业清洁生产技术

① 科学的饲料配方　导致养殖业污染的根源在于饲料，因此，推行和使用安全、高效的环保型饲料是防治畜禽粪便污染的关键。

② 清粪工艺　我国规模化养殖目前存在的主要清粪工艺有三种：水冲式、水泡式（自流式）和干清粪工艺。

水冲式清粪工艺和水泡式清粪工艺耗水量大，并且排出的污水和粪尿混合在一起，给后处理带来很大困难，而且固液分离后的干物质肥料价值大大降低，粪中的大部分可溶性有机物进入液体，使得液体部分的浓度很高，增加了处理难度。北方地区应用较多的水泡式清粪工艺由于粪便长时间在畜禽舍内停留，导致厌氧发酵，产生大量的有害气体如硫化氢、甲烷等，会危及动物和饲养人员的健康。

干清粪工艺是指粪便一经产生便分流，可保持畜禽舍内清洁，无臭味，产生的污水量少，且浓度低，易于净化处理。干粪直接分离养分损失小，肥料价值高，这是目前比较理想的清粪工艺。

由此可见，对养殖场的粪便污水治理，首先应从生产工艺上进行改进，采用用水量少的清粪工艺——干清粪工艺，使干粪与尿、水分流，最大限度地保存粪便的肥效。其次，通过优化饲料配方、改进饲养技术、改造畜舍结构、改进清粪工艺以及建立畜牧养殖业低投入、高产出、高品质的无公害畜产品清洁生产技术体系，实现畜牧养殖行业无废物排放和资源再循环利用，保证畜牧业可持续发展。

二、水土保持技术

1. 水土保持的耕作措施

一般来说，我国的水土保持耕作措施可分为两大类：一类是以改变地面微小地形，增加地面粗糙度为主的耕作措施，如等高带状种植、水平沟种植等；另一类是以增加地面覆盖和改良土壤为主的耕作措施，如秸秆覆盖，少耕免耕，间、混、套、复种和草田轮作等。具体采用哪种耕作技术措施，必须根据其适宜区域范围、适宜条件与要求来决定，不能生搬硬套，搞一刀切。具体措施如下：

（1）垄沟种植法　在川台地、坝地和梯地上采用垄沟种植法，在坡度为 20°以下的坡耕地上使用，增产幅度明显，而且其投入比梯田与坝地少得多，容易为农民所接受。

（2）等高耕种法　这是坡耕地保持水土最基本的耕作措施，也是其他耕作工程的基础。一般情况下，地表径流顺坡而下，在坡耕地上，采用顺坡耕种，会使径流顺犁沟集中，加大水土流失。特别在 5°左右的缓坡和 10°左右的中坡地区进行机械耕作时，往往如此。采用等高耕种法，对拦截径流和减少土壤冲刷有一定的效果。据研究，一般等高带状耕作的要求是坡度在 25°以下，坡越陡作用越小；坡度越大，带越窄，带与主风向要垂直。降水量很少的旱地，要求坡度 15°以下也可采用等高耕作法。

（3）残茬覆盖耕作法　即在地面上保留足够数量的作物残茬，以保护作物与土壤免受或少受水蚀与风蚀。据有关资料显示：增加 10% 的地面覆盖，侵蚀减少20%；20% 的残茬覆盖减少侵蚀 36%；30% 的残茬覆盖减少侵蚀 48%。

（4）少耕法与免耕法　少耕法与免耕法在保护土壤方面有积极的效果。少耕法改善土壤通透性，有利于水分下渗。免耕法使土壤上层有机质含量增多，渗水性改进。这两种方法还节约了劳力、动力、机具与燃油的消耗，降低了生产成本，提高了劳动生产力；节约了耕作时间，减少因耕作损失的土壤水分；增加了地面覆盖，减少水土流失。在黄土高原坡耕地上，这两种方法有相当大的应用价值。

（5）多作种植法（也是水土保持耕作法）　把防侵蚀能力强的作物布置在坡耕

地上，应用多作种植，充分利用自然资源，可提高单位土地面积生产力，同时也增强农田植被覆盖率，延长了覆盖时间（因收获期不同），因而是减轻水土流失的好办法，应该因地制宜加以运用。

2. 水土保持的林草生物措施

林草生物措施是水土保持工程的最重要的措施之一，对于保蓄水土、改善生态环境、充分利用荒山荒坡发展多种经营具有重要意义。这项措施主要包括造林种草、封山育林以及管理牧场草场等。在林草措施中，首要的是营造水土保持林，其中包括水源涵养林、护堤护岸林、固沙护坡林、保土护沟林、薪炭林和饲料林等。营造水土保持林的原则是：以乡土优势树种为主，适当引进其他优良树种；以营造混交林为主，不种单一树种；以速生树种为主，适地适树，以提高蓄水保土能力；以林为主，实行林农间作，发展多种经营，以提高经济效益；以生物措施为主，并与工程措施配合，以提高生态效益与工程效益。营造水土保持林，必须明确目的，统一规划，根据所在地区自然经济条件采用适当林种，设计适当林型。其主要的技术问题有树种选择、林型配置、整地造林方法等。

陡坡耕地是我国水土流失最严重的地方，解决这一问题的根本措施就是退耕种草、种树。据测定，黄土高原区陡坡地农作物和苜蓿的水土流失量相比，苜蓿比农作物减少径流量的 93.7%，减少冲刷量的 88.6%。陡坡地退耕种植林草，不但可治理水土流失，生态效益好，而且其经济效益也比种植农作物的效益高得多。

对于缓坡耕地特别是优质的缓坡耕地实行粮草间作、套作、复种的用养结合制度，可以达到改土培肥、防止水土流失和提高作物产量的目的。我国坡耕地多，分布的范围也广，适宜种草、种树，特别是在水土流失严重的地区更应大力提倡种草、种树。

三、农业生态恢复工程

所谓农业生态恢复工程，就是指运用生态学原理和系统科学的方法，把现代化技术与传统的方法通过合理的投入和时空的巧妙结合，使农业生态系统保持良性的物质、能量循环，从而达到人与自然的协调发展的恢复治理技术。

农业生态恢复工程技术分为土壤改造技术、植被的恢复与重建技术、防止土地退化技术、小流域综合整治技术、土地复垦技术等五类。

1. 土壤改造技术

土壤改造技术是指对没有生产力的土壤（如沙地、盐碱地、荒漠化土地等）进行生态恢复，使其具有生产力或生态功能的技术。对盐碱地的土壤改造技术主要是水灌和种植，水灌可以滋生微生物，改良土质，使之恢复良性生态功能。选择适宜的草种或树种进行种植，也可以改良土质。对于沙地、荒漠化（沙漠化）土地的改造技术，主要是种植，即选择耐旱的草种或树种进行种植，防沙固沙，使沙质土壤建立起新的良性的生态系统，恢复土地的生产力。

2. 植被的恢复与重建技术

根据土地退化程度的不同，植被的恢复与重建途径有：①对于正在发展的退化土地，其上植被、土壤等变化尚处于初期发展阶段，可采取自然恢复的过程，最终使生态系统趋于一种动态平衡状态。②对于严重退化的土地，由于地表割切破碎、植被在劣地发育，其恢复难度较大，则需配以适当的人工措施，达到控制土地退化、水土保持的目的。

3. 防止土地退化技术

坡耕地退化在很大程度上与土地资源不合理利用有关。实施预防为主的方针，对现有不合理的人类活动，尤其是农业实践活动进行修正，优化产业结构配置，改革耕作制度，是防止土地退化的主要措施。在某些区域，由于农作物种植业在农业产业结构中所占比重过大，加速了土地肥力的衰减，土地迅速退化。对此，应采取退耕还林、还湖、还牧等技术措施，恢复土地肥力，达到防止土地退化的目的。

4. 小流域综合整治技术

因地制宜地发展生态农业，最大限度地提高一个坡面或小流域坡地的持续生产力，是小流域综合整治技术追求的目标。小流域综合整治技术包括：①高效立体种养技术；②有机物多层次利用技术；③生态防治植保技术；④再生能源工程技术；⑤农工相结合的配套生态工程技术。

5. 土地复垦技术

土地复垦是指对采矿等人为活动破坏的土地，采取整治措施，使其恢复到可供利用的期望状态的综合整治活动。这种活动是一个经历时间长、涉及多学科和多工序的系统工程。土地复垦工程的基本模式是：复垦规划—复垦工程实施—复垦后的改良与管理。土地复垦技术是矿区生态环境恢复治理的主要技术措施。复垦后的改良措施和有效管理是使复垦土地尽早达到新的生态平衡、提高复垦土地生产力的重要保证。

▶ **第十二章**

国内外循环农业工程模式的典型案例

第一节　国外循环农业运营模式

　　发达国家发展循环农业都非常注重保护农业生态环境和实现农业资源的高效利用。它们大多采用先进的科技手段和工业提供的装备，如节水灌溉设备、精量播种机械、精量施药机械、提高肥料利用率的技术与装备、低污染高效低毒农药施药技术与装备、秸秆综合利用装备等来保持农业的良性发展。由此可见，发展循环农业并不"神秘"，最简单的即可体现在以上这些单项技术手段和工业装备的应用即可达到循环农业的基本理念——良性发展。发达国家在农业灌溉中十分注意节水，普遍采用节水灌溉技术与装备，使水的有效利用系数达到 0.8。

　　国外发展循环农业多从节约资源和循环利用资源入手。大体有以下几种主要类型。

1. 以色列的节水、节地农业模式

　　以色列的土地资源和水资源极其缺乏。他们从实际出发，充分发挥自己的高技术优势，发展无土农业、节水农业。一是直接向植物提供无机营养液，以代替由土壤和有机质向植物提供确保其生长发育所需要的营养；二是采取将太阳能以有氧吸收的方式直接转化为热量的栽培方式。节水农业是在保持区域水环境和生态环境持续稳定的前提下，通过最大限度地开发利用当地的各类水资源，建设高效的水资源配给系统，构建高效的水分转化利用模式，从而最大限度地满足社会所需要农产品

生产的农业技术体系。经过半个多世纪的发展，目前，以色列已形成了完整的节水农业体系。其主要环节有：①开发和应用先进的精准微灌技术。以色列已研制出世界上最先进的喷灌、滴灌、微喷灌和微滴灌等节水技术与设备，使水、肥的利用率高达80％，比传统的灌溉方式节水、节肥30％以上。②大力开辟水源。主要措施是：兴建"北水南调"工程；收集天然降水，建立集水设施；最大限度地收集和储存雨水，用于农业生产。③调整农业种植结构。减少粮食作物的种植，改种和增种对土壤要求低、技术含量高、经济效益好的经济作物等。

2. 美国的精准农业模式

美国精准农业的含义是按照田间每一操作单元的具体条件，精细准确地调整各项土壤和作物管理措施，最大限度地优化使用各项农业投入，以获取最高产量和最大经济效益，同时减少化学物质使用，保护农业生态环境，保护土地等自然资源。精准农业的核心技术是"3S"（GPS、GIS、RS）技术和计算机自动控制系统。

美国于20世纪80年代初提出了精准农业的概念和设想，90年代初进入生产实际应用，目前有60％～70％的大农场（年收入在25万美元以上）采用精准农业技术，而精准农业也确实给农场主带来了明显的节约效应和规模效益。

3. 荷兰的设施农业模式

设施农业是集生物工程、农业工程、环境工程为一体，跨部门、多学科综合的系统工程，是在外界不适季节，通过设施及环境调节，为作物营造较为适宜的生育环境，达到早熟、高产、优质的集约化生产方式。

荷兰国土面积狭小，资源贫乏。但荷兰经济发达，是世界现代农业典范，其成功之诀窍就是靠设施农业。一是修建高标准的水利和防洪设施，保证了水源，减少了水害；二是发展设施农业，全国玻璃温室面积已超过1.1万公顷，占世界温室总面积的1/4以上，而且许多温室都是高智能化的，温度、水分、光照、营养等均实现了科学合理的搭配和调节，从而避免了"滥用"和浪费。

设施农业不只是变"不适季节"为作物营造适宜的环境条件，还在于明显地提高了土地的复种指数，使一亩地当几亩地种，大大拓宽了农作的时间和空间。

4. 菲律宾的生态农业模式

生态农业指以生态学、经济学理论为依据，运用现代科技成果和现代管理手段，在特定区域内所形成的经济效益、社会效益和生态效益相统一的农业。菲律宾农场生态农业循环模式见图12-1。

菲律宾玛雅农场即为典范。该农场不用从外部购买原料、燃料、肥料，却能保持高额利润，而且没有废气、废水和废渣的污染。

这样的生产过程由于符合生态学原理，合理地利用资源，实现了生物物质的充分循环利用，产生了良好的节约效果。

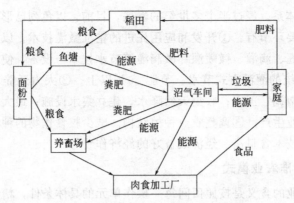

图 12-1　菲律宾农场生态农业循环模式

5. 日本的循环农业模式

日本的循环农业模式以农家肥为中心，利用现代技术把家畜粪便、稻壳和发酵菌类混合在一起，并配上除臭装置，用制成的农家肥代替化肥，不但有利于环境保护，而且还生产出许多绿色食品。

在下列模式（图 12-2）中，通过把小规模下水道的污泥和家禽粪便以及企业的有机废弃物作为原料进行处理后投入到甲烷气体发酵设备中，产生的甲烷气体用于发电，剩余的半固体废渣进行固液分离后，固态成分进行堆肥和干燥，液态成分处理后再次利用或排放，此时，排放的废物已基本对环境无害，基本实现了废物的高度资源化和无害化。

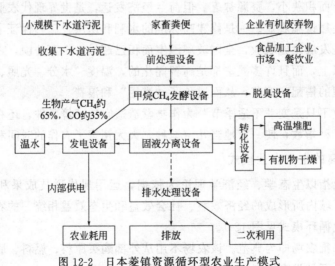

图 12-2　日本菱镇资源循环型农业生产模式

6. 阿根廷的免耕直播法

阿根廷在农业生产中突破了"种地必先耕地"的传统耕作法，普遍采用"免耕直播法"，即土地不翻耕，农作秸秆粉碎后覆盖地表。用轻型播种机把种子播撒到土壤表层中。因为表层土长期被秸秆杂草覆盖，土壤一般都很湿润，加上微生物丰富，土质比较松软，种子播后会很快发芽、生长。这种耕作法既可以节省机械收割秸秆的能源消耗和人为成本，又可减少水资源的消耗，省时、省力、省能源的优势体现得特别明显。目前，阿根廷、美国、巴西、加拿大等许多国家都在积极推广免耕种植法，全球至少有 6000 万公顷的土地采用免耕直播法。

第二节　国内循环农业模式

1. 北方"四位一体" 循环农业模式

北方"四位一体"循环农业模式即在塑料大棚内或日光温室内建沼气池、养猪，猪粪尿和种植业的残余废弃物入池发酵产生沼气，沼气用来照明、炊事、取暖等，沼渣、沼液用作蔬菜的有机肥或猪饲料添加剂，猪的呼吸、有机物发酵及沼气燃烧还可以为蔬菜提供 CO_2 气肥，促进光合作用。这种模式实现了种植业、养殖业的有机结合，是一种能流、物流良性循环，资源高效利用，综合效益明显的生态农业模式。

2. 丘陵山区立体开发利用模式

该模式利用生态系统中不同海拔地带环境组分的差异和不同生物种群适应性的特点，在空间的主体结构上进行合理布局，发挥山坡地生态系统的整合效应，从而使经济效益、社会效益、生态效益得到有机的统一。如四川省的"山顶松柏戴帽，山间果竹缠腰，山下水稻鱼跃，田埂种桑放哨"，广东省的"山顶种树种草，山腰种茶种药，山下养鱼放牧"，河北省的"松槐帽，干果腰，水果脚"等都是根据当地的资源状况科学开发利用的循环农业模式表述。

3. 小流域综合开发的循环农业模式

小流域是以分水岭和出水口断面为界形成的自然集水单元。小流域面积大小不一，各国定的标准不同，美国把 1000 平方千米以下的流域称为小流域，欧洲和日本的标准只及其 1/20～1/10，我国一般定为 3～50 平方千米。京郊以 30 平方千米定标共有 527 条小流域。

浙江省德清县杨坟坞因地制宜综合开发小流域便是一个成功范例。该小流域自山顶到山麓分别为：用材林—薪炭林—食用竹和果树—牧场—牧草和茶苗—鱼塘。在这一模式结构中：山顶用材林和薪炭林不仅可以保持水土，避免土壤侵蚀，涵养水源，而且可提供农村能源；中下层的食用竹具有较高的经济价值；牧场不仅可为竹园提供足够的有机肥，而且可为鱼塘提供一定的饵料。这种有序循环农业结构为物流和能流畅通其道、食物链紧密衔接提供了保证，各组分之间相互促进，协同效应明显，使得整体的生态效益、经济效益和社会效益得以充分体现和发挥。

京郊房山区南窖乡花港村在一座海拔四五百米的山顶上种植了 500 亩特晚熟桃"九九桃王"；山腰上，层层叠叠的梯田里栽种了 80 亩适宜在深山生长的黄芩；山脚下，在两条总长 1000 多米的废弃引水洞里种了 6 万棒山洞蘑菇；山沟里，40 亩板栗园里放养了 6000 只柴鸡。如今"高山立体农业"使花港村的荒山沟变成了"金沟银壑"。2007 年，这座立体式开发的大山给花港村带来的收益至少有 200 万元，同时还为 150 多名劳动力在山上解决了就业问题。

4. 农牧结合和农田用地养地结合模式

农牧结合、用地养地是我国传统综合农业和农作制度的精华。植物生产和动物生产在生态上相辅相成、相互支持，加上它们对土壤库的补给，构成了农业生产良性循环的基本结构。北京市延庆区永宁镇新华营村以种植业和养殖业为主要产业，耕地面积 3243 亩，平均年产玉米 4215.9 吨，玉米秸秆 12972 吨，全村年存栏奶牛 800 多头、生猪 6000 多头，年产牛、猪粪便 1168 吨。2006 年，结合"让农村循环起来"的思路，着手发展养殖，搞有机种植，建蘑菇大棚，发展沼气能源，走种养结合的循环之路。

该模式的核心是以种植业促进养殖业，再以养殖业反补种植业，再到净化和清新村庄环境、发展民营旅游业，一环扣一环，环环皆生金。延庆区当年存栏的奶牛 3 万头，禽类 90 余万只，每年产生 46 万吨粪便，往常得不到有效处理，既影响了生态环境，又浪费了资源。近年来，该县引导农民把种养结合起来，秸秆养畜，畜禽粪便进沼气池发酵，一方面制作能源，另一方面制作无害化沼肥，发展有机种植业和培养食用菌。

5. 资源高效循环利用模式

北京市朝阳区"蟹岛"的前身是一个以种植水稻为主的农业企业，占地 2700 亩。为了把这片土地盘活"生金"，"蟹岛"人采取一系列措施发展循环农业经济，创造了资源高效利用的模式。这些措施主要有：一是优化资源组合，大力发展旅游、休闲、度假农业，利用农业资源发展垂钓业、饮食业，带动旅游、休闲、度假业，逐步形成"前店后园"式的发展模式；二是建立以沼气技术为核心的固体废弃物处理和有机肥生产系统；三是建立以地热能、沼气能、太阳能等可再生能源为核心的清洁能源利用系统；四是建立以污水处理技术为核心的水环境保护和水资源循环高效利用系统；五是建立以植物保护技术为核心的高档有机食品生产系统；六是充分利用"剩余资源"开发"副"产品，提高资源利用效率。这些措施的执行，使"减量化、再利用、再循环"（"3R"）社会经济活动行为准则在蟹岛得到了很好的实施与运用。在废水方面，实现了零排放和生活污水 100％资源化再利用，每年节水 30 万立方米，万元产值耗水仅 35 吨；97％的固体废弃物得到资源化利用，其中生活垃圾资源化利用达 84%，另外 3% 的无法利用的固体废弃物也做到无害化处理；清洁能源占能源使用总量的 85%；农田面源污染基本解决；生态环境得到改善和保护，农业效益大幅度提高（比传统农业高出 5~10 倍）。

6. 农林菇资源循环利用模式

农林植物是以消化、吸收无机营养（水、矿物质等）制造有机生物质体，而食用菌则以分解有机物获取能量和营养物质。从这个意义上看农林植物与蘑菇生产是相生关系。自古以来，我国农民就有利用农林废弃物接种食用菌菌种生产各种各样的食用菌，又用食用菌生产中的废弃物（菌棒、残留菌丝体等）作动物饲料或作物肥料的历史。

过去生产食用菌多占用耕地。近年来，北京市通州区永乐店镇林地养菇试验成功。他们利用蘑菇喜阴、喜湿的特点，利用林间空地及空气湿润、树冠遮阴的有利条件，采用塑料棚养蘑菇。实践表明，这样做有几大好处：一是充分利用林地空间资源和适宜的小气候；二是可使林木残枝落叶转化为食用菌生产基质，做到物尽其用，变废为宝；三是食用菌的田间管理客观上带动林地管理，可提升林木的生长品质；四是形成林菌经济，节省了土地资源，增加了产品资源，保护了林地环境，提高了林地的附加值。

7. 科教兴农循环发展模式

循环农业的灵魂在于依靠科技进步。循环农业"3R"原则的落实全靠科技进步来实现。要实现资源投入"减量化"，就要靠科技进步来提高单位资源的利用效率，以最少的资源创造更多更好的财富；要靠科技进步来推进资源创新，开发新产品，并提升产品质量与附加值；要依靠科技进步来开拓新产业、新产品及产业、产品间的相互渗透与延伸，提高资源化再生产能力。尽管现有循环农业都是科技的结晶，但对于许多用户来说都是"拿来我用"，这是必要的。人类社会是不断发展的，循环农业也要不断发展，而发展的动力在于不断创新。作为循环农业的主体，经营者就应成为创新的主体，推进循环农业技术不断创新，才能推进农业持续高效发展。蟹岛循环农业之所以能越搞规模越大、水平越高、效益越明显、环境越好，其灵魂就在于依靠科技进步，他们在每个循环的连接点都聘有专家作顾问，为创新提供智力和技能服务；每个环节的员工都要接受技术培训，把循环农业技术落到实处；不断吸收新技术，推进循环农业技术进步，不断提升循环农业生产力。

科教兴农循环发展模式的核心是以企业为创新主体，而这个主体具有强烈的创新意识，能把握当今农业发展趋势及其技术需求，能抓住循环农业发展中的技术需求，组织力量进行技术攻关和创新。科教兴农发展循环经济的着力点：一是节约资源，减量投入，提高资源利用效率和价值；二是创新产品，并延长产业链，提高附加值；三是从源头抓起，提升废弃物资源化再利用的技术水平，不断提高循环农业增值率。对现存的技术"拿来我用"是推进循环农业技术进步的捷径，也是必要的技术来源。但应该看到，发展循环农业在我国还是刚刚兴起，其概念还是引进来的，其相关技术依托多为经验总结与组装而成。如农牧结合就是秸秆喂牛，牛粪制作沼气、沼渣肥田等。很少有按照物流能级、投入产出预期绩效进行精心设计，科学配置资源、合理利用资源并获取预期效果和效益，使每个环节间形成有效对接，使整个循环圈成为增值链。因此，在实践中存在不少循环不到位的工程，如搞了沼气，沼渣、沼液出不去，有了沼气站而入户难——铺设输气管缺投资，其实最缺少的是技术创新。所以发展循环农业模式多多，而以依靠科技进步发展循环农业的模式是最具活力的模式。

8. 生态食物链模式

以猪为中心的生态食物链模式比较普遍，其中有猪沼粮、猪沼菜、猪沼果等。猪以粮食为饲料，经过消化后的排泄物进入沼气池发酵作为微生物的食料，据研究，沼气发酵过程中至少有80多种不同的微生物在分解粪便之类的有机废物。经过发酵这个环节，不仅能取得生物质能源，还有经过分解产生的沼渣、沼液，它们又是作物很好的肥料，亦可用于培养蚯蚓，而蚯蚓又是家禽和特种水产品的食物。再就是草鱼、鳙鱼、白鲢、鳊鱼等家鱼按一定比例混养，它们各占不同水层，食用不同饵料，有的吃草，有的以别的鱼的排泄物繁殖起来的藻类和微生物为食。它们共生形成互相依存的食物链。

9. 池塘循环流水养殖模式

池塘循环流水养殖模式借鉴了工厂式循环水养殖理念，将传统池塘的"开放式散养"变为"集约化圈养"，使"静水"池塘实现了"流水"养鱼。该种养殖模式是在池塘中的固定位置建设一套面积不超过养殖池塘总面积5％的养殖系统，主养鱼类全部圈养于系统内，系统外的池塘面积用于净化水质，以供主养鱼类所需。养殖系统前端的推水装置可产生由前向后的水流，结合池塘中间建设的两端开放式隔水导流墙，使整个池塘的水体流动起来，达到流水养殖的效果。主养鱼类产生的残饵、粪便随着系统内水体流动，通过废弃物收集装置，将残饵粪便从系统中移出，转移至池塘之外的沉淀池并循环利用。此外，池塘其他区域用于套养滤食性鱼类（鲢、鳙、匙吻鲟等），达到增产和净化水质的目的。

该技术符合我国渔业对节水、节能、生态、高效的发展要求，在资源节约、生态环境保护及渔业增效等方面具有明显优势，并且能够解决国内渔业养殖模式在转型方面遇到的诸多问题。池塘循环流水养殖技术通过气提水装置，在增加水体溶氧的同时带动水体循环流动，养殖废弃物随着水流不断沉积在系统末端并及时排出，使养殖水体得到了净化，大大降低了池塘养殖的药物使用率，在保护水环境的同时提高了水产品的质量安全。在增加产量、提高效益的同时，可将水产养殖中大部分的残饵粪便及时收集并排出，被植物再次利用，实现了池塘的低碳生态养殖。池塘循环流水养殖系统能够在室外静水池塘中达到工厂化循环流水的养殖效果，使池塘养殖实现了低碳高效、环保生态的可持续发展。

10. 鱼菜共生养殖模式

"鱼菜共生"是基于生态共生原理，在同一水体中把水产养殖与蔬菜种植有机结合，实现养鱼不换水、种菜不施肥的资源可循环利用的综合种养模式。鱼菜共生养殖模式通过在鱼类养殖池塘水面种植蔬菜（空心菜、草莓、丝瓜、菱角、水芹菜、小麦等），利用蔬菜根系发达和生长时对氮、磷需求高等特性，在池塘内形成"鱼肥水—菜净水—水养鱼"的循环系统，达到鱼菜和谐生长的状态。目前，在天津、北京、河北等省（直辖市）建立"鱼菜共生"核心示范区 24.9 万亩，辐射带动全国 100 万亩以上。

池塘鱼菜共生养殖模式与传统养殖模式相比，不仅可以收获水产品，还可收获蔬菜，平均亩产能提高 10% 左右，节约水电成本投入约 30%，节省用药 50% 左右。例如空心菜亩产可达 800 千克，根据蔬菜元素含量分析，每生产 1 千克空心菜可以消纳 1.45 克氮和 0.3 克磷。而且该种养殖模式可使水体透明度增加，氨氮含量降幅达 50.6%，养殖病害发生相对较少，鱼类品质有一定程度改善，综合生产效益可提高 30% 以上。

11. 林下资源的开发利用

林下尤其最新栽林林下潜在资源还是相当丰富的：一是林木行间土地资源丰富；二是空气新鲜，温湿度相对稳定；三是由冠层遮阴，对于一些喜阴植物是比较适应的等。在科技不甚普及的时期，林下资源一直闲置着。随着科技进步与普及，林下资源的开发利用在京郊已成热点，涌现出林下养鸡、养鹅、养鸭，栽培蘑菇、药材、喜阴蔬菜、豆类、花卉、绿肥植物等，利用面积达二十几万亩，收益上亿元，如怀柔区 7700 亩林地"树下生金"，带动农户增收 1500 万元。

林下资源开发利用循环链条虽短，但简便易行，是一种说干可干而得益的产业。

12. 沟域资源的开发利用

京郊山区有一千米以上的沟域 2300 多条，现已开发利用的有 7 条，涉及 8 个区、34 个乡镇、378 个村、20 万人口，开发面积达 3029 平方千米，走出了山区"绿水青山就是金山银山"的一条可持续发展新路。

13. 蚯蚓循环处理技术要点

这是北京市土肥站研究推广的"小蚯蚓让废弃物循环利用"的有效技术（图12-3）。

（1）蚯蚓选种　蚯蚓的种类成百上千，如何选取适合处理废弃物的蚯蚓种就成为关键。废弃物处理需要蚯蚓有吞食性强、繁殖能力大、掘地性能高等特点，这样利于废弃物快速、安全、彻底地资源化处理，通过国内蚯蚓专家的推荐以及考虑北

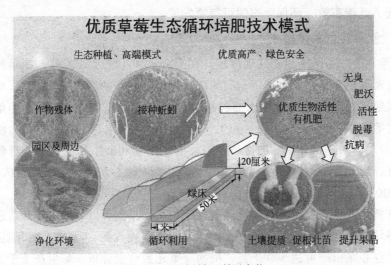

图 12-3　蚯蚓循环利用废物

京自然环境等特点，经过反复的品种筛选，最终确定了赤子爱胜蚓作为生物循环处理技术的主推品种。赤子爱胜蚓一般体长 35～130 毫米，宽 3～5 毫米，颜色呈紫色、红色或红褐色，身体呈圆柱形，广泛分布于北京、黑龙江、新疆等地。

（2）蚯蚓扩繁　由于蚯蚓原种数量有限，就需要快速扩繁蚯蚓。将蚯蚓原种存放在特定繁育区域，繁育区域需要具备蚯蚓安全过夏、过冬的条件。夏天要有遮阳、遮雨条件，并能定期补充水分，地表遮盖自然土体；冬季地表覆盖稻草，并加盖塑料以保持地温。将蚯蚓种平铺，覆盖 20～30 厘米厚的潮湿牛粪和粉碎秸秆，等到表层牛粪变成颗粒状，再添加牛粪。1～2 个月的时间，8～10 米² 的区域可扩繁 40～50 千克蚯蚓。

（3）物料准备　将日常收集、种植园区拉秧后的植物残体集中堆放在物料间里，当累积到一定量的时候，利用粉碎机将植物残体粉碎至 5 厘米以下的长度，并用塑料布覆盖，防止随风吹走。提前准备好牛粪，堆放一段时间进行自然发酵，利于蚯蚓的吞食。

（4）堆置发酵　将新鲜粪便和粉碎植物残体混合在一起发酵，利用搅拌机或者人力将 1 米³ 新鲜粪便和 1 米³ 粉碎残体混合均匀，蚯蚓处理废弃物碳氮比为 25∶35 最佳。喷洒一定水分保持湿润，含水量以手攥住混合物水分不下滴且能成团为最佳，堆置地点适宜为长方形，长宽比例适中（例如 20 米×30 米）。夏季堆置三周即可，冬季堆置两个月。利用种子发芽方法可以检测发酵是否达到标准。

（5）接种蚯蚓　将蚯蚓均匀撒施在发酵后的混合物上层，堆置上方需要搭建简易遮阳避雨装置（遮阳网），混合物表面布置微喷装置，1 米³ 混合物可接种 1.5～2 千克蚯蚓，pH 值维持在 7 左右，温度控制在 20～25℃最佳，不宜超过 30℃或者低于 0℃。

（6）蚓粪分离 蚯蚓年繁殖率可达1000倍，重量增加100倍以上，每天能消耗超过自身体重1/2的有机废物，并大约减少废物体积50%。当堆置混合物高度明显下降后，且上部粪便呈现均匀颗粒状，表明处理接近尾声，此时可以将新鲜粪便堆在旁边，并覆盖黑色薄膜，使得蚓粪快速分离，分离的蚯蚓可以继续处理下一批次混合物。

（7）使用注意事项 蚯蚓、作物残体、粪便（牛粪）比例适中，一般10千克蚯蚓、1米^{3}残体、1米^{3}粪便混合。给予蚯蚓适宜的生态环境，夏天遮阳避雨，冬季保温，适当通风。同时注意利用土著蚯蚓的作用，作物生育期和蚯蚓生长期结合。

（8）推广应用效果 该技术具有简单操作、便于实施、经济适用等特点。

① 经济效益 投入主要包括蚯蚓原种、粉碎机、牛粪、简易遮阳遮雨装置、人力。产出包括作物增产、品质提升、产出有机肥、废弃物循环利用等。以草莓园区为例：三年的蚯蚓粪培肥，每亩可增产14.7～97.2千克，增加草莓在春节期间的上市量；提高果实固形物含量0.5%～0.62%，降低硝酸盐含量30～45毫克/千克。100千克的蚯蚓处理作物残体200米^3，过腹粪便200米^3，生产100吨高品质有机肥，可满足面积50亩园区循环农业需要。60米^{2}的处理场地即可满足50亩园区使用，物力总投入0.7万元，累计可使用10年以上，每年可产出价值6万元的有机肥，作物增产增收年可达30万元。

② 生态效益 蚯蚓粪还田可以显著改良培肥土壤，提高土壤生物活力，三年亩施两吨，可提高土壤有机质4.5%～10.4%，速效钾含量增加23.3%～45.1%。蚯蚓粪还田还可以显著增加土壤蚯蚓数量，提高土壤生物活力，提升土壤质量。

③ 环境效益 该技术可以提高园区自身废弃物资源化处理能力，促进生态循环农业的发展，同时还可以带动园区周边环境的改善和治理，为优美、生态、环保的农村环境提供保障。

14. 京郊"循环起来"见成效

（1）全市农用水年省91个"玉渊潭"。北京地区属于资源型重度缺水地区，全市人均水资源占有量不到300米^3，只有全国平均水平的12.2%，世界平均水平的3.1%。近年来，各郊区县都纷纷大作农业节水文章，全市农业用水量已从2001年的17.4亿立方米减少到目前的12.4亿立方米，年均减少近7000万立方米，相当于91个玉渊潭的蓄水量，农业用水也由占全市总用水量的44.6%降到36.2%。全市再生水农业利用从无到有，现已占农业灌溉用水的18.5%；建立集雨工程350处，蓄水能力达1000万立方米。通州区新河和大兴区南红门灌区发展再生水灌溉46.5万亩，再生水用量达2.3亿立方米，替代了大量清水。

（2）农业保护性耕作节约成本1.8亿元。2008年，全市有9个县区100多个乡镇、900多个村实施保护性耕作，面积达到269万亩。由于减少了翻耕、重耙、镇压、施底肥等工序，京郊农民由此节约生产成本 1.8 亿元。保护耕作可减少土壤水分流失 60％，减少土壤流失 80％，提高水分利用率 15％～17％，减少田间扬沙 60％，还能很好地解决焚烧秸秆污染环境问题和增加土壤有机质。

（3）养殖场肥水不流"外人田"。2008 年，郊区新建规模养殖场粪便治理 120 处，把养殖场产生的固体粪便加工成肥料，用于种植业生产；污水经过治理，作为肥水灌溉农田。

（4）石门村山、棚、水"三箭齐发"发展循环农业。房山区大石窝镇石门村因地制宜，山、棚、水"三箭齐发"发展循环农业，使村民获利。他们充分利用山区野生资源嫁接菱枣，同时在枣园放养柴鸡。2008 年以来新增柴鸡 1 万只，发展养殖户 500 户，实现户均增收 5000 元。以设施蔬菜基地为依托，发展养鸭业，将蔬菜棚中废弃的茎叶用以喂肉鸭，种养联动，新增肉鸭 1000 只，发展养殖户 50 户。利用本镇南泉水河和御塘泉水资源发展鲟鱼、虹鳟鱼养殖业，新增鱼苗 20 万尾，为发展餐饮业、垂钓业创造了条件。流动的水进稻田浇灌御塘稻——清代皇宫专用的"贡米"。

（5）生态床养猪，实现"零排放"。大兴区长子营镇九鼎公司采用新式生态床——由锯末、粉碎的秸秆、谷壳配以一定比例的发酵菌种剂掺和铺垫 60～80 厘米厚的"床垫"，猪吃食后就在这"垫"上嬉闹或躺着休息。猪粪尿在"床垫"上由猪踩、人翻与垫料混合，经微生物发酵后降解既无臭味，也不招蚊蝇。由于发酵酿热，冬季猪犹睡热炕。据区畜牧管理部门观察，生态床养猪具有环保（零排放）、节水（不用冲粪）、节能（冬季不给猪圈加温）和资源再生循环利用（垫料两三年出一次，用于农田肥料）等优点，较传统养猪模式可节约用水 90％，每头猪节约成本 50 元左右，猪的育肥可提早 10 天左右。

（6）地域性生态农业有较大发展。北京冬、春季多风沙，既影响城市生活，又危害农业。为打造城市绿色屏障，北京市到 2009 年已建成 22 个森林公园，其中国家级 15 个，市级 7 个，总面积 8.3 万公顷，其负氧离子达到每立方厘米 2 万个以上。这种"森林氧吧"既绿化、美化、净化了环境，又促进了人与自然的和谐。2008 年招来游客 300 多万人，总收入达 1.1 亿元，发展了旅游经济。延庆区退耕还湖、还林、还草，构建塞北生态屏障——11 万亩湿地守护北京。

（7）水循环利用。水利是农业的命脉。如今由于水资源匮乏，缺水已成京郊农业发展的"瓶颈"。到 2009 年，京郊不仅蓄积雨洪水，还修建起 40 余座污水处理厂，污水处理率由 30％提至 40％，每年可使 1.2 亿立方米的生活污水达标排放，浇灌农田和园林绿地。目前，已建成生态清洁小流域 30 条，6440 平方千米水土流失面积中已有 4200 平方千米得到治理。污水变清是山区农村发展特色种养业和乡村旅游业等富民增收的前提。密云区累计投资近亿元建成京郊最大的中水回用工程及日处理能力 4.5 万吨的污水处理厂；投资 7000 多万元在 13 个乡镇建起镇级污水处理厂，日处理能力 1 万余吨；投资 3600 万余元建起 50 个村级污水处理站。这些都有效地清洁小流域，改善农村水环境。

（8）延庆区生态文明之花朵朵艳。延庆区在实施生态文明战略中带动了资源的循环利用。张山营镇后黑龙庙村用牛粪发酵的沼气站每天消耗牛粪 $3\sim4$ 米^3，生产沼气 $160\sim180$ 米^3，满足全村 200 多户居民做饭烧水；刘斌堡乡随处可见"生物质气炉"，它的原料全是农作物废料，燃烧时无焦油，实现了"零排放"；"德青源"筹划鸡粪发电，已投资 5000 万元构筑鸡粪沼气发电工程，预计年产沼气 800 万立方米，年发电 1500 万度，容量为 5000 米^3 的沼气池已开始试运行；全县 57 眼地热井已累计为延庆人供热 47 万平方米，仅此一项，每年全县可节煤 1 万吨；美丽的官厅湖畔和康西草原边上 30 余个 70 多米高的大风车拔地而起，转动的风车，将清洁能源输送到千家万户。

（9）四海镇开发冷凉资源，发展花卉产业。延庆区四海镇地处塞外深山，这里的夏季气候冷凉，被花卉经营者认定适合花卉生产，便招来丰台区花乡、海淀区组培中心，以及一些科研、教学单位来此合作开发花卉产业。目前，四海镇已在四海等 9 个村发展花卉和中药材种植 2800 亩，为首都和周边花卉市场提供盆草花 500 万盆、百合鲜切花 20 余万支，实现花卉收入 850 万元，全镇人均增收 1270 元。

安定镇千亩沙荒变良田。大兴区安定镇有 4000 亩沙荒地经科学规划与改造已成良田，其中建立高档苗圃 2000 亩，新增经济林 800 亩，新建大棚 100 亩，绿化面积达 65%，有效地增加了耕地资源，改善了生产条件和自然环境，设施蔬果亩效益达 5000 元，苗木亩效益达 1500 元。

第三节　从地域实际出发确定循环农业模式

地球上的自然资源和人文社会状况因其所处的地域不同而存在差异。因此，发展循环农业对其运营模式的选择必须因地制宜，遵循当地的自然规律和经济规律办事。然而世事是复杂万端的，人类在一定时期所开创的事业是有限的。就北京地区来说，发展循环农业必须进行资源审视，密切关注资源循环中的开发、消耗、废弃物产生、农业产业链延伸、资源再生等各个环节的基本途径和重点领域。在农业资源开发利用方面，以提升水资源的涵养、循环利用、土地资源的区域布局与功能定位、生物资源的多样性呵护与利用效率为重点，尤其是对生物质能和微生物资源进行循环利用方面探索新的发展思路；在资源消耗环节，要大力提倡节约，时时处处考虑节能降耗，提高资源利用效率；在产品开发与生产方面，要瞄准首都中高档消费需求和国内外市场竞争力，着力发展优质、安全、高端、高辐射农产品及其加工品，着力发展首都市场需求而外埠不可或难于替代的鲜、嫩、活、精农产品和由本土特色资源形成的唯一性特色产品及其加工品等；在农业废弃物产生环节，要着力科技攻关，在农业废弃物处理及资源化利用方面取得一批突破性成果，实现种养业生产所积累的生物资源全程化利用；在农业产业链延伸方面，实行清洁生产，使上一环节的废弃物成为下一环节的资源，增加价值链，拓展农业产业空间，重点关注农业产业循环链的内生延伸与产业联动，加工农业产业循环链整合思路、途径与模式，拓展农业产业化经营领域；在资源再生环节，重视农业废弃物、农产品初加工的废弃物、陈化农产品等的循环利用。

探索循环农业发展模式，就是要根据本地域生态循环再利用、再生产的循环链的原理来抓农业生产，发展经济效益、生态效益和社会效益统一，良性循环的生态农业，探索和推广农村循环经济的产业发展模式。只有从地域资源、环境、产业与消费以及综合循环经济的角度，探索以"无害化、低排放、零破坏、高效益、可持续"统筹规划农业与农村产业、农村生产与生活、农村社区建设与城镇化发展，才能构建和确定具有地域特点的循环农业模式。这里的"农业"是定位在国民经济中的包括"农、林、牧、副、渔"五业在内的农业，而不仅限于种植业的农业。在持续发展理论指导下，循环农业的基本任务是：着力保护、维护、开发、循环与再生农业资源；协调农业生态系统内部的合理运营；减轻或消除由于生产力水平提高对于环境所造成的"应力"与"胁迫"。具体应做到：

① 统筹运用五个"三角"关系，提升资源循环利用水平，降低能量、物质等农业资源的消耗强度，提高单位资源的生产力。

② 所采用的农业措施，应具有维持农业系统的自动平衡机制，保证有效的能量流和物流的健全运行。

③ 尽量通过内部调控去减少外部投入，合理、有效地组织农业系统的整体生产。

④ 注重总结当地的农业结构模式，使其既能从自然角度，又能从社会经济角度去体现最优的功能，尽可能挖掘当地的生产潜力。

⑤ 开展循环农业及其生态工程设计和优化研究。

根据以上任务，综合各方面的研究与生产实践，循环农业框架可以"六个方面"为主线来形成，即：以农、林、牧三者相互依赖，缺一不可的循环链条；以粮食及其他农副产品龙头加工企业为依托加深循环农业链；以畜牧、水产生产加工为依托的畜牧、水产精深加工循环农业链；大力发展绿色、无公害原料，采用先进节能、减排、无污染技术改造传统工艺，提高企业效益；以林业及其加工业为依托的林业循环农业链；以秸秆综合利用为重点的秸秆循环农业链等。在这六种框架下选择循环农业模式可以是多样化的。上面介绍的若干典型案例都具有参考价值。但就其主导模式来说，可以采用中国环境科学出版社发行的《领导干部循环经济知识读本》一书所推荐的四种模式，即：种植业与养殖业的循环生产模式；以沼气为纽带的循环生产模式；农业与农产品加工业的循环模式；区域一体化循环农业发展模式。另外，还应注意某种（些）重要资源投入减量化、资源化、再利用的模式。诸如节约用水、污水无害化处理及循环利用；某种农产品的生产、精深加工及副产品的综合开发利用；不可再生资源如土地的荒漠化治理、放荒农地的复垦、中低田的改造升级、土壤肥力的培养、提高单位面积的复种指数、农业的工厂化生产、土地产出率的提升等，使土地生产力可持续发展。

以秸秆综合利用为主的资源循环利用工程（图12-4）具体包括：一是制作秸秆饲料，其主要方法是粉碎青贮、秸秆氨化盐化、秸秆机械加工和发展混合日粮；二是制作秸秆建材，以替代木材；三是制作生物质能源；四是树木枝杈粉碎后用作花园植物或乔、灌木植物篱笆的根际覆盖物，既可防止水分蒸发，腐烂后还可肥地。

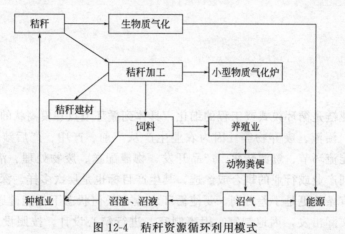

图 12-4 秸秆资源循环利用模式

▶ **第十三章**

目前适用的循环农业链

循环农业链是循环模式或工程的细化,具体到循环节点和模糊状的产物如秸秆饲料、沼渣、沼液、废弃物等。因为农业生产从产前、产中、产后涉及内容、要素、物流和能流环节、资源转化、产品开发、物流配送、废物处理、清洁生产等,还牵涉到不同产业或行业的耦合或渗透,其生产目标也是层次多样、深浅不一,生产经营者现有条件更是千差万别,要使循环农业在任何状态下都能健康高效运营,就得一切从实际出发,因地制宜、因事制宜,进行精心设计,按照设定的循环目标,选定适宜的循环链,并从每个接点做起,选用现有的先进技术、工艺及配套设施装备,采用现代企业制度进行管理。这样才能不论循环模式是简单还是复杂,都可按循环链做出循环农业运营程序和操作规程,使其形成高效率、高效益的技术范式,发挥先进生产力的作用。

第一节　循环农业链

1. 秸秆资源循环利用链

秸秆是农业生产中量大而面广的副产物,占农业生物地上部分产量的 1/2 以上。据有关方面统计,我国每年各类农作物秸秆总量约 6 亿吨,分布在 18 亿亩耕地上,资源十分丰富,用好即是财富。最简单的用法为秸秆粉碎直接还田培养地力。但秸秆中主要是纤维素、木质素,在缺少氮素的情况下,微生物分解缓慢。一般应按碳∶氮($C∶N$)=20∶1施入氮素化肥,经草食动物过腹还田。为了分解秸秆的纤维素、木质素,一般要将秸秆粉碎后加一定比例的氨水或液氨,在封闭条件下进行氨化处理，提高秸秆饲料的适口性和营养价值。牲畜的排泄物经腐熟（可以经沼气池发酵或可堆制发酵腐熟）后用作农田肥料；秸秆粉碎后用作培养食用菌的基质，废弃菌棒粉碎后用作饲料喂养牲畜，牲畜粪便作沼气原料或直接堆腐后用作肥料；秸秆还可用于北方冬春季裸露农田覆盖，防治农田风蚀与扬尘，减少来自农田的 PM_{10}（粒径小于 10 微米的可吸入颗粒物）排放量，到春种时再把它们翻入土中培养地力。中国农业大学季洪文博士等在京郊从事保护性耕作研究的结果表明，在京郊地区采用玉米低茬覆盖（收后保留低茬于地表过冬）、全量秸秆覆盖（收获后秸秆粉碎后全部覆盖地表）和直立秸秆覆盖地，比翻耕地 PM_{10} 发生量平均减少 62.57%，因此我们可以不必戴口罩防止 PM_{10} 的危害。其中直立秸秆覆盖抵制 PM_{10} 发生效果最好，比翻耕减少风蚀量 88%，减少 PM_{10} 排放 77.48%。该研究还指出，采用保护性耕作技术，秸秆覆盖量达每平方米 400 克时，产生的 PM_{10} 将由 841032 吨减少到 50229 吨。同时，作物秸秆、残茬覆盖地表，还可减少水分蒸发，保持土壤湿润，改善土壤物理性状，改善团粒结构。总之，以秸秆覆盖地表为主的保护耕作，可减少风蚀、水蚀，保护生态环境和节本增收，改善城乡生存环境。

秸秆的多层次综合利用可使物质资源和能量资源达到更高的利用效率及效益，比较典型的循环链如图 13-1 所示。

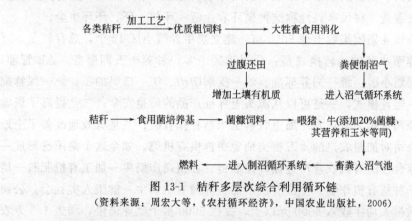

图 13-1　秸秆多层次综合利用循环链

（资料来源：周宏大等，《农村循环经济》，中国农业出版社，2006）

此循环链实际是以秸秆资源循环利用为中心的农、牧、渔各业综合发展的大循环过程，也是使各业间形成有效生态系统的大整合。

2. 有机农业循环链

北京市延庆区新华营村村域面积 0.68 平方千米，全村 750 余户，主要产业以种植业和养殖业为主。全村耕地面积 3243 亩，平均年产玉米 4215.9 吨，玉米秸秆 12972 吨；全村养殖户 110 余户，年存栏奶牛 800 多头、生猪 6000 多头，年产牛、猪粪便 1168 吨。在传统农业时期，全村到处是牲畜粪便，一到夏天臭气冲天。从 2006 年起，在"让农村循环起来"的号召下，开始实施循环农业，其循环链如图 13-2 所示。

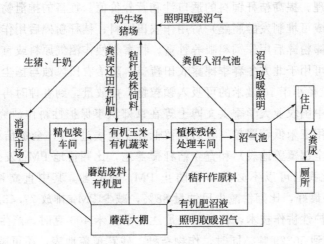

图 13-2 延庆区新华营村农牧复合循环农业链

如今，新华营村的种植业促进养殖业，以养殖业反补种植业，再通过秸秆过腹还田或作蘑菇基质、或作沼气发酵原料后再还田，生产出无公害或绿色玉米、蔬菜、食用菌及肉、蛋、奶上市，形成崭新的绿色产业链。同时，净化了村庄环境，带动了民俗旅游业。村民高兴地称这种循环农业链一环扣一环、环环生金。

山东银香伟业集团集约土地6000亩，建立奶牛养殖小区12个，总存栏量3万余头。这些养殖小区的运营模式是：公司建区＋客户种养＋五四服务＋AB管理，实行"统一规划小区、统一饲养标准、统一疾病防治、统一挤奶加工、统一保鲜配送"等。这一运营模式，一是可以从源头上保证产品的质量安全；二是提高了资源的利用率，公司每年大量从农户那里收购玉米秸秆作青贮；三是有效地改善了土地生态环境，公司对加盟农户的4万亩土地免费提供有机肥。如今这个集团已形成一个完整的、综合性的有机农业产业循环发展链：养殖高产奶牛—加工有机肥料—培养有机土地—种植有机作物—生产有机产品—养殖有机奶牛—健康人类社会。公司所在地五里墩村人均年收入8000元以上，提供5000多个就业岗位，周边1.8万农户受益。循环农业致富了一方农民。

3. 农牧渔复合畜禽养殖生态循环链

农牧渔复合畜禽养殖生态循环是应用生态学、生态经济学与系统科学的基本原理，吸收现代科技成就与传统农业精华，以畜牧业为中心，并将相应的植物、动物、微生物等生物种群匹配组合起来，形成合理有效开发、利用多种资源、防治和治理农村环境污染，实现经济效益、社会效益和生态效益统一的高效、稳定、持续发展的人工复合系统，如图13-3所示。

4. 生物质综合利用，良性循环效益高

图13-4是按照生态经济规律和循环理论组织实施的生物质综合利用的循环链，

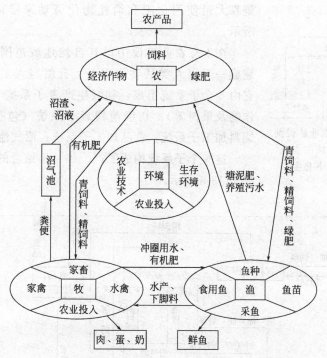

图 13-3　农牧渔复合畜禽养殖生态循环链（孙振钧）

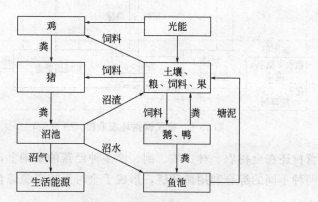

图 13-4　生物质综合利用循环链（孙振钧）

充分利用自然资源，挖掘各种生产物质中废弃物再循环利用的潜力，建成一个高效益的生态体系。

5. 留民营村循环农业链

北京市大兴区留民营村生态农业建设前，虽也饲养了一定数量的肉牛，建立了家用小沼气池，但并未跳出单一经营的圈子，以种植业为主，秸秆还田率只有10％左右，小麦秸秆则全部在地里烧掉，沼气池的使用率和产气率也不高，生物质的利用率和废弃物循环利用率很低。由于生产结构简单，食物链数量少，种植业还

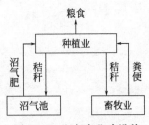

图 13-5 生态农业建设前
留民营村生态系统的能流、
物流示意图（卞有生）

是靠大量使用化肥和消耗物化劳动来维持，如图 13-5
所示。

在生态农业建设中以其自然地域范围为系统边界，
建成一个以人类活动为中心、自然与人工复合的系统。
它由 5 个子系统组成：初级生产者子系统（包括各种农
作物及果树等）；初级消费者子系统（包括畜禽业等）；
饲料加工子系统；食品加工子系统；沼气池子系统等。

这 5 个子系统构成了产、加、销结合的循环农业链，
如图 13-6 所示。

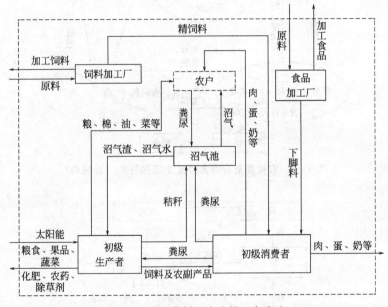

图 13-6　留民营循环农业链（卞有生）

留民营村还在全村农、林、牧、副、渔多种经营的基础上，建立起系统资源和
家庭资源两种不同的综合利用循环链，形成了全村系统资源综合利用大循环，如图
13-7 所示。

其效果：一是使农业有机废料循环利用、综合利用，提高了生物能的利用率，
减少了系统对外部能源的需求；二是促进了系统内农、牧全面发展，提高了经济效
益；三是资源投入减量化，降低了污染，净化了环境，使生态向良性发展；四是整
个系统的农、林、牧、副、渔初步形成了良性循环，各业相互依赖，相互促进，废
物得到了充分应用，减少了系统的开支。

再就是家庭规模型的资源综合利用，实现庭院小循环，如图 13-8 所示。

每户的沼气池建在屋前，和厕所及猪圈相通，猪圈上层养鸡和兔，下层养猪或
羊。沼气池上盖一塑料棚，既可保湿，棚内又可养花、种菜。鸡粪或兔粪落入猪

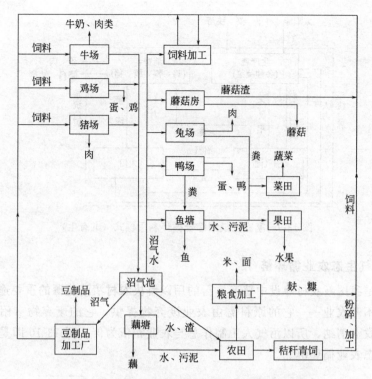

图 13-7　留民营村系统资源综合利用大循环（卞有生）

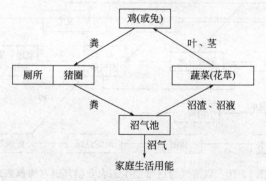

图 13-8　家庭规模型综合循环利用示意图（卞有生）

圈，作为猪饲料的一部分；猪粪和厕所的粪便流入沼气池，加上部分秸秆发酵产生沼气，供做饭和照明用；沼渣、沼液用于棚内蔬菜施肥；菜叶、草茎用于喂鸡、喂兔。这样就形成一个鸡（兔）—猪（羊）—沼气—菜（花）的庭院式小型循环系统。

在家庭规模型综合循环利用模式（图 13-9）中可以看出，在一家一户的生产单元中，建立蔬菜—鸡—猪—沼气的循环综合利用系统，不仅是可行的，而且是十分有利的。不论从能量的利用还是经济效益来看，都是很好的。

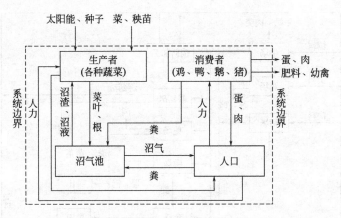

图 13-9　家庭规模型综合循环利用模式（卞有生）

6. 沼气生态农业循环链

沼气是我国新农村建设中普遍推行的用以解决农村清洁能源的重要途径。因制作沼气离不开农业——它的原料需由农业废弃物提供，它的废弃物（沼渣、沼液等）需由农业消纳，所以沼气人工制作总与农业相依为伴。图 13-10 即是以沼气为纽带的生态农业循环链。

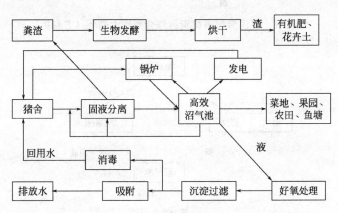

图 13-10　以沼气为纽带的生态农业循环链（陶鼎来）

7. 生态农业产业化循环链

天津市宝坻区围绕优质粮食、蔬菜、生猪、蛋鸡、肉牛、水产品、三辣、籽种等主导产业坚持科技先行，机制创新，产、加、销结合，构建起生态农业产业循环链，促进农业转化增值，实现了农、牧生产及粮食食品—饲料产品—畜禽产品—畜禽深加工产品的农、牧、工、贸之间的良性循环，形成以市场为导向，以加工企业为龙头，以农户为基础，产、加、销一条龙，贸、工、农一体化的良性生态循环经济系统，如图 13-11 所示。

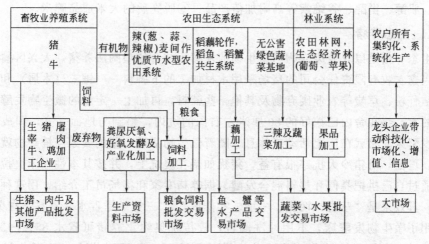

图 13-11　宝坻区生态农业产业化循环链

8. 日本菱镇资源循环型农业生产链

日本循环农家肥中心利用现代技术把家畜粪便、稻壳和发酵菌类混合在一起，并配上除臭装置，用制成的农家肥代替化肥，不但有利于环保，而且还生产出绿色食品。

9. 以清洁能源为纽带的村庄循环经济链

这种模式以土地为基础，以沼气、生物质气化为纽带，形成以农带牧、以牧促沼、以沼肥促农果、农牧结合的配套发展和生产良性循环系统，如图 13-12 所示。

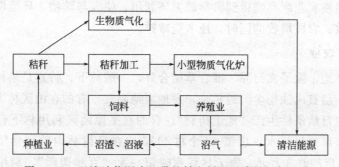

图 13-12　以清洁能源为纽带的村庄循环经济链（任正晓）

10. 水稻加工循环产业链

黑龙江益海（佳木斯）粮油公司已建成并投产的闭环式水稻加工循环产业链，把每粒稻谷通过科技手段吃干榨净，减少了对周围环境的污染，最大限度地开发了水稻资源的利用价值，让水稻不出门就地转化、加工增值，每吨增值 700 元。闭环式水稻加工循环产业链的运作：①稻谷去壳；②稻壳送电厂燃烧发电；③稻壳灰经科技加工成白炭黑和天然助滤剂活性炭；④米糠提炼糠油；⑤米糠粕深加工提炼卵磷脂、肌醇、甾醇、谷维素等高附加值产品；⑥脱壳后的大米成品牌米。

11. 生态养猪

生态养猪是以农业废弃物与微生物的发酵相结合的垫圈法养猪。大兴区榆垡镇北京兴鑫农牧有限责任公司的猪场采用木材加工的下脚料——锯末（木屑）和粉碎了的秸秆粉、草炭等农业废弃物及其他一些辅料，再加上一定量的微生物发酵剂及适量的水，垫在舍内已挖好的 80 厘米左右深的坑内，垫到与地面平齐，即成为微生物发酵床。猪就在床上活动或休息。随着微生物活动，猪的粪尿与铺垫物就开始发酵、增温，对猪冷天抗寒很有益，猪犹如躺在暖炕上，并按其本性在床上拉屎撒尿，通过自己拱把粪便和垫料混合发酵。据养猪专家和猪场员工介绍，用这种方法养猪，其效果是"三省、两提、一增、零排放"。"三省"是省水、省料、省劳力。因采用了微生物发酵床，不用冲洗圈舍，较传统集约化养猪可省水 85％～90％。猪粪尿被微生物分解转化为有机物和菌体蛋白质。猪通过拱食，又可节省饲料 15％～20％，育肥猪日增重 2％～3％，料肉比降低 2％～5％，可提前 10 天左右出栏。由于猪场不需清扫粪便，还可节约一半多劳动力。"两提"是提高免疫力、提高猪肉品质。由于猪恢复了自然供食的习性，又采食益生菌和垫料中的菌体蛋白，应激减少，抗病力明显增强，减少药费 8～15 元/头；"一增"是增加经济效益。仅节省饲料、节约用水就直接降低饲养成本 40～90 元/头；由于使用了微生物饲料添加剂，提高了饲料转化率；将发酵腐熟的垫料起出后，还可生产优质的生物有机肥，用于生态种植。以上综合效益比传统养猪可增收 100～150 元/头。"零排放"，即实现粪污零排放，达到环保要求。

生态养猪使农业废弃物得到科学的循环利用，使人与动物、环境保持和谐，在取得农业增效、农民增收的同时，还节能减排。

12. 林下农业

传统的林地，除了实行乔、灌、草结合外，一般林下，特别是果树林下不是荒芜就是裸地，易被风蚀扬尘。近年来，各地因地制宜，有的在山区林下种药材，利用其近于野生自然条件生产"地道药材"；有的在平原地区利用林下行间林阴种植蘑菇。如北京市通州区永乐店镇 18 个村 1126 户在杨树林内种植食用菌，面积达 1.5 万亩，每亩产值 2 万元。密云区穆家峪镇一家"百年栗园"，利用广阔的山场栗园放养几十万只柴鸡，不专占用一分农田。大兴区永定河沿岸的农户在果树行间种白薯、花生等矮蔓（或秆）作物，既可防止农田风蚀扬尘，又可充分利用土地增加农业收入，还可培养地力。有的地方利用幼龄果园种植牧草或绿肥作物，增加果园前期收入或培养地力。

13. 水的循环利用

目前京郊已陆续建起 40 余座污水处理厂，污水处理率由 30％提至 40％，每年可使 1.2 亿立方米生活污水达标排放，用于浇灌园林花草。密云区累计投资近亿元建成京郊最大的中水回用工程及日处理能力 4.5 万吨的污水处理厂，还投资建立 13 个乡镇级污水处理站，这些都为水的循环利用创造了坚实的基础。与此同时，北京市全市还在山区建设生态清洁小流域，目前，已建成生态清洁小流域 30 条，6640 平方千米水土流失面积中已有 4200 余平方千米得到治理。如今，这些地域是"清水下山"。

2007 年，房山区在 10 个新农村建设中实行水循环利用工程，即把各家的洗漱、洗衣、洗澡、洗菜、刷锅的生活废水收集到集水池，用于冲厕所，再进入化粪池，沉淀后流入污水收集管网，汇集到污水处理站，处理后的中水用于街道浇灌花木园林，实现污水零排放。房山区的养牛场通过水循环处理实现一水多用，人均日用水量由原来的 143 升减少到 66 升。

14. 沟域生态农业立体循环链

房山区的山多，沟也多。在"南沟""北沟"两条大沟域内，包含着 77 条小沟域。该区南窖乡花港村通过大力发展"山顶大桃、山洞蘑菇、山腰茶叶、林下柴鸡、山沟板栗"形成了沟域生态农业的立体循环链，使荒山变成"金沟银壑"。他们利用山下的废弃菌棒和鸡粪，加工后形成有机肥培育山上的桃树；利用山坡中草药的茬根喂养山下的柴鸡，增加鸡蛋的药用价值。目前形成了 500 亩"九九桃王"基地，3 万棒山洞蘑菇生产基地，80 亩黄金茶基地，40 亩板栗园和柴鸡养殖基地。

15. 种养结合小循环

怀柔区北房镇苇里村农民曾用林地散养"节粮型蛋鸡"，用药地里的野菜和收获蔬菜的下脚料喂鸡，用处理后的鸡粪给蔬菜施肥，这样既节省了粮食，又节省了化肥，产出的鸡蛋和蔬菜全部成了绿色无公害农产品，实现了种养双双无废物排放。

密云区密云镇李各庄村党支部书记 2000 年上任后，领导村民相继成立了奶牛合作社和蔬果合作社，靠种草、养牛"两条腿"带领村民走上循环农业发展之路。奶牛合作社有 150 户，饲养 3000 头奶牛；蔬菜合作社占地 500 亩，建有标准化大棚 203 栋，包租 180 户农民。两个合作社之间分别有偿吸纳对方的废弃物进行资源转化再利用，即种植业废弃物供奶牛合作社作饲料，而养殖业废弃物供种植业作肥料。这样的循环链虽短，但容易做到，且双方相得益彰。

第二节　循环农业技术构成

一、循环农业技术构建的基本原则

循环农业技术构建的基本原则有：确保资源的可持续利用，特别是维持耕地资源、水资源和生物资源的可持续利用；确保农业履行保护生态环境、实现人与自然和谐的责任，有利于控制农田水土流失，强化投入物的使用管理，实现农业废弃物的资源化；能适应市场需求，有利于提高农业产品质量和效益，实现环境友好；能引导农业生产，规范农业行为，不断拓展和延伸循环农业功能与产业链，提高农业附加值。

二、循环农业技术体系的构成

循环农业技术体系的构成与传统农业技术的区别在于其主要包括系统结构生态合理化及系统生态功能强化的技术构成，其基本框架见图 13-13。

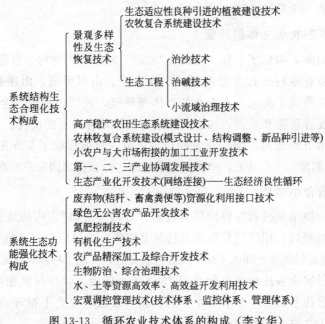

图 13-13　循环农业技术体系的构成（李文华）

循环农业是基于生态农业发展起来的现代新兴业态。从图 13-13 可以看出，它的运营亦需通过适宜当地生态条件的众多技术的优化配置组装来实现。其技术组装包括：植（作）物性生产、动物转化、微生物循环、系列加工增值，实现水、土、生物等资源优化配置，高效开发利用目标的种群优化、配套技术；运用生态适宜性原则进行农业生物种群引进、培育，通过主导种群与种群多样化，开发有市场与经济优势的主导产业；主导产业与产业多样化的有机结合，形成能适应市场变化的、具有可持续竞争力的弹性产业结构。

循环农业与生态农业相比具有更深刻、更开拓的内涵和外延。如果说技术集成的生态系统设计是生态农业和循环农业技术体系的主线，那么开发接口技术则是循环农业技术开发与应用的核心。开发接口技术将循环农业系统的生产者、消费者、分解者与环境连接起来，通过循环农业的良性循环，实现无废弃物或少废弃物的清洁生产、安全生产，提高资源利用效率，保护生态环境。

三、循环农业技术的选择与应用类型

鉴于"减量化、再利用、再循环"是发展循环农业的基本原则，这一原则在循环农业实践中既具有理性的指导意义，又需要按其原则采取相应的技术措施使其实现。因此，本书在遵循上列循环农业技术构成的原则与内涵的基础上将循环农业技术的选择与应用分别按"减量化技术、再利用技术、再循环技术"等三大类型分别进行介绍。

1. 减量化技术

循环农业的减量化技术是指在农业生产的全过程中用较少的物质和能源消耗来达到预定的生产目标，从源头节约资源和减少污染的技术。这些技术主要是通过开发和使用新的高效资源、高效品种、高效农艺和高效率的农业机械及加工设备，来替代原来使用的资源、品种、农艺、工艺和农机等，以提高资源和生产资料的利用效率，减轻生产和消费过程中的环境压力。采用节水工程、节水灌溉、节水栽培或旱作农业、生物节水或抗（耐）旱品种、保护性耕作、水循环利用、保水剂等节水技术（品种或药剂）；采用种满种严、合理密植、立体种植、设施农业、中低产田改造、"三荒地"改造、荒漠化农田复垦、小流域治理等节地技术；采用种子精选、精量播种、种子包衣、工厂化育苗、组织培养、人工授粉或授精、育苗移栽、低温储藏、提纯复壮等节种技术；采用测土配方施肥、复合专用肥、缓释肥、植株营养诊断与测土配方施肥、制作与施用有机肥、秸秆还田、精准施肥、随水施肥、农牧废弃物发酵肥等节肥技术；采用病虫害综合治理，理化诱杀，生物防治，使用高效、低毒、低残留农药，使用高效精准喷（撒）药器械，监测与预警，检测检疫等节药技术；采用太阳能杀虫器（装置），太阳能照明、洗浴，生物质能燃料制作与应用，高效低能耗机械或设备，替代性新能源等节电技术；采用生物质转化的清洁能源——沼气、生物质气化燃气、生物质发电、太阳能热水器、生物质固化燃料等节柴技术；采用生物柴油、节油工艺或农艺、节油机械和设备等节油（石油和柴油）技术；采用生态发酵床养猪、精深加工、精准播种、精细收获、科学储运、配合饲料养殖等节粮技术；采用生产过程机械化、设施农业自动调控、新型农民的培养等减人技术。由此可见，在农业生产的产前、产中、产后，减量化技术都有着广阔的发展与应用空间。"九节一减"抓好了，不仅可以降低农业生产成本，减轻农民负担，还可以增加农民收入，保护农业生态环境，有效治理农业污染，是实施可持续发展战略的重要抓手和有效措施之一。如以貌似神秘的信息化、智能化为特征的高新农业机电装备，通过定量、精确、联合作业、自动控制等技术来实现农业资源的减量化。

2. 再利用技术

再利用技术是通过延长原料或产品的使用周期，达到多次重复使用来减少资源消耗的目的。传统农业用高投入和粗放经营方式来换取短期内较高的农业产量，但却要为之付出巨大的生态代价，而农产品质量还难以保证。循环农业则倡导农业资源的多级循环利用和适度的外部投入，农业产量和农产品品质却会有极大的提高，而其生产成本则会随之降低，经济效益和生态效益将明显提高。循环农业的这一特点的形成还得借助于再利用技术的应用。例如江苏省常熟市开发研制出先进的技术工艺，把豆粕当作原料，从中提取大豆蛋白质，再加工成天然纤维，成为当今流行的"绿色纤维"，剩余的豆渣还可生产颗粒有机肥，循环用于农业。昔日作为废料的豆粕每吨仅值 1700 元，变成新型原料后，每吨猛涨到 4700 元，而利用豆渣制成有机肥，每吨价格也升到 400 多元。当前可用的再利用技术有：

（1）立体种养技术　立体种养技术是利用农作物和畜禽对生态因子需求的差异，将不同农作物集中于一个层次或单元之中，或不同畜禽分居在同一单元的不同层次上，从而充分利用空间和土地资源的技术。诸如粮菜、果粮、粮（玉米）油（花生）等间作套种、蔬菜立柱栽培、林下养菇、林下药材、果园种草或果园牧禽、果园白薯、果园花生、舍内鸡猪分层饲养、池塘分层养鱼等。

（2）设施农业技术　利用设施保温、增温、保水、透光等特点，在北方地区变季节性种植（蔬菜、果品、花卉）为周年种植，其原理就在于设施使土地、光、气、热等农业资源得到再利用。原本自然状态下积温不够而制约着光、气、土的利用率，而设施使其内的积温达到作物周年生育的需求，并使土地、光、气有效地耦合，形成了周年生产效应。北京地区在自然状态下，一些果菜类一年内只能种一茬，如西红柿、茄子、柿子椒等只能是春种夏收，一到冬天，市民们只能靠秋种的大白菜、大萝卜等过日子，至于瓜、果、梨、桃等水果就别想尝鲜了。而如今，依然在同一个地方，只因采用设施栽培，则一年四季都可种植各种蔬菜和瓜、果、梨、桃，市民们一年四季都在尝鲜。

（3）精深加工增值技术　农产品加工增值是发展循环农业的潜力和后劲所在。这是因为农产品加工可使单一的农业初级产品延伸开发出许多人类生活和其他产业需要的产品。有资料表明，当今世界上以玉米为原料的加工业有制粉、饲料加工和制淀粉、制糖、酿造、提胚榨油以及玉米食品加工、制药等 8 个主要方面。仅以玉米面淀粉为原料的加工品已达 500 多种，那些衍生产品都不需农业自然资源的直接投入，而每精深加工一次就会带来一次增值。实践表明，精深加工是延伸循环链、提升循环效率和效益的出路所在。中国农业科学院作物研究所研究开发的绿豆皮综合利用加工技术，可使那些生产绿豆芽留下的大量绿豆皮变废为宝，再生产出绿豆皮全粉胶囊、绿豆皮解酒胶囊、绿豆皮膳食纤维等三种高附加值产品。农产品加工技术不只限于人类直接食用的农产品，还包括农业非食用生物产品，诸如秸秆、残枝落叶、果壳等的加工。如秸秆、残枝落叶等加工食用菌养殖基料、加工生物质能源、加工有机肥，甚至加工工业板材等。

在再利用技术方面还应包括再利用技术的创新。如北京科润维德生物技术有限责任公司运用基于"柔性分体式厌氧消化装置"专利技术的"柔性、仿生、控温、控压"沼气处理工艺技术，能确保在北京地区冬季正常产气，且产气量高于国家有关沼气工程建设标准的 2～3 倍，即每立方米产沼气 1.0 米^3，而国标为 0.13～0.3 米^3（"十一五"目标为每立方米产气 0.5 米^3）。

3. 再循环技术

再循环技术是使物质与能量持续高效率和持续高效益的动力，发展循环农业必须加强再循环技术的创新与应用。

（1）用地养地技术　土地是农业的立足之本。常言道：万物土中生、有土斯有粮。然而土地是不可再生的农业资源，支配土地的人则是可再生的，并且随着社会经济的进步、科学的发展，世界上的人口发生着爆炸性增长，人均占有土地的份额正急速下降，并已出现全球性"生态赤字"。如何遏制或缓解这种势头，其根本出路就在于提高土地资源利用的效率和效益，使一亩地产出过去几亩地的效益来。科学实验表明，肥料对农业增产的贡献在 40% 上下。肥料不仅给作物提供必要的营养，还可改善土壤的团粒结构，提高土壤的通透性和保水、保肥能力。《韩非子·解老》中就讲到"积力于田畴，必且粪溉"，《荀子·富国》中写道："多粪肥田，是农夫众庶之事也"，反映出我国战国时期农田施肥已很普遍。宋代陈旉在《农书·粪田之宜》提出了"地力常新壮"的理论，指出"凡田土种三五年，其力已乏""若能时加新沃之土壤，以粪治之，则益精熟肥美，其力常新壮矣"，因此，他认为"为农者，必请类朽以粪之，则地力常新壮，而收获不减"，这种认识既有实践基础，又为科学界共识。可见，不可再生的土地资源其地力是可以培养的。清代杨屾在《知本提纲》就提出了"余气相培"的理论，认为施肥之所以能够改良土壤、提高地力，是因为物质的"余气相培"，"即如人食谷、肉、菜、果，采其五行生气，依类添补于身，所有不尽余气，化粪而出，沃之田间，渐渍禾苗，同类相求，仍培禾身，自能强大壮胜。又如……一切草本所酿，皆属余气相培，滋养禾苗"。这种把"五行之气"看作是组成人和天地万物的可能流动和转化的物质的思想，是对我国传统农业中物质循环和能量转化关系的精辟论述。

用地养地是循环农业运营中最基本的技术措施。这里所讲到的养地主要是施用农家肥或称有机肥。因这种肥料是天然的复合肥，含有多种营养素，且来源广泛，有人畜粪便、作物秸秆、残枝落叶、农产品加工废弃物等经微生物发酵，有的腐熟后直接还田，有的制取沼气后的沼液、沼渣还田。在上列有机肥资源中，作物秸秆、残枝落叶还田的形式有直接粉碎还田，让它在土壤中发酵、腐熟成肥料；有加工成饲料经牲畜过腹还田；有加工成食用菌基质，生产食用菌后的菌棒再加工成肥料还田。利用有机物培肥地力的办法还有种植绿肥作物、施用生物肥，让它们吸收空气中的氮增加土壤肥力等。通过增肥地力来提高土地生产力，使有限的耕地产出优质、高产的产品来。

(2) 节水农业技术 水是农业的命脉。20 世纪 70 年代初以来，北京地质干旱缺水情况日益加剧，如今人均占有淡水资源 300 米³，远远低于人均 1200 米³ 的底线，是世界上最缺水的城市之一，年用水量从 24 亿立方米降到目前的 12 亿立方米。1958 年修建的密云水库曾蓄水 42 亿立方米，而今降到 10 亿立方米以下；地下水位下降到数米以下，从市中心往外已形成上千平方千米的地下"漏斗"；大部分河道断流，水库濒于枯竭。水的短缺，已使延续 2000 多年历史的水稻生产退出市郊大地；许多鱼池干涸，许多农田机井由几十米深延伸到一百多米以至几百米深；数万户山上人家因人畜饮水困难而不惜搬离祖籍，迁居他乡。

然而北京人凭借着现代科学技术的支撑，通过水源涵养和节水及污水处理资源化利用，开拓出科学用水的节水农业，并构建成农业节水与水循环利用的技术体系，基本农田和标准化果园、菜地的覆盖率达 100%，使有限的水资源得以有效地开发与利用，保证都市型现代农业持续又好又快地发展。

第三节 京郊农业用水资源的涵养与循环的技术构成

一、水资源的涵养技术

(1) 生态涵养技术 大力植树造林，实行大地园林化；围绕密云水库、怀柔水库、官厅水库等水库营造乔、灌、草结合的水源生态涵养林；山区退耕还林、还草修复植被，保持水土；恢复湿地，涵养和净化水源（再生水）；回灌地下水（补偿过度抽取）等。

(2) 工程涵养技术 兴修水库、疏浚河湖塘坝及人工集雨工程等，发挥汇集自然降水和截流作用，减少水资源无控制的流失。

(3) 地面覆盖和设施栽培 减少农田水分无效散失（蒸发和无效蒸腾），有以下两种措施：

① 科学用水 节水灌溉，减少农业用水运行过程中的无效损失，推广测墒定额灌溉和渠道衬砌与管道输水，因作物制宜，采用自控性精准灌溉技术——喷灌、滴灌，以及其他节水灌溉新技术等。

采用抗旱节水生物资源和农艺技术，提高农业用水效率和效益，在从根本上减少农业用水量的同时，不影响农业产量的提高和品质的改进；采用合理的间作套种组合和轮作制度，可以有效地减少灌溉水量，节约水资源。

② 管理节水 加强农业用水管理是减少水资源散失、浪费和提高用水效率、效益的基础性工作。几千年来，我国农业用水不花钱，由农业户或集体随便用，渠道渗漏或大水漫灌、横溢没人珍惜。就一般而言，灌溉水的利用系数只有 30% 左

右。管理节水有两层意思：一是运用经济杠杆和科学知识来提高人们的节水意识，规范其节水行为；二是运用科学手段帮助人们认识如何节水。这就需要为农民传授作物的需水规律，提供农田土壤墒情监测预报，因天、因地、因作物确定灌溉定额和灌水时期的技术服务。

现在一些发达国家农业灌溉水的利用率已达 70％～80％。对照这个标准，我国农业节水大有潜力，如何变成现实生产力，办法就是按照不同作物的需水规律及其所处的天时、地利情况，合理地集成应用现有的节水技术，并进行精准调控，是可以实现由粗放用水转向集约用水、节约用水的。

以上讲的是对天然降水资源的涵养与农业节水技术问题，这是符合发展循环农业"从源头抓起"的原则的。因为有源方有流，而农业的实践告诉人类，农业资源在农业生产以至农业产业化运行中，其实也是"一分为二"的，一部分转化为人类可直接应用的农产品如粮、棉、油、肉、蛋、奶及果蔬等，另一部分则转化为农业废弃物，如秸秆、残枝落叶、粪便、废水（污水）等。因此，水在农业生产及农业产业化运行中也有一部分转化成废（污）水——不经处理净化回用于农业会污染生态环境。发展循环型节水农业，污水的资源化循环利用是其重要内容。

二、污水资源化循环利用

与省、自治区相比，北京地域不大，但是人口集聚地，郊区除了自身的生活污水、养殖污水、加工业污水外，还汇集着城市排泄的大量过境或积蓄的污水，常年排放量约为 11 亿吨。通州区处于北京污水过境和蓄积量最大的地域，这里的凉水河、通惠河常年装满污水，资源丰富。20 世纪 70 年代以前，当地污灌种稻，既解决了便利用水问题，又能肥田，减少化肥施用，曾被视为美事。有资料表明，1983年，全国污水灌溉面积达 33 万公顷。随着人们环境意识的增强，污水便成一害而被唾弃。随着水资源的匮乏和治污技术的涌现，污水正在"变废为宝"。污水处理和利用的工程技术主要有：

1. 物理处理法

一是利用重力作用，将水中不溶解的悬浮物按其密度不同而沉降或上浮，与水分离；二是利用扩散方法，从别处引入较清洁的水到受污水体，使那些能在水中扩散的污染物稀释、扩散，降低水中污染物浓度，达到所需用途的水质标准；三是利用气液二相间转移原理，向污水或受污水中打入或注入氧气（通常为空气）或其他具有氧化作用的气体（如氨、硫化氢、酚等），使污染物转化成气体逸出水体。

2. 化学处理法

这种方法即使污水中某些污染物转化其化学形态、化学性质、物理性质，清除或降低其原先的危害性，使水质达到各不同功能、用途的标准。一是利用酸碱中和的化学反应，调节水的 pH 值，使水质达到一定用途的标准；二是利用混凝处理法，在污水中投入电解质（即混凝剂），使水中呈胶体颗粒的污染物易于相互碰撞和附聚换搭而成为较大颗粒的絮体，进而从水中分离出来；三是化学沉淀处理法，在污水中加入可溶性化学制剂，使它与水中呈离子状态的无机污染物起化学反应，生成不溶或难溶于水的化合物，沉淀析出；四是氧化处理法，向污水中加入强氧化剂分解其中的污染物，净化污水；五是电解处理法，使污水中有害物质通过电解过程，在阴、阳两极上分别发生氧化和还原反应，转化为无害物质。

3. 生物处理法

一是利用土地-植物系统净化和利用污水及其中可生物降解的有机质和营养盐，化害为利。二是微生物处理法，有生物膜法、厌氧生物处理、微生物脱氮、微生物除磷、有机污水沼气发酵法等。实验表明，微生物种类多、繁殖快、数量大、代谢类型多、代谢强度大，能把复杂的天然有机物分解为简单的有机物，最终分解为无机物，归还到环境中。因此，针对污水中主要污染物的种类，筛选或采用对该类污染物降解效率高的菌株，并提供适宜的环境条件来处理相关污水是一条有效的途径。三是放养滤食性动物防治富营养化。一些接纳生活或养殖污水的池塘、河段，其水体很容易出现富营养化，通常可采用藻类吸收、转化污水中的营养盐和有机废物，再借助大量放养的滤食性动物如鲢、鳙鱼苗和鱼种来控制藻类泛滥。这两种鱼主要摄食浮游植物，日食藻类可达体重的44%～55%。密云水库放养池沼公鱼和大银鱼，对防治浮游生物对水体污染发挥了很好的作用，人们称它为水库的"清洁卫士"。

三、污水资源化利用的技术与案例分析

1. 源头分离

源头分离，实现生活排污系统物质资源化。有资料显示，我国每年大约产生7亿吨的粪便，目前大部分的粪便最终被排入水体，人们排放的生活污水中，尿液中的氮约占生活污水中氮总量的80%，磷约占50%。而氮、磷的严重超标正是太湖蓝藻暴发的主要原因之一，这个问题在我国水体中普遍存在并日益严重。

北京奥林匹克森林公园占地面积680公顷，是我国面积最大的城市公园。据预测，公园年游客接待量达530万人次，高峰日接待量超过4万人次，公园工作人员约4000多人。全园年产生的生活污水约86400米³，可回收尿液（黄水）约3230米³，含水率95%的污泥约7824米³。如何将这些废物资源化利用？源头分离废物分类排放技术便成为解决这一问题的最佳选择。

源头分离的具体做法就是采用粪、尿分别收集排放的新型大便器。这样，可以分水量进行大、小便冲洗，既实现有效冲洗，又可达到节水目的；冲洗后的黄水（尿液）和棕水（大便冲洗水）均经各自专用管路进行分质排放，分别回收，循环利用。源头分离后的"黄水"通过收集储存，并进行腐熟和肥化处理，处于相对无菌状态，其用作肥料所带来的卫生方面的危险可减至最低限度。

源头分离后的"黄水"资源化收集、处理与应用系统，建筑污水处理后的再生水回用系统，以及化粪池污泥与绿色垃圾耗氧堆肥系统，共同组成了北京奥林匹克公园生活废物资源化循环利用系统，如图 13-14 所示。

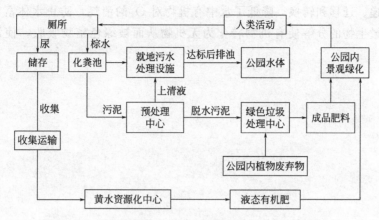

图 13-14　北京奥林匹克公园生活废物资源化循环利用系统

源头分离生态排污系统首先改变了以往生活废物末端治理的理念，在污染产生的源头进行分类收集，为后段的高效处理和资源化利用奠定了基础，既化解了生活污水处理中总氮降解的难题，又降低了输送负担和处理成本。生活废物的资源化利用是环保、市政、园林、景区、生活卫生等多个领域组合完成的多功能、多效果的科学运营体系。源分离后的再生水处理、粪便的微生物处理、绿色垃圾资源化处理，以简洁有效的方式施加有机肥，并以此改良土壤，促进植物生长和改善景观，实现功能、节水、环保和园林养护等环节的有机结合，是节能减排和再生资源的原位利用。

2. 湿地净化

人工湿地或自然湿地是一种新型污水处理技术，它集污泥浓缩、脱水、降解于一身。北京市朝阳区蟹岛湖＋芦苇丛即构成蟹岛生态农业园的污水净化基地。该园每天的生活、养殖污水经污水处理厂处理后即流入 170 亩的人工湿地——蟹岛湖，湖底垫沙形成沙床，床上种植芦苇，水中天然滋生藻类、浮游动物、鱼类以及微生物等，这几类不同生物就构成污水净化的循环链，如图 13-15。

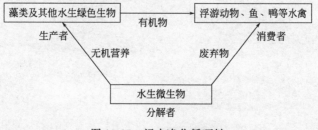

图 13-15　污水净化循环链

在这个循环链中：藻类及其他水生绿色生物吸取水中富有的无机营养素，进行绿色生产，消解或降低水中无机富营养；水中浮游动物消费藻类等绿色植物；微生物分解水中的有机磷及有机废弃物成无机元素。这样，就使各种营养物质在食物链中逐级传递、迁移和转换，降低了水中有机物对 O_2 的消耗，防止水体富营养化产生水华，微生物的分解使有机物转化为无机物从而被绿色植物吸收，使污水得到净化。

第十四章

发展循环农业需把握的重点环节

发展循环农业和其他事业或产业一样，是一个十分复杂的系统工程，牵涉到自然、社会、经济、人类、科技、教育等诸多方面和农、林、牧、副、渔等诸多领域，但它们在统一整体中也并非等量齐观、同等轻重。比较而言，其中确有在不同侧面或层次发挥着主导作用的"牛鼻子"。

第一节　人与自然相协调

人在地球上客观主宰着一切。史无人烟的南极、北极现在都遍布着探险家的足迹；悬于太空的月球都已攀登上去；世界最高峰——喜马拉雅山的珠穆朗玛峰亦被中外登山运动员们踩在脚下；世界上最深的海也有舰艇遨游。地下埋藏的矿物质资源陆续被人类发现、发掘与开发利用，有的已面临枯竭，石油大战即由此引起；哥伦布航海发现新大陆，如今成为世界超级大国发迹的"摇篮"；是人类发现地球上"三山、六水、一分田"，并因地制宜地开发利用；是人类把自然界与人类关系密切的动物、植物驯化为家养的畜禽、种植的作物，并使它们满足人类生存与发展的需求；是人类逐渐掌握天气物相的变化规律，提出一年二十四节气，为人类自主顺应"天时、地利、人和"，安排农时农事生产活动争得了自由；也是人类从严峻的生态失衡，认识到要从主宰过渡为人与自然的和谐、协调，维继包括人类在内的生态系统的持续平衡。

人类之所以能主宰世界，是因为在这个世界上，人类具有丰富的智慧和创造力，能凭借智慧和技能来洞察世界、认识世界，并按自然规律办事，实现主客观的统一；能凭借创造力在这个世界上"有所发现，有所发明，有所创造，有所前进，总不会停留在一个水平上"。在那地广人稀、生产力水平低下的时代里，人类为解决温饱而努力向自然界索取，但所有的"食物链"是稳定的、生态链是平衡的。那时体现人类主宰自然的口号是"人定胜天"。

随着世界人口爆炸，为了应对食物需求的压力，发展中国家主要以粗放型增长方式发展农业，靠大量消耗自然资源土地、水等及经济资源化肥、农药等在我国曾到处开山种粮、围海造田、毁林种粮等。由于过度开发，生态平衡遭到破坏，结果造成水土流失，大量地使用化肥、农药不仅使化肥效益递减，还造成农业环境污染，水华现象也屡屡出现。由于过度追求农业的产量增长，使一些优质的种质资源，特别是一些传统的名特优种质资源丢失或濒临消失，农业生态系统变得脆弱。面对这样的严峻形势，人们在反思中走向理性，由征服自然的主宰转向人与自然和谐，在和谐中求发展，开始珍惜自然资源在人类社会可持续发展中的分量。

弄清自然资源的构成、特性与利用等，方可做到科学地珍惜与利用农业自然资源。农业自然资源主要是指：

(1) 气候资源　即太阳辐射、热量、降水、氧气及二氧化碳等。植物体的干物质有 90%～95% 是利用太阳能通过光合作用合成的。水既是合成有机物的原料，也是一切生命活动所必需的条件。温度也是动植物生长发育的重要条件。在水分、养分和光照都满足的条件下，在一定的适温范围内，许多植物的生长速率与环境温度成正比。由于对气候资源的需求与适应性的不同，通常把植（作）物分为热带植（作）物、亚热带植（作）物、温带植（作）物和耐寒植（作）物，即便同一作物种类也会因气候资源的情况不同而呈现不同的气候生态型。如水稻就有南方的籼稻和北方的粳稻之分；小麦有春性类型和冬性类型或弱冬性类型等。

气候资源不仅决定着植物或作物的地区布局，而且影响着农作物品质的优劣与产量的高低。如生育期长的就比生育期短的同一作物产量高、品质好。气候资源中的有关因素对作物的影响存在组合是否优化的问题。

(2) 水资源　主要是指陆地的地表水、土壤水和地下水，它们靠大气降水来补给。自然降水和地表水、土壤水、地下水之间不断运动交替，互相转化，形成自然界的水循环。水资源对于农业生产有两重性：既是农业生产的"命脉"；又是洪、涝、盐、渍等灾害的根源。

(3) 土地资源　土地是农业的立足之本（基）。农用土地按其用途分为：耕地（系耕种农作物的土地）；园林（系连片种植、集约经营的多年生作物用地）；林地（系生长林木的土地）；草地（系生长草类可供放牧或刈割饲养牲畜的土地）；内陆水域（系可供养殖、捕捞的淡水水面）；滩涂（系海边、潮涨潮落的地方）。在土地中还有一些在历史上受技术等条件的短缺或落后的限制，长期无法开发利用而成为闲置的"五荒地"——荒山、荒坡、荒滩、荒漠、荒水等，随着科技进步和农业生产手段的改进，"五荒地"正在得到改造。如北京一些石质山区过去就裸露着，现在通过采用爆破造林技术使一些千古裸露的山地已层林尽染。

国土资源就农用和可农用来审视，大致有在用土地、可用而未用土地、"无用"而今可改造利用的土地等。当然也存在着农业无法利用的土地，如珠穆朗玛峰等长期冰雪封冻之地。

（4）生物资源　即可作为农业生产（包括加工业生产）经营对象的野生的和人工培育的动植物及微生物的种类及种群类型。生物资源的蕴藏量极为丰富，种类或种群繁多，真正被开发应用的则极为有限，潜力相当雄厚。

农业自然资源的特性主要表现在：一是形成的长期性和整体性。除土地外，所有农业资源都是自然选择的结果（产物）。各种农业自然资源都是在一定生存环境下形成的，彼此之间相互联系、相互制约，构成统一整体。二是农业自然资源消耗的不可逆转性。特定的生态条件产生了农业资源的多样性，人们在生态阈值范围内进行合理的享用和辛勤劳作，可保持资源的动态平衡，若过度消耗则会使农业资源失去平衡，一旦灭绝就不可逆转再生。因此，保护好生态平衡，保护好农业资源，就是保护人类自己。三是农业自然资源发展的可变性。人类不能创造农业自然资源，但可采用科学技术手段来改变它们的形态和性质。如土地是不可再生的资源，但人类可以通过培肥地力、非耕地的复垦来提高它们的生产力水平。人类现行使用的动植物和微生物优良品种都是从野生种改良而来的。农业自然资源发展的可变性是发展循环农业的基础性条件之一。四是农业自然资源存量有限而潜力无限。地球上土地面积、水的数量、到达地面的太阳辐射量等，在一定地域、一定时间内都有一定的量的限制。但随着科技的进步，人类不仅有可能做到保持农业自然资源的循环更新，还可以不断扩大资源的利用范围，使有限的资源能无限地发挥生产潜力。五是农业资源分布的区域性。地球的不同纬度、经度，同一纬度或经度内的不同地型、地貌、不同方位，因地球与太阳的相对位置及其运动特点所形成的水、热条件各不相同，反映出农业自然资源只有相似的而无相同的。不同地域的生产对象不同，其生产方式亦不相同。

农业自然资源的特性决定了农业自然资源利用是循环农业的核心，发展循环农业必须认识和遵循农业自然资源特性，因地制宜地谋划相适的生产方式及资源的循环利用程序。人类生产实践已经表明，人类的主宰可以有两个结果：一是"掠夺性"地开发利用农业自然资源，结果是一时得益，同时加速资源退化，甚至形成恶性循环；二是人与自然和谐共处，保护性的利用使自然资源存量增加。实践也表明，后一条是人类从事可持续发展的必然选择。人类具有能动性，已经从严酷的自然惩罚中树立新的科学发展观。坚持人与自然和谐的发展之路，这是发展循环农业的不竭动力。也只有这样，农副业才能源源不断地生产出各种农产品，以满足人类生活水平不断提升的需要。

第二节　发挥智力资源的开拓性

人是生产力中最活跃的具有整合其他要素形成合力的主导因素。人类利用和改造自然的能力包括体能、技能和智能三个层次，在实践中则表现为生产能力、配置资源能力、技术创新能力（包括技术吸收与应用能力）。随着受教育程度的不断提高和社会实践的丰富，尤其是我国农村在改革开放中实行家庭承包生产责任制以来，农民干农活不再是仅仅作为劳动力，多数人已由劳动资源转变为劳动资本，由单纯的劳动者转变为农业生产经营者，甚至农业企业家。现代农民应是集体能、技能、智能于一身的新型农民，其基本体现就是有文化，对新事物比较敏感也容易接受。具体包括：能承担一定的劳动任务，即能干力气活或能卖力气；懂技术，干什么活都入门，干得漂亮，干出现代水平来；会经营，善于谋划，善于统筹管理、决策，善于捕捉信息，审时度势，统揽全局，谋其所长，创其大业。

循环农业是技术密集产业，每一个环节的运作都需要付出劳动，因为劳动力具有特殊的生产功能，即劳动力除了作为生产力要素功能外，还具有提高生产效率的功能，更需要技能和智能。因为循环农业不仅从事上游初级产品生产，还要从事中下游产品开发、资源再生转化增值性生产；不仅要开发资源、高效利用资源，还要减量资源投入、循环利用资源，保护生态环境；不仅关注经济效益，还要关注维护生态效益。可见发展循环农业不仅需要劳动力投入，更需要技能和智能的投入。因此，经济学界研究提出要把劳动力资源转化为劳动资本。这种转变的实质就是通过教育（包括培训）、实践使每个劳动者从单一的体能转化为体能、技能、智能三能增值者。

联合国教科文组织曾有研究表明，劳动生产率与劳动者的文化程度之间有着明显的正相关关系。与文盲相比，小学毕业可提高生产率43％，初中毕业可提高生产率108％，大学毕业可提高生产率300％。随着人文化程度的提高，其智力开发亦伴其中，并随着文化程度的提高而提升。理论和实践都表明，人类从原始人到现代人其体能（力）几乎无大变化，而脑力（智力）则与时俱进，而且脑力的衰退远远滞后于体力。中国共产党在推进社会主义新农村建设中明确提出培养新型农民，其"新"就新在"有文化、懂技术、会经营"上。因为现代农业不靠拼体力，而靠拼智力和技能。因此，当今国家在推进各项事业发展中都从加强对劳动者的培训入手。这是因为智力型劳动者不仅具有较高的边际生产率，而且能促进农业技术进步，提高资源优化配置、减量投入、循环利用的水平。

如今人们常说，"科学技术是第一生产力，是先进生产力的集中体现和主要标志"。在推进科教兴农的大背景下，一些"老农"通常表现为一看（看人家用）、二试（看人家用得有效自己再试试）、三干（通过自己试用也不错后再实际应用）。从"一切经过试验"的道理上看"老农"的慎行做法是对的，可这样就延误了新技术的有效期。而那些务农能手对农业新技术一般表现为闻风而用，搞种植的是常种常新，搞养殖的是常养不衰。

智力劳动者可凭借智慧、知识和技能来创新思维、创新技艺、创新生产运营机制，从而提高其他生产要素的生产效率、提高物质资本的边际生产率，可以在某种程度上替代自然资源，减少自然资源作为增长资源的作用。我们说"科学技术是第一生产力"，但其前提是必须借助于人的动力作用，如果离开了人的动力作用，科学技术绝不能自发地成为现实的生产力。可见科学技术要转化为现实生产力必须有人或劳动者的中介作用。这是因为：第一，在农业生产过程中，人既是生产力的要素，又是农业生产的主人或生产经营者。人是科学技术进步的动力源泉。第二，人是科技传播扩散的必要条件。科技扩散的速度和范围与劳动者的智力水平及吸纳能力成正比，劳动者的智力水平越高、吸纳能力越强，对新技术的开发、掌握和运用越容易，效果越显著。第三，劳动者作为劳动力是生产要素中最具活力而能动的因素。科学技术只是潜在的生产力，只有通过劳动者的接受、吸纳和运用才能转化为现实的生产力。第四，创新是发展生产力的活的灵魂。创新是人类主体为了生存和发展，不断顺着历史前进的潮流，对相依的客体进行弃旧图新、破旧立新的独创性活动。人们创新能力的大小是与其科学技术水平高低、劳动力存量的大小密切相关的。有研究资料表明，目前，我国每10万名劳动力中从事研究与开发的科研人员和工程师为84人，只相当于中等发达国家的1/5和发达国家的1/9；每10万人口被收录的科技论文，发达国家一般都在100篇以上，而我国不足3篇；每10万人口申请专利数，发达国家达到100件以上，而我国不足10件。相比而言，这也说明了劳动力水平与创新能力之间的正相关关系。由此可见，劳动力资源水平的提升，即智力的开发对经济社会发展具有决定性的推动作用，劳动力水平的提升有利于推进农业技术创新，并能更好地发挥科技的积极作用。

21世纪是知识经济与可持续发展的时代，是人与自然和谐，实现经济繁荣、社会进步、环境友好的时代。在这个时代里，人力资源是三大资源（人力资源、自然资源、物质资源）中一种最宝贵、最重要的资源，它不仅能开发自然资源，而且能创造出新的物质资源。目前，世界上不少国家把发展的重点放在人力资源的有效利用上，把人力资源视作第一位的、核心的资源。

理论和实践都已表明，人力资源开发是推动农业增长方式转变和实现可持续发展的决定性力量。一个国家的强弱和经济发展的快慢、经济结构的优化，越来越取决于对知识的积累、创新和应用的能力与水平，以及人力资源结构的优化。而知识的创新和应用又主要取决于人的素质，取决于人力资源开发的水平。2007年中共中央1号文件《关于积极发展现代农业 扎实推进社会主义新农村建设的若干意见》指出："建设现代农业，最终要靠有文化、懂技术、会经营的新型农民……全面提高农民劳动者素质。"此为农村人力资源开发工作指明了方向和具体操作内容。

发展循环农业需要多元化人力资源结合，包括谋划决策能力、经营管理能力、技术创新与应用能力、人与自然的协调能力等。人的这些能力不是天生带来的而是后天教育培养的。发展循环农业，必须高度重视人力资源的智力和技能的开发，并注意专业人才的培养。他们是循环农业智力资源的载体和辐射源。

循环农业是一项综合性、整体性的系统工程，涉及多层面和不同对象，而且各方面的关系相互交织，并在交织中拓展、延伸，运营起来单靠卖力气是难以奏效的，需要理论来阐述，需要科学的谋划和决策，需要技术创新与集成应用，需要减量资源投入、从源头治理污染，还要提高资源利用效率、实现资源再生循环利用，还要留下友好的生态环境等的科学运筹与支撑。这些集中起来就是经营者的智慧、技能。

因此，发展循环农业必须注重发挥智力资源在运营过程中的开拓性、创造性，这样才能保持循环农业超越惯性发展。

智力开发的基础在教育。一是培养专业人才，即培养具有大农业观念、大生态意识或曰"天人合一"的人才。二是培养具有创新意识的人才。创新是循环农业的核心，循环农业所遵循的"减量化、再利用、再循环"三原则的实现都离不开观念创新、技术创新。创新人才是技术的载体，有了创新意识的人才，才可能有技术的创新。三是具有高素质的复合型人才。发展循环农业，需要具有创新意识，掌握农业发展的自然规律和经济规律，精通自然资源与生态平衡的关系，熟悉国家有关的法律法规及现代企业管理知识，懂得或善用相关技术的人才来策划与操作运营。四是培训农民。开发他们的智力，使其了解循环农业的基本知识、道理及应遵循的规则；向他们传授相关技术，掌握应知应会的技术和操作规程；培养其创新意识，提高其吸纳新技术、接受新事物、推进产业技术进步的能力，使其成为智力型的劳动者、创新型的农业经营者、"知本"型的创业者。

第三节　优化农业结构

发展循环农业，不仅讲其经济功能，而且要强调其生态功能；不仅讲以市场为导向，发展适销对路、具有竞争力的产品，而且要强调产业链顺畅运营、增值；不仅要讲生产发展，而且要强调环境友好；不仅要讲各产业之间的比例关系，而且要强调整合与重建农业生态系统等。总之，发展循环农业要求把农业各种生产要素依据农业生态系统内部物质流和能量流的自然运作重新配置，不断创新循环链的技术体系，节约资源，提高资源的循环利用效率，减少废弃物的排放，实现清洁生产和经济效益、社会效益与生态效益三种效益协调发展。

今后农业结构的调整：第一，提升其经济功能，不仅要提高农业的产量和质量，营造品牌，提升价值，而且要通过"资源→产品→再生资源→再生产品"的增值来提高整体效益，农业结构的调整必须与提升经济功能相适应。第二，按照既定的循环农业模式运营需要，实行资源和产业的优化配置，以提高循环农业链整体运营效率和效益。如以奶牛养殖与种植业结合的循环农业，其循环圈是种植业（玉米为主）→产品（玉米与秸秆）→奶牛业（饲料）→奶（上市）、粪便→沼气发酵基质→沼气（生物质能）、沼渣、沼液→种植业（肥料）。在这一循环圈中的优化结构配置，一是选用相适的玉米、奶牛良种。玉米是饲料之王，但"王"中之"王"是籽粒和秸秆中蛋白质都较高的玉米。一般玉米籽粒中粗蛋白的含量在8%上下，秸秆中粗蛋白含量在4%～5%，而现有玉米品种中有粗蛋白含量达到11.2%以上者。在农牧结合中如选用这种玉米品种生产奶牛精粗饲料，不仅具有高能量（玉米碳水化合物），而且具有高营养（粗蛋白质）。奶牛当然也应选用优良品种，它们头年产奶量有的可达1万千克左右，而差的品种只产3000～4000千克。二是沼气发酵池（装置）宜精心设计，结构合理，严防滴、冒、跑、漏，易于进料、出渣，菌种优良，生物效率高，产气多，杀虫消毒效果好。三是沼渣、沼液成为种植业的肥源而消纳。四是相依的产业之间、基质与发酵池体大小及供需之间应平衡配置或以一定的配比配置。这样才能保持循环农业高效运营、良性循环、"三益"协调。第三，按照生态农业发展需要来调整农业结构，以减少资源投入和污染排放。以生态系统原理为指导，建立相依性强的综合性农业生产体系和农、林、牧、副、渔以及一些农产品加工企业在内的多成分、多层次、多行业相结合的复合农业系统。在这种系统中进行调整、配置和优化其内部结构，使各要素耦合，提升物质循环、能量流动、信息传递的运营效率和效益。利用复合农业系统中产业之间、要素之间的相依与互补的关系来减少投入品用量和废弃物资源化利用，减少环境污染，维护生态平衡。第四，调整技术结构，推进循环农业技术进步。我国循环农业的概念是从国外引入的"循环经济"概念中衍生出来的。与概念相配套的理论、原则既有"进口"的，也有"本土"的。初始的实际应用模式则多为从中国传统农业中衍生出来的"天人合一"模式、农林牧结合模式、种养结合模式、农业废弃物资源循环利用模式、水循环利用模式、产加销一体化模式等。就今天循环农业的实践来看，并不失其"古为今用"的价值。但从现代推广应用情况看，这些模式也不同程度地存在一定的局限性，其限制因素主要是技术进步跟不上。如浙江省青田县山区农民创造的"稻田里养鱼"种养模式，不用施化肥，不打农药，稻鱼双丰收，且使山里人既吃米，又能吃上"田鱼"。这种稻鱼共生耕作系统在青田县至少有1200年历史。还有珠江三角洲地区历史上创造"桑基鱼塘"，形成桑、蚕、鱼、泥互相依存、互相促进的良性循环，既避免了洼地水涝之患，又减少了环境污染，还取得了最佳的经济效益，这无疑是一种有生命力的循环农业模式。然而，有的学者也深为这些传统的耕作方式有可能被现代化的洪流所"荡涤"而担忧，这种担忧是可以认同的。在今天说它们好,只是将它们与曾经在历史上普遍缺肥、缺药又不养鱼、养鸭的稻作增产增收比较而言。如今又从发展"绿色农业"出发,人们认定它是"一条可借鉴之路"。农牧结合模式,或是农业废弃物循环利用模式,都离不开利用沼气发酵来推进资源再生利用。这种模式原出南方,可周年生产沼气能源。后来推广到北方,这里有半年左右的低温,沼菌发酵的生物效率很低,产气量少解决不了农民燃料问题,推广起来极为缓慢。其问题不在于这些循环模式古老,而在于技术创新跟不上时代步伐。目前,一些被称为循环农业的几乎都是传统的生产方式或产业或生产要素的结合。如农牧结合的循环农业就是把种植业的秸秆用于喂草食动物,把动物粪便来发酵沼气,出了沼气农户用作燃料,这些用作对方生产的资源一般都不是专为对方需求而配置的,因此资源的科技含量低,如秸秆的营养价值低——粗蛋白含量低、农牧间的供需没有准确的配置等,影响着循环农业整体水平的提高。

循环农业从理论到实践是一种全新的业态,在我国可借助传统的生态农业的基本模式架构,但不应是它们的翻版。如果不做技术结构上的创新调整,其生命力将是有限的。这是因为传统的生态农业的模式所涉及的配套技术是与一定历史阶段(时期)的生产水平、科技进步水平相适应的。如今的农业已进入"以质量和效益为中心"的发展阶段,传统农业以追求产量为主,提高单位面积的产量离开技术是不可行的,而提高社会总产量则可靠广种多收来实现,这就是所谓的粗放型增长方式。而质量与效益仅靠粗放型增长方式是难以奏效的,其出路在于依靠科技进步。从南到北,靠传统的水稻品种和栽培技术从来就未获得过亩产"吨粮"的,而现在采用杂交水稻新品种则实现了。玉米因用途不同对其品质要求不同,用作饲料的需要蛋白质成分高,用于加工淀粉的则要求淀粉含量高——出粉率在70%以上,而一般玉米的出粉率只有60%多,这样的玉米用于加工淀粉是不合算的。现在农村饲养的瘦肉型猪需靠三项技术来实现,即:一是瘦肉型猪种,其种性胴体瘦肉率在53%以上;二是适宜的配合饲料;三是一定期限的育肥期(一般为180天达到90千克)。在这样的技术规范下饲养出来的商品猪即可达到瘦肉型猪的标准。正是由于现代养猪业的技术规范,使当今市场上的瘦肉从不脱销。北京市朝阳区蟹岛的循环农业长盛不衰的道理就在于他们注重循环农业系统的技术进步,并从每一环节做起,依靠科技进步实现资源减量投入、产业耦合,挖掘潜力,提高附加值,实现人与自然和谐及经济繁荣。可见调整技术结构是优化农业结构的关键。

调整农业技术结构的本质就是推进循环农业技术体系的创新,发展先进生产力,全面提升循环农业经济效益、社会效益和生态效益协调发展水平及资源的利用效率。调整农业技术结构就是运用现代技术,特别是高新技术来替换循环农业的现行技术体系中相形见绌的技术,构建节约资源、创新资源、创新产品、资源高效循环利用、延伸增值链、从源头治理污染、实现末端"零排放"的技术体系。

第一,研究和采用高效、低毒、低残留的农药防治、生物防治、物理防治技术;研究和应用新型长效缓释肥、生物肥及新的施肥技术;研究和应用保护性耕作技术，降低机械对自然环境的损坏；研究和应用季节性裸露农田防风固沙等源头治理技术。

第二，研究应用农业资源（包括自然资源和农业废弃物）的适度与深度开发利用技术、产品的精深加工及综合利用技术、资源创新与废物利用技术、生态修复与环境保护技术、区域资源承载力评价与合理开发利用技术等，在资源阈值范围内，提高区域性循环农业发展水平。

第三，研究应用节水、节地、节种、节肥、节药、节工、低耗、高产、高效农业技术，培肥地力和中低田改良技术，物质能量多级循环综合利用技术，病虫害综合治理技术，信息技术和生物技术，工厂化生产技术，自动控制技术，优质、高产、多抗动植物新品种等新技术，实现农业产品中资源高效利用，产品优质、高产，生态平衡、环境友好。

第四，研究应用机械化收获技术（或设备），采（收）后处理与储藏保鲜技术，冷链储运技术，废弃物回收、加工利用技术，精深加工增值技术，陈粮的转化利用技术，生物质能开发技术，农业污染治理技术等，拓展农业产业链，提高资源化水平。

优化农业结构是发展循环农业的基础，而农业结构的优化、循环链的更新与高效运营，其出路和后劲在于技术创新与应用。

第四节　以质量和效益为中心进行科学决策

人类对农业功能的定位和价值观的变迁是受社会经济发展水平所约定的。在社会经济不甚发达时期，人类对农业的追求主要是解决温饱问题，为此更多的努力是着眼于食用农产品量的增加，其做法有两条：一是广种多收；二是提高单产、增加总产。其目标首先是自给自足，余物上市；其价值观是"民以食为天"，以农为本，解决人们生存问题。随着社会经济的发展与繁荣，农业也由原始业态转向传统业态进而跨入现代业态，由自给自足的自然经济进入全球一体化的商品经济。如今的农业已不单纯是谋生产业，还是市场竞争的基础产业。人们对现代农业的谋求已不单是产品而是商品。有些农业经营者不仅追求产量，更追求其质量与效益。因此，发展循环农业从决策到实施应注意以下几个方面的问题：

（1）应坚持以市场为导向、以质量和效益为中心来统筹、策划循环链条中各环节、各要素的优化配置及其预期产品、在生资源循环利用的预期质量和效益，并按预期目标及"3R"原则选择有效而适宜的循环农业模式，付诸实施。

（2）要遵循生态优先的原则。循环农业的理论基础或核心是生态系统论，其实践基础是生态农业。因此，决策循环农业运营模式必须坚持生态优先的原则，强调从源头治理，强调农业生产对资源的开发强度不能超出生态生产力的阈值范围，强调按生态经济原理和知识经济规律组织起来的基于生态系统承载力、具有高效的经济过程及整体、协同、循环、自生功能的网络型、循环型经济。通过纵向、横向和区域耦合，将生产、流通、消费、回收、环保及能力建设融为一体，使物质、能量能被多级利用，大大提高投入和产出效率，变污染负效益为经济正效益。

（3）循环农业属于高技术集约型增长产业。它的发展涉及两个方面的创新：一是生态效率（eco-efficiency）的创新。改进产品生产工艺，使之以生态和经济最合理的方式利用资源。二是生态效用（eco-effectiveness）的创新，即如何设计一类生态和经济上更合理的循环农业运营程序及产品，以最大限度地满足社会的需求。生态产品开发的战略管理或运筹包括改善资源或材料的质量、减少资源或材料的消耗、优化资源与技术（或工艺）配置及生产运营流程、优化流通渠道、延长生命周期、减少环境负担、优化废物处置和优化系统功能等。为此，农业经营者应成为技术创新的主体，能与时俱进地推进循环农业体系的技术改造和技术创新，不断提高循环农业的发展水平和效益。

例如大豆加工，一般只有豆浆、豆腐、豆皮、豆干、豆腐脑等，而且这些产品很少是由同一家企业生产的。生产豆制品的大小企业很多，但多为各有专长，全能企业并不多。从循环农业或循环经济角度来说，每个企业豆制品种类越多就表明这个企业的大豆的产业链条越长，科技含量越高，豆产业的附加值也越高，豆资源的循环利用效率越高。北京田野风情饮食文化传播管理有限公司不仅生产豆浆、豆皮、豆腐干、豆腐脑，还研发出米豆腐、鱼豆腐、"憨豆七彩果蔬豆腐"。为了适应豆业精深加工与新产品的开发，他们还自己研制出即时豆制品加工专业设备，这种设备将传统豆腐制作工艺与现代高科技结合，实现即洗、即磨、高温灭菌、高速煮浆、气压成型的高科技、新工艺，使大豆和果蔬营养成分得以有效地保留和互补。

（4）科学设计，提高整体协调水平。循环农业因其所含内容不同，其运营模式、运营的复杂程度亦不大相同。如水循环就比较简单，天然水—农牧用水—污水处理—再生水循环利用，而农林牧渔复合生态系统循环农业，涉及多产业、多资源、多种分支生产方式及产品、废弃物的构成，多种因素与环节的耦合，多类物流、能量流的汇合与分配，多层次能级的叠加，物流的多级利用与产品的多样性增值等，如何实现整体协调、自生循环，没有科学设计、精心施工是难以奏效的。

现实中随处可见因缺乏科学设计而整体性能差的"循环农业"。如某村有菜地330亩，有4个养殖小区，生猪出栏1万头，此外还有奶牛、肉牛近百头，蛋鸡8600只等。为了发展循环农业，在上级支持下建起日产沼气220米^{3}的大型沼气集中供气工程，日处理粪便160米^3。从运营结果看，沼气供本村应用有余，多余的沼气尚无去路，现有的储气灌（塔）容量不够，只好每天减半加料，结果使发酵塔的功效不能发挥；沼渣、沼液混合积淀于积污池内，因缺乏配套设施不能及时输出利用；农业废弃物尚未进入循环利用之中。这种设想中的农牧循环农业不到位的根结，就在于事先缺乏周全规划和科学运筹，缺乏核心设计，使产业之间、运营环节之间、投入与产出之间、生产与流通之间存在脱节。养殖小区的污水虽经处理、净化，但积存在水池中，因与农田之间缺少渠道而暂未得到利用。

（5）用科学发展观来统筹和谋划循环农业运营体系，要用发展的眼光看待资源。资源的物质性具有有限性，但人类认识、利用资源的潜在能力则是无限的。高科技是尽快实现资源合理利用和转化并维持人地关系动态平衡的重要途径。人们必须转变或摒弃传统的"资源无定价"的观念，建立资源的社会再生产经济核算体系，树立资源的价值观，这样才能利用经济杠杆来促使人们对资源尽最大可能地"减量化"、"再使用"和"再循环"，深刻认识保护环境就是发展生产力。在较长的历史时期，环境保护不属于生产力范畴的观念一直占主导地位。随着科学的发展，社会的进步，人类已认识到人与自然和谐，则生产力就能顺利发展，否则生产力必然遭到破坏。发展先进生产力要求生产力必须朝着人与自然相协调和可持续的方向发展，自然环境是生产力发展的基础，为此，必须保护好自然资源与环境。

循环农业脱胎于传统农业，滋生于生态农业，迎合于可持续农业，从理论到实践，从概念到模式，相对于传统农业是一次全新的跨越，是对生态农业的开拓与延伸，是可持续农业的实践典范，是现代农业中全新的业态。戴着传统农业的"有色眼镜"和死守传统农业观念是无法理解和认识循环农业的，当然也就很难做出周全的谋划和决策。只有借助于科学发展观，循环农业才能进入全新的境界。

第十五章

生态循环农业助推生态文明建设

党的十八大报告将生态文明建设纳入中国特色社会主义事业"五位一体"总体布局，首次把"美丽中国"确立为生态文明建设的宏伟目标。这是当代具有远见卓识的绿色发展、绿色生活的理念。

环境就是民生，青山就是美丽，蓝天也是幸福。党的十八大报告中讲道："我们追求人与自然的和谐、经济与社会的和谐，通俗地讲就是要'两座山'：既要金山银山，又要绿水青山，绿水青山就是金山银山。"

仅十八大以来的几年中，中央审议通过 40 多项生态文明和环境保护具体改革方案。2015 年 4 月，中共中央、国务院印发《关于加快推进生态文明建设的意见》，明确了生态文明建设的总体要求、目标愿景、重点任务、制度体系。同年 9 月，《生态文明体制改革总体方案》出台，提出到 2020 年，构建起由自然资源资产产权制度、国土空间开发保护制度、资源有偿使用和生态补偿制度、环境治理体系、生态文明绩效评价考核和责任追究制度等 8 项制度的产权清晰、多元参与、激励约束并重、系统完整的生态文明制度体系。生态文明建设有了更加明晰的"路线图"。

第一节　大地园林化

大地园林化是建设生态文明的基础。绿色植物是自然界和人类社会生态协调、平衡的食物链中的第一生产者，它为人类、动物及微生物生产所需的食物、释放氧气和给人类生产工业原料、药材等，还可防风固沙、涵养水源、美化环境等。有的植物还可消解空气和土壤中的污染物。因此，绿化、美化山、水、林、田、路是建设生态文明的基础性工作。

近几年来，我国年平均新增造林超过 9000 万亩，恢复退化湿地 30 万亩，退耕还湿地 20 万亩，118 个城市成为"国家森林城市"，出现一批荒漠中的"绿洲"：甘肃省张掖地区出现万亩"绿色牧场"；内蒙古自治区库布齐荒漠面积 1.86 万平方千米，经 30 年的治理，目前森林覆盖率已由 2002 年的 0.8％增加到 15.7％，植被覆盖率由 16.2％提高到 53％，库布齐荒漠从一片"死亡之海"变成富饶文明的"经济绿洲"；内蒙古自治区塞罕坝荒漠经半个多世纪三代人的治理，如今沙地变林海，荒原成绿洲；河北省承德地区如今林地由 118.98 万亩增加到 3417 万亩，森林覆盖率达 57.67％，成为名副其实的"华北绿肺""京津水塔"；河北省崇礼地区如今森林覆盖率达 54.89％，负氧离子浓度达到每立方米 1 万个左右，$PM_{2.5}$ 平均值优于国家一级标准。

作为国家首善之区的北京，以植绿为美，在全国确实起了带头作用。如今，京华大地已形成"城市青山环抱，市区绿地环绕，郊区绿海田园"和"山区绿屏、平原绿网、城市绿景"三大生态体系，实现了"城市园林化、郊区森林化、道路林荫化、庭院花园化"和"绿不断线，景不断链，三季有花，四季有景"的大丽京畿。此外，农村面貌焕然一新："以绿净村、以绿美村、以绿兴村、以绿富村"，涌现出一批"村在林中，路在绿中，房在园中，人在景中"的美丽乡村；广阔农田被打造成"优质产业田、优良生态田、优美景观田"，呈现出"优良生态、优美景观、优势产业、优质产品"；对农田实行保护性耕作。北京市农业农村局在平原、山区、果园、沙荒地推出 7 种种植模式，推荐 4 大类越冬生态作物 28 个品种，提出了 9 项主推技术，从 2002 年以来，使 278.9 万亩裸露农田进行了综合治理，其中生物覆盖 140.8 万亩，秸秆覆盖 138.1 万亩，基本实现了农田"无裸露、无撂荒、无闲置"。

功夫不负有心人。京郊 7 个山区全部列入国家生态环境建设综合治理重点区，已有 90％以上的山区得到绿化、美化，绿化率达 70％以上，高的山区乡镇达到 95％以上，形成了环抱京城的山区绿色生态屏障，生态效益和绿色景观效益显著，几乎都成为公众消费、农民创收的热点和当地经济发展的增长点。房山区通过封山育林、植果、治理荒山，森林覆盖率 5 年间增长了 10％，形成了 25 个千亩以上的景观林，成为市民观光休闲的消费之地，使当地曾以钻煤窑为生的农民因此端起了"绿色饭碗"。

据资料显示：到 2015 年，北京市全市森林覆盖率已达到 41.6％，林木绿化率提高到 59％，平原地区森林覆盖率已达到 25％。

第二节　风光如画

自古以来，北京的自然风光是美的，曾有流传于世的"燕京八景""北京八景"。京郊十个区及不少乡镇和村都有"八景"作为地域文化而传颂。"燕京八景"有：位于昌平区的"居庸叠翠"；位于海淀区的"西山晴雪""玉泉垂虹""蓟门烟树"；位于丰台区的"卢沟晓月"；位于朝阳区的"金台夕照"；位于北海的"太液秋波"和"琼岛春阴"等。从分布在京郊区、镇、村中的古代留存的诸多"八景"资料看，其多数出于生态环境优良的地域，它们曾是较为知名的景观和人们寻游的好去处。只是随着岁月的流逝和环境的变迁，一些"八景"已名存实亡，故多不为人们所熟悉。

在生态文明建设中，随着京郊生态环境的修复与改善，"燕京八景"日益走俏，一些地域性"八景"如百花山的"八景"、八大处"八景"、灵水村的"八景"等，都随着生态环境的优化而映入休闲旅游者的视野，就连那些古代不见"经传"的自然景点如今也已闯入游客的视野，诸如房山区蒲洼镇被誉为"北京的小西藏"，门头沟区的韭园村被誉为"北京的小江南"，爨底下村被誉为"北京的小布达拉宫"，延庆区的龙庆峡被誉为"北京的小漓江"，怀柔区雁栖湖、西水峪水库被誉为"京北小西湖"，平谷区熊耳寨千佛崖被誉为"北京的小张家界"，密云区潮白河景区被誉为"欧洲的塞纳河"等。这些被称誉的都是著名景区或景点，并以生态文明著称，可见这些景点的生态文明底蕴是深厚的。

在大地园林化和河湖沟域治理中，京畿风景区的生态文明水平明显提高。整个山区是自然风景与人工风景结合的地区，凡是自然风景缺失的地方都已人工补齐（或修复）。截至 2011 年，全市风景名胜区即达 27 处，总面积 2200 平方千米，占北京总面积的 13.1%。这些风景名胜区围绕在北京的东北、西北、西南，分布在北京市 10 个区、县，形成了一道生态屏障护卫京畿。

人们常说的风景名胜区就是生态文明建设的佐证。它有其特定的内涵——具有观赏、文化和科学价值，自然景物、人文景物比较集中，环境优美，可供人们游览、休息或进行科学文化教育活动，具有一定规模和范围的地域。风景名胜区不是一个点，而是一个区域。如八达岭-十三陵国家重点风景名胜区就有 286 平方千米，它东至花果山，南至龙山，西至关沟，北至大岭沟，包含八达岭、十三陵、居庸叠翠、银山塔林、沟崖、虎峪、礁臼峪和十三陵水库八个景区，1982 年被国务院审定公布为首批国家重点风景名胜区之一；2000 年，市政府审定批准了 8 处首批市级风景名胜区，其中石花洞风景名胜区 2002 年又被国务院审定公布为第四批国家重点风景名胜区之一。与此同时，房山、密云等区人民政府也相继审定批准了 17

处区级风景名胜区。目前，北京地区已建立起以 2 处国家重点风景名胜区为龙头，以 8 处市级风景名胜区为骨干，以 17 处区级风景名胜区为基础的风景名胜体系，也是生态文明体系。这些景区地貌奇特、植被繁茂、溪流众多、山高气爽，令众多游客流连忘返。如位于延庆区西北部山区的隆庆峡-松山-古崖居风景名胜区总面积 248 平方千米，景区内植被茂密，景观层次错落，生物资源丰富多样，自然环境清新优雅，具有很高的生态价值和景观价值。房山区十渡风景名胜区总面积 301 平方千米，是北京市级风景名胜区，也是华北地区最大的岩溶峰林峪谷景区，以"青山野渡，百里画廊"著称，景区内有天然"佛"字、"一线天"等众多极为罕见的地质奇观，一级空气质量和高于城区数倍的负氧离子使其享有"天然氧舱""自然空调""人间仙境""世外桃源"之美誉。

在大地园林化中，京华大地的山区已进入"青藏鸟鸣"的生气勃勃的境界，而水质如何呢？在经济不甚发达的时期，京郊山区大兴开矿挖煤、凿石、烧白灰、挖砂等产业，固然发展了经济，但也确实损害了宏观的生态环境，污染着水域。门头沟地区出现了多条"黑河"（由采煤污水染黑了水）；永定河曾断流了 30 年，成为挖砂、堆垃圾之地，河床遍体鳞伤，河水变质，干涸的河道也成了京西最大的风沙源。据气象部统计显示，北京城区 1/5 的风沙就来源于此。

在承办世界园林博览会期间，北京市启动了永定河生态修复工作，进行河道修整、治污、河岸绿化、美化，开创园林博览园等，实施生态文明建设，使干涸、衰退的永定河沿岸已形成了溪流、湖泊、湿地联通的河流生态系统，人、水、绿共享河道空间，300 万平方米的水面让城市变得灵动，长达 25 千米的无障碍多功能环湖路贯穿门头沟、石景山、丰台三区，成了市民休闲游憩的"后花园"。曾经靠煤炭吃饭的门头沟人，如今发展绿色生态经济，实现了成功转型。

房山区结合申报世界地质公园，累计投资 10 亿元，用于地质遗迹保护、生态环境修复、矿山修复，实施绿化造林、矿山治理、河道及小流域整治等生态修复工程。

怀柔区确立"生态、精品、魅力"绿化理念，坚持点、线、面相结合，山、水、林等统一规划，乔、灌、草、花科学搭配，全力打造生态城。同时向边远地区扩展，先后实施了封山育林、低效林改造、生态林抚育、近自然森林经营等营林措施，使全区林木覆盖率达 75.1%，实现了"三季有花、四季常青"和"城在林中、家在园中、人在绿中的人与自然高度和谐"的生态美景随处可见。

北京市为提升城市生态容量，服务首都核心功能，从 2011 年起着力于平原地区造林 100 万亩，到 2014 年实际完成 110 万亩。同时实行森林进城——已建立菜市口、新街口两个"微型森林公园"，均以本市乡土乔、灌、草为绿化基色；公园下乡——到 2015 年已建立大型城乡森林公园 30 处，郊野公园 40 个，初步形成山区"山会招手，水会唱歌，树会说话"，京华大地"青山环抱、森林环绕、绿海田园"，涌现出一批"生产美、生活美、环境美、人文美"的"北京最美乡村"。

山区人民已使山区 5％的宜林荒山实现了绿化，林木覆盖率达到 71％，1153 万亩生产林年增碳汇 967 万吨，77％的水土流失面积得到了治理。

山区有一千米以上的沟域资源 2300 多处，在富水时期它们起着蓄水、输水的作用。从 1972 年以来受连续干旱的影响，多数沟域变得干涸、荒芜，产出十分有限。从 21 世纪初起，市政府筹资支持 7 个山区县对沟域进行调查摸底，经讨论认定有 124 条沟域具有开发利用前景，并确定每县区率先选择一条跨乡镇的沟域在统一规划的基础上进行联合开发。到 2012 年底，全市已有 20 条沟域完成了规划，并陆续启动建设。起步早、发展快的沟域，农民收入水平明显高于全市农民收入水平，也提高了市民的幸福指数。2013 年，山区民俗游共接待游客 1757 万人次，占 10 个远郊区旅游人数的 97％。这些沟域的先天优势在于山区承载着亿万年来地壳变动、自然造化和人文历史，积淀了不可估量的自然和人文资源；后天的不足在于长期不畅通的城乡互动，使山区优势难以发挥，从而制约着发展。如何把过去人见人愁的"穷山沟"变成人见人爱的"生态谷"？"沟域经济"无疑是个有益的探索。2009 年全市便在 7 条沟域进行试点建设，创造性地把四季花海、十八湾、白河湾等 20 多条"穷山沟"变为生态自然、环境优美、设施配套、产业兴旺、市民喜爱、农民安居的"生态谷"，引导着将京郊山区打造成为景色宜人、产业诱人、环境留人、品牌待人、文化醉人的"山水大公园"，并走出了"绿水青山就是金山银山"的一条可持续发展新路。

京华大地的"肺"正在发育壮大。世界公认湿地是自然的"肺"，可促进所在环境与大气的新陈代谢——它可消解所在水域的污染而净化水源；可蒸腾（发）水向大气散发水汽；可养育水生植物增加物质财富，补充大气中的氧气，一块湿地也是一个"氧吧"。据《北京日报》2013 年 9 月 16 日报道：全市现存湿地 5.14 万公顷，面积相当于 177 个颐和园，主要分布在潮白河、永定河、水库、人工水渠和蓟运河五大水系，湿地类型以河流、湖泊、水库、人工水渠和稻田为主。截至目前，全市已建立野鸭湖、汉石桥、南海子等 6 个湿地自然保护区，总面积 2.11 万公顷。按照《北京市湿地公园发展规划》，到 2020 年，北京依托湿地资源，新增建设湿地公园 40 处，总面积 15576 公顷，还将再建 10 个湿地保护区。全市已累计恢复湿地 5600 余公顷。据研究资料显示，单位面积湿地年生态系统服务价值是森林的 8～10 倍。

潮白河沿岸的密云、怀柔、顺义建成三个滨河公园，总面积近 4 万亩。顺义区还在潮白河断流的"沙洲"上植起千亩"绿洲"，花草在水中错落分布，湿地与森林交融一体，形成了独特的"水上森林"景观，成了京东最大的湿地公园——东郊森林公园，吸引着络绎不绝的游客。

河流污染严重影响京华大地的水生态环境。在修复生态、建设生态文明中，累计建成生态清洁小流域 280 条，治理水土流失面积 6758 千米。连被污染最严重的清河、萧太后河、凉水河、大石河、永定河等都已治理成一溪清水、碧波荡漾！

第三节　农业似锦

北京农业地域（种植业）不大，20世纪50年代后期为700多万亩（农田），至今按"十三五"的规划定的底线是151.3万亩。农业总产值在全市国民经济中不到1%，但却事关全市100%人们吃得新鲜、玩得（或休闲）方便、学习方便。北京农业在现代国民生活中已由"食为先"转化为"玩为先"。如今的北京农业突出功能有二：①呵护良好的生态环境，实现农田绿色满覆盖——单季、单茬种满、种严，不留白地，避免扬土；周年接茬种植或留茬满覆盖，做到农田无裸露、无撂荒、无闲置。②营造生态美的"调色板"。在人们追求温饱时期，农业只强调"青一色"——"以粮为纲"。在进入"小康"之后，北京的市民转向"玩农业"。在人均生产总值达到10000美元后，市民们已不满足于市井生活，而追求回归自然，返璞归真。这"真"就是自然风光与农业美景，因为它们富有生机和诗情画意，能给人以感悟、联想、启迪和怡悦，以及清新的生境。

由于循环农业的兴起与发展，在京郊已出现一批层次不同的产业模式和生态修复模式。坐落在延庆区的"德青源"利用农业饲料养鸡产蛋，鸡粪发酵制沼气，沼气燃烧发电并入电网形成能源，沼液浇菜，生产绿色蔬菜，沼渣施肥沃土。水是农业的命脉，缺水已成为北京农业发展中的瓶颈，为了破解"瓶颈"：一是培育节水品种；二是大力推广节水栽培、节水灌溉技术；三是修建集雨工程6350处，蓄水能力1000万立方米；四是污水处理再生利用；五是水肥一体化浇水施肥，提高水肥效益，农业用水的有效系数已由0.3～0.4提高到0.7，农业用水总量已由20亿立方米下降到9亿～10亿立方米，甚至2015年的7.5亿立方米。

此外，进行自然资源的立体开发利用。房山区南窑乡花港村在山顶上种植晚熟桃"九九桃王"，山腰上修梯田种药材（黄芩），山腰下利用废弃的水洞种蘑菇（6万棒），山涧沟里种板栗，在栗园里放养柴鸡，创造了"高山立体农业"，形成果、药、菌、禽一体的生态农业；农林牧菇共生生态农业；小流域治理与经济沟的开发。京郊有1千米以上的沟约2300多条，3千米以上的沟约220余条。从2008年12月开始，北京市山区工作会议提出加快山区沟域经济发展的意见后，一些有潜力的沟域正在规划开发利用，已涌现出怀柔区雁栖湖镇的"不夜谷"、密云区的汤河沟域"紫海香堤""浪漫香花""山水长城"、延庆区千家店镇的"百里山水画廊"、房山区"十渡山水文化休闲走廊"、门头沟区妙峰山镇的"万亩玫瑰谷"等，保护性耕作及冷凉资源利用亦已取得明显成效。针对北京市处于多风扬尘的境遇，并兼顾蓄水保墒，从2008年起，实行农田保护性耕作，每年实施面积约有二百六十万亩，既节约生产成本，又可减少土壤水分散失60%，减少土壤流失80%，提高水分利用率达 15%～17%，减少田间扬沙 60%，还可避免焚烧秸秆污染环境，增加土壤有机质，培肥地力。

延庆及北部山区常年日温较关内平原地区低了 3～4℃，春夏季来临要比关内平原地区晚一个季节（半个月左右），延庆人民利用这种季节差发展起与平原地区错季蔬菜、花卉，填补平原地区八、九月蔬菜淡季上市的紧缺。如今的延庆已建成本市的"北菜园"和四海花卉基地及球茎类花卉种球繁殖基地，植树、种花、种草，已实现城乡大地园林化。到 2010 年，全市森林覆盖率达 37%，林木覆盖率达 53%，城市绿化覆盖率达 44.4%，人均绿地达 49.5 平方米，人均公园绿地大道 15 平方米，山区林木绿化率达到 67.8%，生态环境指数达到 65.9%。

《2011 年中国绿色发展指数报告》指出：省际排列中，北京以 0.77 的绿色发展指数继续位居"全国第一"（《北京日报》2011 年 9 月 25 日），从城市到乡村已形成"绿不断线，景不断链，三季有花，四季无裸露"的"绿色北京"，广大乡村经过山水林田绿化美化综合治理，生态涵养，呈现绿染京郊，基本实现了农田"无裸露、无荒芜、无闲置"，绿化铸就了一批"村在林中，路在绿中，房在园中，人在景中"的生态新村，在优良生态、优美景观、优势产业下，生产出"生态、安全、优质、集约、高效"的优质农产品和打造出农村、农业服务品牌，深受人们青睐。据北京市统计局等单位联合编写的《北京农村统计资料（2006～2010 年暨"十一五"时期）》显示，北京都市型现代农业生态价值：2006 年值为 721.44 亿元，贴现值达 5813.96 亿元，到 2010 年上升值为 3066.36 亿元，而贴现值则达 8753.63 亿元。

在发展都市型现代农业中，农业这块"调色板"就调出了人们喜闻乐见的观光农业、景观农业、创意农业、体验农业、会展农业、智慧农业、品牌农业、科技农业、阳台农业、屋顶农业等多种新业态，每种业态都有它特有的内涵和韵味，可供观光客们玩味。农业"调色板"又可根据游客们的喜好将每一种业态再调出多种色彩配置的景观来，如草桥的世界花卉大观园、小汤山的特菜大观园、东葫芦峪的葫芦大观园、顺义国际花卉港、张家湾葡萄大观园、魏善庄洲际月季园，以及延庆区的四季花海、百里画廊，雁栖镇的"不夜谷"，于家务乡的第五生产季等，由多种色彩作物或多种不同色彩的作物品种组合成协调美观的艺术农业，或由不同风味的作物品种组成观光采摘园，供游客观光、采摘、尝鲜。农业"调色板"还可调制出可供玩味的节庆农业、农业嘉年华等，如今的北京农业简直就成了"万花筒"，使农业已由过去的自然再生产、经济再生产转化为艺术再生产，在不断提升农业的经济性能和延长农业价值链的同时，既呵护生态，又不断提升生态文明。在这些业态、创意、景观、风韵中充溢着：

① 现代农业文化气息与生机。如设施农业使位于北纬 40°的北方一改过去"半年务农半年闲"而进入周年生产、周年忙，使光、气、土地资源充分利用。

② 现代农业美学气息。农业嘉年华及农业会展即体现了这一点。

③ 科学技术是第一生产力。延庆区德青源生态养鸡及奶牛、种玉米、制沼气、发电，使畜禽粪便、农业废弃物（秸秆等）、沼气、沼渣、电等实现资源循环利用与增值。

④ 现代农民的创业智慧。如大兴区的西瓜种植者把圆西瓜种成方西瓜，使其价值连城。

⑤ 农业资源丰富多彩的装点。世界花卉大观园集纳世界近 2000 种花卉资源，使小小的草桥村成了花卉"地球村"。

⑥ 国内外游客的无限钟情。观光旅游已成为世界性的休闲活动，只有美景才能吸引国内外游客，京郊繁花似锦的休闲产业已吸引国内外游客络绎不绝。

⑦ 人与自然的融洽。回归大自然，返璞归真，已成为 95％的市民意向和年轻市民节假日休闲的主要选项。

⑧ "提质增效"的后劲。《京郊日报》于 2015 年 10 月 22 日的一则报道中写道："观光休闲农业领跑京郊农业"。这一年，在调结构、转方式中传统农业规模收缩，全市农、林、牧、渔业总产值同比下降 10.2％（前三季度），而同期全市设施农业在实际利用占地面积同比下降 3.5％的情况下，播种面积则同比增加 8.5％，实际收入同比增长 9.4％，观光农业实际收入 18.6 亿元，同比增长 9.7％，全市民俗旅游实际收入 9.7 亿元，同比增长 10.7％。

《京郊日报》2016 年 3 月 22 日登载了《休闲农业"越玩越转"》。文中写道："'十二五'期间，本市通过发展景观农业、农事体验、民俗旅游、休闲农业园区、会展农业等，玩转了休闲农业，人们惊喜地发现，农业不再是简单的农产品生产了，它开始融进老百姓的日常生活，变得越发新鲜有趣。"

党的十九大报告指出：要坚持农业农村优先发展，按照产业兴旺、生态宜居、乡风文明、治理有效、生活富裕的总要求，建立健全城乡融合发展体制和政策体系，加快推进农业农村现代化，对照此前的新农村建设 20 字方针，明显升级——"生产发展"→"产业兴旺"；"管理民主"→"治理有效"；"生活宽裕"→"生活富裕"；"乡风文明"一以贯之；"村容整洁"→"生态宜居"。这种提升既符合国情，又符合北京市情，作为首善之区，"生态宜居"应赶在前头。

在生态型循环农业的助推下，北京的生态文明建设已取得长足进展。《京郊日报》在 2015 年 3 月 9 日报道：2015 年全市农林水生态服务价值从 2010 年的 8754 亿元提高到近 1 亿元，全市共成功创建"国家生态县"2 个，"国家级生态示范区"11 个，"国家级生态乡镇（含原全国最美乡镇）"96 个，"国家级生态村"2 个，"北京郊区环境优美乡镇"41 个，"北京郊区生态村"2001 个，"北京最美乡村"123 个。2017 年 11 月 8 日，《京郊日报》又传来喜讯，《北京延庆区国家森林城市建设总体规划》已通过原国家林业局所聘专家的评审。这是北京市于长城脚下打造首都生态文明金名片的又一生动实践。

京郊农村建立现代技术污水处理站和处理厂共 1093 个，污水处理率达 66.2％；垃圾无害化处理达到 97.2％；35％的农户用上了可再生资源（太阳能、生物质能、地热能等），实现了农村环境整洁，并向"生态宜居"跨越。

发展林下经济，循环利用林地资源、林下空间和森林生态环境，其主要模式有：①林下养禽。在速生林下种植牧草或保留自然生长的杂草，在周边地区围栏，养殖柴鸡、鹅、鸭等家禽，树木为其遮阴，是家禽的天然"氧吧"，通风降温，便于防疫，十分有利于家禽的生长发育，而禽吃草、吃虫，禽粪又可就地施肥，林地生产的禽产品属于绿色无公害产品，市场看好，价格高。②林草模式。在适宜幼林地域郁闭度70％以上的林下，种植不同种类的优质牧草，如紫花苜蓿、红豆草等，一般1亩林地能收获牧草600千克，可得300元左右的收入。③林蔬模式。林菜立体种植，使垦后的林地土壤疏松，保水、保肥力强，给树木创造了良好的通气条件，起到了以气促根的作用。林下比较适合种植菠菜、辣椒、甘蓝、洋葱、大蒜，一般亩年收入可达700～1200元左右。④林菌模式。在速生林下种植食用菌，是解决大面积闲置土地的最有效的手段。食用菌生性喜阴，林地内通风、凉爽，为食用菌生长提供适宜的环境条件，可降低生产成本，简化栽培程序，提高产量，为食用菌生长提供了广阔的生产空间。生产的废弃物经发酵后又成林地的好肥源，一举两得。⑤林药模式。林间适合种植金钰、白芍、板蓝根等药材，对这些药材实行半野化栽培，管理起来相对简单。据调查，林下种植大豆、花生等油科植物是一个好路子。油料作物属于浅根作物，不与林木争肥、水，覆盖地表可以防止水土流失，可改良土壤。⑥林游模式。充分发挥林区生态良好的优势，引导群众通过开办林间民宿客栈、做绿色餐饮、卖绿色食品，培育以游戏观光、休闲度假、康复疗养为主的森林生态旅游产业。

北京市怀柔区渤海镇杏福生态圈，是集种植、养殖于一体的林下高效农业园，在经营果树、发展采摘的同时，还在林下散养北京油鸡8000只，发展食用菌10万棒，实现了鸡粪、废旧菌料给树施肥，落杏花、果实、树叶充当饲料，实现了鸡群生态防疫。

北京市房山区大石窝镇王家磨村也利用平原造林的100亩林地，建起了最大的林下柴鸡养殖基地，养柴鸡8000只，每年产蛋30000千克左右，仅鸡蛋年利润可达12.6万元。

京郊林下经济已成为生态型循环农业的典范。

就总体而言，北京市在生态型循环农业的助推下，生态文明建设已取得长足发展，主要体现在：天蓝、白云俏；地绿，景妖娆；山青，藏鸣鸟；水秀，观鱼跃；林茂，花果丰；田美，景更娇；乡村，农家美；农业，嘉年华；四季花海，周年见财；生态宜居，众人开怀。

如今的北京城，如同一个大公园，处处树木森森，花草茵茵，赏心悦目，市民出门不超过500米就能享受到绿色的温馨。

"十二五"时期至2015年，北京和谐宜居总指数达到118.9，比2010年提高18.9个点，年均提升了3.85个点。据英国"经济学人智库"发布的2015年全球宜居城市排行榜，北京位列第 69 名，蝉联中国最宜居城市（《京郊日报》2016 年 3 月 29 日）。

循环农业助推生态文明建设的基本经验是：

① 倡导　在争办 2008 年奥运会之前，北京市就提出"人文北京、科技北京、绿色北京"的理念；2005 年，市政府出台的《关于发展都市型现代化农业的指导意见》中提出开发"四种功能"，发展"四种农业"中又提出"开发生态功能，发展循环农业"的理念等，倡导着贯彻"减量化、再利用、资源化"原则，发展循环农业，实现农业绿色、零排放、无污染，建设和维护生态文明。

② 植绿　实现了"大地园林化"、住宅小区"花园化"。城乡人民坚持植树种草、封山育林、涵养水源、防止水土流失，修水库、疏河道、活污水，封死五大风沙口，建立"五河十路"的绿色长廊。截止到 2013 年底，全市林地总面积达 108.2 万公顷，林木绿化率达 57.4%，森林面积达 71.6 万公顷，森林覆盖率达 41%，平均沙尘天气由过去的 30 天降到 2010 年以来的 3 天。从 2012 年到 2016 年平原地区植树造林 110 万亩，并推行"森林进城"。西城区于菜市口、新街口已建立以林木、花草为主的"微型森林公园"……

③ 循环　利用资源，发展循环经济。在新农村建设中普遍推行"暖起来、亮起来、循环起来"，使农村一些闲置资源或废弃资源得到资源再利用，"风天草碎满天飞，雨天粪便遍地流"现象一去不复返了，助推着农村生态宜居。

④ 治污　京郊有一批河流横遭污染，城乡污水乱排放，大量农业废弃物曾一度成了农村环境的污染源，农业用水一度大水漫灌，沟渠失修水流乱跑，水资源利用率在 30% 以下，使地下水超度开采。

治理裸露农田、撂荒地和闲置地，使它们既地尽其用，又不荒芜起沙。在推行循环经济，建设生态文明中，利用现代科技进行分门别类的治理取得明显成效，出现了水更清、地更绿、天更蓝、气更爽的生态环境。

⑤ 减量　在农业生产中实行科学节地、节水、节种、节肥、节药、节能——对土地要种满、种严、不浪费土地，要科学种田创高产、优质、高效，提高单位面积的生产率和产出率；采用先进技术装备进行节水灌溉、输送水源、涵养水源；精选种子，采用高产、优良品种，实行精量播种、培育壮苗、合理密植，提高单株生产力；实行因苗、因地制宜测土配方施肥和水肥一体化；严格做好病虫害的预测预报，选用高效、低毒、低残留农药，推广生物防治农业病虫害；节能重点在修理护理机械，使其工作性能正常，不空转、不空跑；不跑、冒、滴、漏。

⑥ 呵护　自然界的植物、动物和微生物从它们问世起就存在相互依存又相克的食物链。这种食物链中的"三角关系"的平衡、协调与和谐共存共生就构成了自然生态的良性循环。自从人类出现以后，使自然生态链受到人类的干预。人类出于动物界而胜于动物界，人类凭着自身的智慧和技能，既要维护自然界"三角链"的协调、稳定，又要从人类的生息需求出发去干预自然界的"三角"，甚至涉及"每一角"。

参 考 文 献

[1] 李文华. 生态——中国可持续农业的理论与实践. 北京：化学工业出版社，2003.

[2] 艾力农. 中国农业之最. 北京：中国环境科学出版社，1998.

[3] 陈文华. 中国古代农业科技史讲话. 农业考古，1981.

[4] 尹昌斌. 循环农业发展理论与模式. 北京：中国农业出版社，2008.

[5] 唐建荣. 生态经济学. 北京：化学工业出版社，2005.

[6] 张一帆. 循环农业. 北京：中国农业出版社，2009.

[7] 李吉进. 环境友好型农业模式与技术. 北京：化学工业出版社，2010.

[8] 中共北京市委农村工作委员会. 北京沟域经济实践与理论探索. 北京：中国农业出版社，2015.

[9] 北京市农业局. 首都农业改革发展三十年. 北京：中国农业出版社，2009.

[10] 张一帆. 北京都市型现代农业的演讲与发展. 北京：中国农业出版社，2017.

[11] 卞有生. 生态农业中废弃物的处理与再生利用. 北京：化学工业出版社，2005.

[12] 樊万选. 生态经济与可持续发展. 北京：中国环境出版社，2004.

[13] 李金海. 科学治沙的理论与实践. 北京：中国农业出版社，2007.

[14] 循环农业——农业发展新模式. 农民日报，2006-10-25.

[15] 我国四大沙地“绿肥黄瘦”生态回好. 北京日报，2017-09-06.

[16] 65个国家代表考察，库布齐治沙. 北京日报，2017-09-14.

[17] 承德3417万亩生态屏障保护京津. 北京日报，2017-10-20.

[18] 气候变化对农作物影响几何. 北京日报，2017-09-20.

[19] 大道之行——中国荒漠化治理撷英. 京郊日报，2017-09-14(1，2，3，4，5).

[20] 塞罕坝生态文明建设的生动范例. 北京日报，2017.

附　录

附录 1　北京生态文明建设的数录

一、荒（沙）漠化及治理

据《京郊日报》2011 年 6 月 17 日报道：2001～2010 年，京津冀风沙治理工程中，北京市共完成造林营林 550.8 万亩，山区林木绿化率达到 71.35％，森林覆盖率达 50.97％，各项水土保持措施涵养蓄水量达 5.9 亿吨，北京地区空气负氧离子浓度较工程前增加一倍；2010 年全年空气质量二级和好于二级的天数累计达 286 天，占 78.6％。历史上的五大"风沙口"地区已成为绿色屏障。南口大片乱土坎子、荒草芜坡地，已成南口最大的生态休闲公园；十三陵近千亩沙坑已变成花海；怀柔的大沙坑已建成豪华的大酒店……

二、大地园林化

"十二五"末期，全市森林覆盖率达到 41.6％，林木绿化率达到 59％，城市绿化覆盖率达到 48.4％，人均公园绿地面积达到 16 米²。全市基本形成"山区绿屏，平原绿海，城市绿景"的生态格局，其中生态公益林所占比例为 78.79％，森林生态服务价值为 6840 亿元。

全市绿地面积为 80222.95 公顷，其中公园绿地面积为 28797.69 公顷，人均公园绿地面积为 15.9 米²。全市公园绿地（1000 平方米以上）按照 500 米的服务半径计算，覆盖居住用地比例为 67.21％。

平原地区森林覆盖率已达 25.6％，建成 18 个特色森林公园和 500 多处休闲林地绿地，建成可供市民休闲的简易步道 1000 多千米。

　　山区林木绿化率达到 77％，京津风沙治理工程的贡献率达到 90％以上。北京地区沙尘天气从工程实施初期的年均 13 次以上，减少到近年的年均 2～3 次，治理后的生态清洁小流域主要水污染物 COD 消减 1/5，总氮消减 1/3，总磷消减 1/2，出水水质全部达到地表 Ⅲ 类标准以上。山区生态林生态服务价值近五年增加逾1200 亿元。建立森林健康经营示范区 15 处，面积 3 万余亩。山区 1153 万亩生态林年增碳汇 967 万吨，77％的水土流失面积得到了治理。

　　全市新增城市绿地 18633 公顷，建成了 11 个新城滨河森林公园以及 158 个城市休闲公园和森林公园，公园面积达 1.3 万公顷，基本形成城市休闲-近郊郊野-新城滨河-远郊森林的圈层式公园布局。

　　北京市共建成世纪健康绿道 485 千米，新建小微绿地 102 处；屋顶绿化 90.7万平方米，垂直绿化 380 千米；完成居住区绿化 188 万平方米，老旧小区绿化改造370 处、胡同街巷景观提升 240 处，提高了市民的幸福指数。

　　围绕疏解非首都功能和改善城乡环境，在城乡接合部和绿化隔离地区利用拆除违法建筑 1735 万平方米，新增城市景观生态林 22.3 万亩；在 70 个社区规模化种植市花"月季"109 万株，创建花园式街道 2 个、花园式社区 40 个、花园式单位122 个。

　　截止到 2011 年，全市风景名胜区即达 27 处，总面积 2200 平方千米。

　　农村沟、路、河、渠、村"五边"绿化建设工程，完成重点小城镇绿化 2000多公顷，村庄绿化 3.6 万亩，公路河道绿化 1500 千米，建设村镇休闲绿地 200余处。

　　到 2005 年，北京市共建立自然保护区 20 个，总面积达到 11.65 公顷，占全市总面积的 7.6％。

　　据《北京日报》2011 年 9 月 25 日报道："绿色发展指数省际排名北京第一，经济增长绿化度和政策支持度均居首位。"

　　据《北京日报》2016 年 3 月 29 日报道："北京宜居总指数（十二五）期间逐年上升……2015 年达到 118.9，比 2010 年高 18.9 个点，年均提升 3.8 个点。而2015 年总指数比上年提升 6.6 个点，明显加快（出自市统计局《国际一流的和谐宜居之都监测评价结果》）。"《北京日报》2016 年 4 月 8 日报道："本市森林生态服务总价值近 7000 亿元，预计到 2020 年，全市森林生态服务总价值将在现有基础上再增一成以上。"

三、水源涵养

　　全市累计恢复建设湿地 35 处，总面积为 4800 公顷；建湿地公园 7 处；湿地保护小区 5 处。

"十二五"末期，北京地区万元生产总值水耗下降 24%，农业灌溉水有效利用系数达到 0.71。2015 年全市利用再生水达 9.5 亿立方米，建成永定河绿色发展带"五湖一线"；封镇 4200 眼废弃机井；完成国家山洪灾害防治三年建设任务，实现了 3 年 4 阶段 1460 千米中下河道治理和城区 77 座下陷式立交桥区雨水泵站改造。

2015 年，全市总用水量 38.2 亿立方米，其中农业用水 6.5 亿立方米，呈下降趋势。

2014 年完成南水北调工程，全长 1432 千米，12 月 12 日正式通水。

目前，1460 千米中小河道治理已取得阶段性成果——已治理 107 条段 780 千米。建立蓄洪区 580 公顷，可蓄滞洪水 1000 万立方米。集雨工程累 1300 多处，可集雨水 2300 多万立方米。建成生态清洁小流域 166 条，治理水土流失面积 2010 平方千米。完成整修梯田 2486.9 公顷，节水灌溉 1892.41 公顷，绿化美化 145.31 公顷；建设污水处理设施 78 处，垃圾收集设施 13011 个，防护坝 58.35 千米，治理河库滨带 42.65 公顷，湿地恢复 19.11 公顷。沟道清理 107.13 万立方米。

"十二五"全市再生水利用总量达 40.7 亿立方米。污水处理率 87.9%。

2015 年，全市灌溉面积 348 万亩，其中节水灌溉面积 305 万亩，占比 88%。

四、大气污染治理见成效

2017 年，前三季度全市 $PM_{2.5}$ 平均浓度为每立方米 60 微克，历史同期最低，优良天数 176 天，同比增长 4 天。据《北京日报》2017 年 12 月 8 日报道："今年前 11 个月，全市 $PM_{2.5}$ 累计浓度为每立方米 58 微克，同比下降 13.4%，比 2013 年同期下降 35.6%。"

2017 年冬季供暖天然气供热占比超过 97%。

五、农业生态环境保护成效明显

北京市实施沃土工程和测土配方施肥连续 6 年全覆盖，化肥利用率达 29.8%；全市农药利用效率提高到 39%，病虫害统防统治比例达到 30% 以上；自 2008 年起以来，农田保护性耕作实现全覆盖；小麦秸秆全部还田，玉米秸秆还田比例为 70% 左右，全力推行农作物秸秆饲料化利用；2015 年，全市小麦、玉米等主要农作物秸秆综合利用面积达 103.2 万亩，综合利用率达到 97.7%；建立农业生态景观示范基地 76 个 11452 亩；有 8 个区、34 个乡镇、378 个村、20 万人口从事沟域 3029 平方千米建设，发展起沟域经济；发展林下经济累计 54.6 万亩，实现产值 33.2 亿元。到 2015 年底，全市建立粪污处理工程 1060 处，农业化学需氧量（COD）、氨氮排放量分别比 2010 年底水平降低 17%，超额完成国家减排指标。

英国《自然》杂志 2017 年 10 月 19 日刊登了《2017 年自然指数——科研城市》，北京在全球城市中以 1693 的分值夺得科研产出冠军。（见《北京日报》2017 年 10 月 20 日）

《北京日报》2017 年 11 月 24 日报道：本市 18 座大中型水库，近年来在上游涵养水源，库区综合治理，水质明显好转，其中 16 座水库达饮用水源标准，如澄清的明珠散落于深山。

《北京日报》2017 年报道：北京山区森林面积已达 1320 万亩，其中生态公益林面积即达到 1100 万亩，并纳入保险范围，每亩保险金额为 1200 元。保险费率山区在 2%，即每年每亩缴纳保费 2.4 元；平原地区 1.5%，即每年缴纳保费 1.8 元。保费由中央财政、市财政各负担 50%。

《北京日报》报道：中国科学家绘制世界首部百万比例尺土地覆被地图集，显示北京地区 2010 年土地覆被以林地为主，占地面积为 56.5%，其次是人工表面积和耕地，分别占 17.9% 和 17.20%，草地占 6.43%，湿地占 1.75%，其他类型仅为 0.21%。

《北京日报》2017 年 10 月 2 日报道：2016 年，全市大气污染物二氧化硫和氮氧化合物排放量分别比 2011 年累积减排 38.5% 和 34.5%，$PM_{2.5}$ 年均浓度 73 毫克 /米^3，比 2013 年启动监测以来累计下降 18.4%。

《北京日报》2016 年 12 月 14 日报道：北京市农村地区垃圾无害化处理率达到 99.5%。

据首都绿化委介绍，本市拥有丰富的生态园资源，目前注册公园已达到 403 个，其中城市达 363 个，面积达 1.3 万多公顷，年接待游客近 3 亿人次。

《绿润京华》(2012 年)"前言"中写到："1951 年至 2000 年间，据北京观象台资料，北京大风、扬尘、浮尘和沙尘暴天气年均达 28 天。"1978 年，光明日报撰文《沙尘紧逼北京城》。2000 年 4 月 6 日，新华社撰文《沙尘暴再次袭击北京城》。经京、津风沙治理工程的实施，截止到 2015 年底，北京沙城天气从工程实施初期的年均 13 次以上，减少到年均 2～3 次，且强度大幅减弱。

2007～2012 年，北京市发展林下经济（种植业）19.67 万亩；退耕还林 105 万亩；封山育树 439 万亩；石质山地爆破造林 24 万亩。

《北京日报》2014 年 1 月 27 日报道：至今，全市农田节水灌溉面积达到 310 万亩，占总灌溉农田面积的 90% 左右，灌溉水利用指数达 0.79，远高于全国 0.50 的平均水平。

《京郊日报》2011 年 6 月 17 日报道：本市"三品一标"农产品质量安全抽验合格率稳定在 99% 以上，无公害农产品标志使用率居全国首位。

《北京日报》2016 年 3 月 29 日报道："十二五"时期至 2015 年，北京和谐宜居总指数达到 118.9，比 2011 年提高 18.9 个点，年均提升 3.8 个点。据英国"经济学智库"发布的 2015 全球宜居城市排行榜，北京位于第 69 名，蝉联中国最宜居城市。

据中国工程院院士、清华大学环境学院院长贺克斌教授在 2017 年 12 月 2 日～3 日联合国环境论坛上介绍，从 1998 年以来到 2013 年，北京 CO、SO_2、NO_2、

PM_{10}和有机性挥发物 VOC 五项主要污染物的排放量均下降超过 20％，其中 SO_2 排放量下降达到 64％（见《京郊日报》2017 年 12 月 4 日）。

北京碳排放权交易所于 2014 鸣锣开市，当年北京市碳排放权交易共成交 704 笔，累积成交量约 210 万吨，累计成交额 1.04 亿元。碳交易让"一吨 CO_2 等于多少钱"成为现实，这样一来企业就增强了控排意识。建立碳排放权交易可协同治理大气污染，改善大气环境质量。

北京市财政投入 3000 万元补贴农药减量，对于采用天敌、生物农药、理化防控、授粉昆虫等绿色防治农业病虫害的产品，进行一定比例的补贴，以呵护农业生态环境，建设农业生态文明（见《京郊日报》2017 年 12 月 12 日）。

购买碳汇已成为北京市民建设生态文明一个新兴选项，仅据《京郊日报》2010 年 9 月 29 日报道，从 2007 年到 2010 年的三年中，北京已有许多百姓成为"买炭翁"。北京碳基金账户每天都能收到市民的买碳钱，碳基金累计资金达到 300 余万元。

附录 2　北京生态文明建设的语录

"山区绿屏，平原绿网，城市绿景"，"青山环抱，森林环绕，绿海田园"。
"青山不墨千秋画，绿水无言万古诗。"
"城市青山流水环绕，城市绿地铺垫。"
"郊区绿海甜园，秀水荡漾润农田。"
河岸公路"绿不断线，景不断链，三季有花，四季有景"。
"水美京城。"
"天更蓝，山更青，水更秀，地更绿。"
"山会招手，水会唱歌，树会说话。"
"春风杨柳万千条，重阳硕果竟妖娆。"
"田园林网绿围墙，设施园里冬夏忙。"
"处处树木森林，花草茵茵。市民出门，不过 500 米就能享受到绿色温馨。"永定河沿岸："昔日荒凉旧河道，今朝锦绣美园林——绿色盎然，山清水秀，湖光塔影，景色优美的园博园。"
今日的北京："城市园林化，郊区森林化，道路林荫化，庭院花园化。"
今日农村："村在林中，路在绿中，房在园中，人在景中。"
"以绿净村，以绿美村，以绿兴村，以绿富村。"一批"三季有花、四季常青、特色鲜明园林小城镇迅速崛起"，正向"森林绕村、花果夹道、公园点缀"目标挺进。

农田实现"三季有绿、四季无裸露",呈现"优良生态、优美景观、优势产业、优质产品,环境生景,花卉育景,美景创汇"致富传奇。

"一片片森林,一座座花园,一条条景观道路,一块块公园绿地谱写成斑斓的动人乐章,演奏出妩媚的绿色旋律,展示出美好的生态文明图景!"

在社会主义新农村建设中,北京市按照"生产美、生活美、环境美、人文美"四项标准,从2006年起到2016年已评选出113个"北京最美丽乡村"。

到2017年,北京市水文总站已持续9年开展水生态监测,采集样品16800个,数据24万条。2017年监测显示,全市河湖水域分布着420种动植物,比2009年首次监测时增加了30种,这得益于本市近些年来持续治理、还清河湖、恢复湿地。今年在北运河中共发现了47种鱼类,其中包括具有水生态"指标"意义的鲤鱼,还有秀丽白虾、中华田园螺、宽体金线、水蛭等十多种生物。

《北京日报》2017年11月27日报道:北京市发改委发布永定河生态廊道建设今年已全面启动,到2025年要使永定河北京段形成"一条蓝绿交织的生态走廊,三个林水相容的生态节点,三段特点突出的功能分区"格局,确保形成"流动的河""绿色的河""生态的河""安全的河"。

《首都农业改革发展三十年》记载道:"在全国率先实现全面实施农田保护性耕作的目标,基本实现无裸露、无撂荒、无闲置。"

《首都农业改革发展三十年》记载道:"北京市农产品质量安全合格并稳步提升,整体水平在全国处于领先水平。2008年,农业部例行监测数据显示:蔬菜农残平均合格率居四个直辖市之首;畜禽产品和水产品合格率保护在全国前列。"

北京市大兴区留民营村1987年被联合国国际环境规划署评为全球环境"500佳"之一,成为中国第一个获此殊荣的农业生态村。

《京郊日报》曾报道:"十一五"期间,本市在全国率先基本解决农民饮水安全问题。

2007年,水利部在全国推广北京市建设生态清洁小流域的"新观念、新思路、新机制、新做法"。

《北京日报》2017年12月8日报道:京郊有29个河湖修治已成为"林水相依,蓝绿交织,水清岸绿,安居宜人的生态文明的优美河湖"。